Laufen in
Düsseldorf

Thomas Prochnow und Rainer Welz

unter Mitarbeit von Bruno Reble

Laufen in Düsseldorf

Trainingstips für Anfänger und Fortgeschrittene
mit den schönsten Laufstrecken der Region

LAS Verlag, Regensburg 1999

Die Deutsche Bibliothek – CIP-Einheitsaufnahme

Prochnow, Thomas:
Laufen in Düsseldorf: Trainingstips für Anfänger und Fortgeschrittene mit den schönsten Laufstrecken der Region / Thomas Prochnow und Rainer Welz. Unter Mitarb. von Bruno Reble. – Regensburg: LAS-Verlag, 1999
ISBN 3-89787-013-4

© Alle Rechte, insbesondere das Recht der Vervielfältigung und Verbreitung sowie der Übersetzung vorbehalten. Kein Teil des Werkes darf in irgendeiner Form (durch Fotokopie, Mikrofilm oder ein anderes Verfahren) ohne schriftliche Genehmigung des Verlages reproduziert oder unter Verwendung elektronischer Systeme verarbeitet werden.

1999 Lauf- und Ausdauersportverlag, Regensburg
Herstellung: DruckTeam Regensburg

*Die Kunst,
im sportlichen Training erfolgreich zu sein,
besteht nicht nur
in einer wirksamen Belastungsreizsetzung,
sondern in hohem Maße
in der gezielten Entlastung.*

Pause ist Training.

T. P.

Danksagung

Ich möchte mich bei allen bedanken, die mir im Laufe meiner Wissenschafts- und Trainerlaufbahn sowie bei der Vorbereitung dieses Buches zur Seite gestanden haben:
- Läufer und Läuferinnen meiner Trainingsgruppen in Leipzig, Berlin und Regensburg;
- Lehrkräfte der Deutschen Hochschule für Sport und Körperkultur (DHfK) in Leipzig;
- MitarbeiterInnen des Forschungsinstitutes für Körperkultur und Sport (FKS) in Leipzig;
- Team »Institut für Prävention & Diagnostik« in Regensburg, insbesondere Erik Becker und Dr. med. Frank Möckel;
- Team »LAS-Verlag« Regensburg und allen Co-Autoren der verschiedenen Städte und Regionen;
- meiner Familie

T.P.

Der Autor
Dr. Thomas Prochnow
43 Jahre
Ausbildung/Qualifikation:
Diplomsportwissenschaftler, Diplomtrainer, BWL/VWL, Sportmarketing, medizinische Trainingstherapie
Berufliche Erfahrung:
Leistungssportforschung – Forschungsinstitut für Körperkultur und Sport in Leipzig/Nationaltrainer Marathon/Sportberater in Ägypten/Management Berlin Marathon, Stadtmarathon Regensburg/Hubert-Schwarz-Zentrum Nürnberg/Marketing und Vertrieb Firma New Line Sport, Dänemark/Ambulantes Rehazentrum Klinik Bavaria in Regensburg, Sportmedizin/Medizinische Trainingstherapie der Einrichtungen ›Eder Reha‹ und ›Praxis Brüderlein‹ in Regensburg/Leiter Sportmarketing der Firma Kneipp in Würzburg/International erfolgreicher Trainer im Langstrecken- und Marathonlauf, Straßenradsport und Rennrollstuhlsport/Autor verschiedener Bücher und Veröffentlichungen zu den Themen »Laufen für Einsteiger und Fortgeschrittene«, »Gesundheitssport«, »Prävention und Rehabilitation im Sport«/Management mdm – Mitteldeutscher Marathon Halle – Leipzig

Inhaltsverzeichnis

Hinweise, Abkürzungen 10
Vorwort 11

**Einsteigertraining –
Trainingstipps für Laufeinsteiger
und solche, die es werden wollen** 13

Der Einsteigerplan für die ersten 30 Wochen 15
    Die ersten Schritte: 1.–8. Woche 15
    9.–16. Woche 17
    17.–23. Woche 19
    Rückblick: die ersten 23 Wochen 21
    24.–30. Woche 22

**Basiswissen für Einsteiger I:
die Trainingsbereiche** 25

**Basiswissen für Einsteiger II:
vom Laufbandtest zum Trainingsplan** 27
    Der Stufentest 27

**Laufen von A – Z:
das Wichtigste rund um das Laufen** 39
    Gesundheitsrisiko Zivilisation? 39
    Nie sitzen, wenn man stehen kann 40
    Es ist nie zu spät! 41
    Die Laufprüfung 42
    Verschnaufen 42
    Das verdammte Langsamlaufen 43
    Erlebnis Laufen 44
    Quereinsteiger 45

INHALT

Joggen 45
Fitness ist messbar 47
Wie sollte ich mich optimal belasten? 48
Leistungsdiagnostik 49
Herzkrank durch Sport? 51
Infekt 52
Schwitzen 53
Trinken 55
Herzfrequenz 57
Das Geheimnis gezielten Trainings 58
Lieber langsamer und länger 59
Probleme beim langen Laufen 60
In der Ruhe liegt die Kraft! 61
Erste Schritte nach dem Training 61
Regeneration 62
Trainingswettkampf 63
Frühform? 64
Dehnung 65
Warmlaufen 66
Wenn die Beine schmerzen 67
X-Beine 68
Biken 69
Im Laufschuhdschungel 71
Nacht – sehen und gesehen werden 72
Abnehmen 73
Cholesterin 76
Osteoporose 77
Vitamine 79
Wundermittel Elektrolyt? 79
Am Ziel? 80

Fortgeschrittene – Trainingsplanung Laufen 83
Die Trainingsbereiche 83
Lauf-Abc 87
Die Laufpause – wichtiger, als man denkt 91
Im Trend: Halbmarathon 95
Zusätzliches Trainingsangebot –
Halbmarathon-Debütplan für Jogger 104
Wenig Zeit? Marathon 3 x 3: In drei Monaten
mit drei Mal Training pro Woche zum Marathon 106

Marathon-Jahrestrainingsplan 4:00 Stunden 113
Fette für den Rennsteig –
Halbmarathon, Marathon, Supermarathon 129
Pause ist Training!. 144
Marathon in 2:25 bis 3:30 Stunden –
Trainingsprogramm für Fortgeschrittene 147
Jahresgrafik Marathon (Beispiel) 159
Alternatives Winter-Lauf-Training 162
Die Straße ruft – mit dem Frühjahr kommt die Sonne 164
Wenn der Hafer sticht –
Gedanken zum nachwinterlichen Trainingslager 168
Zusatzangebot:
Wettkampftraining für die 10 bis 15 Kilometer 172
Ist das »schwache Geschlecht« wirklich so schwach?. 182
Laufen zu zweit – Training während der Schwangerschaft 183
Laufen, Alter und Leistung 188
Beispielplan für Senioren:
Wintertraining für 10 Kilometer bis Halbmarathon 194

Glossar: im Text nicht näher erklärte Begriffe **198**

Sachwortverzeichnis **200**

Hinweise

Im Text erscheinende Querverweise (→ *Seite xx*) führen zu einer ausführlicheren Erläuterung des Inhalts an anderer Stelle.
Ein Querverweis ohne Seitenzahl weist auf das Glossar auf Seite 198.

Abkürzungen

a. a. A.	allgemeine athletische Ausbildung
a. T.	allgemeines Training
AL	Auslaufen
EL	Einlaufen
FS	Fahrtspiel
GA_1	Grundlagenausdauer 1
GA_2	Grundlagenausdauer 2
Gym	Gymnastik
HF	Herzfrequenz
KB	Kompensationsbereich (aktive Regeneration)
KZA	Kurzzeitausdauer
LZA	Langzeitausdauer
MTB	Mountain-Bike
P	Pause
S	Schnelligkeit
SA	Schnelligkeitsausdauer
STL	Steigerungslauf
TW	Tempowechsel
TWK	Trainingswettkampf
WH	Wiederholungen
WKT	Wettkampftempo
WSA	wettkampfspezifische Ausdauer

Vorwort

Liebe Laufinteressierte, liebe Läuferinnen und Läufer,

die Prinzipien sind es, die wirken. Trainingspläne basieren auf wissenschaftlicher Grundlage und vielen Erfahrungen. Sie stellen gute Anregungen dar, aber keine Rezepte! Daher sind sie keinesfalls dogmatisch abzuarbeiten. Jeder Mensch besitzt sein eigenes Umfeld und damit sehr unterschiedliche Trainingsbedingungen. Bevor ein eigener Plan erstellt wird, sind die gedanklichen Grundzüge der Trainingsmethodik herauszuarbeiten: Bin ich ein Fitnessläufer, der auch in anderen Sportarten gern zu Hause ist? Möchte ich an Wettbewerben teilnehmen? Welche Distanzen bevorzuge ich? Habe ich vor, leistungsorientiert zu trainieren? Welchen wöchentlichen Aufwand kann und sollte ich für das jeweilige Ziel betreiben? Wie sieht mein Weg konkret aus, und was gehört noch alles dazu? Diese und ähnliche Fragen stellen sich im Trainingsprozess. Nur wer sich die Mühe macht, das Training inhaltlich zu durchdringen, wird effizient trainieren und letztlich sein persönliches Ziel erreichen.

Bitte beachten Sie, dass die von mir im Buch vorgestellten Ansichten nur eine Möglichkeit darstellen, Lauftraining zu betreiben. Viele Wege führen nach Rom, und jeder sollte die Toleranz besitzen, auch andere Meinungen zu akzeptieren. Eines ist jedoch in diesem Zusammenhang sehr wichtig: Wer einmal mit einem bestimmten Trainingsprinzip begonnen hat, der muss auch alle Höhen und Tiefen erfahren und es bis zum Abschluss durchziehen. Erst danach ist eine sachliche Aufbereitung der erbrachten Leistung möglich. Prinzipienspringer dagegen werden die biowissenschaftlichen Gesetzmäßigkeiten der Trainingsmethodik niemals verstehen.

In diesem Sinne wünsche ich allen Leserinnen und Lesern dieses Buches viel Spaß und Spannung beim Eintauchen in die Welt des Laufens sowie viel Erfolg beim Umsetzen der gesammelten Erfahrungen in die persönliche Trainingspraxis.

Einsteigertraining – Trainingstipps für Laufeinsteiger und solche, die es werden wollen

Das Vorhaben
Immer mehr Leute entscheiden sich für eine sportlich aktive Lebensweise. Es gibt viele verschiedene Empfehlungen, wie man einsteigen könnte. Aber welche Form des Einstiegs ist für mich die beste? Was will ich? Was sollte ich dafür tun? Die Einheit von Ziel und Weg ist eine grundlegende Voraussetzung, um nicht den Kampf gegen die Windmühlen anzutreten. Im Wesentlichen sind fünf Bedingungen notwendig, damit das Vorhaben gelingt:

1. Ich will!
So banal es klingt, so wichtig ist diese Grundeinstellung für das Gelingen, bewusster zu leben. Die Betonung liegt dabei auf dem ICH und ist völlig unabhängig davon, was andere wollen. Gradmesser für die Stabilität des eigenen Wollens werden die Tage im Training sein, an denen man vor sich selbst Ausreden findet, um bloß nicht laufen zu müssen. Diese Phasen werden mit Sicherheit kommen. Es sind nur zwei Wörter, die darüber entscheiden, dass die Ausnahme nicht zur Regel wird: Ich will!

2. Zeitaufwand
Stellen Sie die Weiche jetzt mit den wichtigsten Fragen für Einsteiger: Wie viel Zeit kann ich investieren? Wie viel Zeit muss ich investieren? Trainingswissenschaftlich gesehen muss alle drei bis vier Tage ein Erinnerungsreiz gesetzt – sprich: trainiert – werden, damit die physischen und psychischen Anpassungsprozesse wirkungsvoll erfolgen können. Hinzu kommt, dass biologisch gesehen innerhalb von acht bis zwölf Wochen ein neues Niveau erreicht wird. Kontinuität ist also gefragt. Damit ist der zeitliche Rahmen für den Trainingserfolg gesteckt, der über die gesamte Dauer hinweg Kontinuität erfordert. Weniger Aufwand macht wenig Sinn. Prüfen Sie sich ernsthaft, ob sich dieser Minimalaufwand mit Ihrem Leben verträgt. Mein Tipp: Legen Sie Ihr Training an bestimmten Fixtagen in Ihrem Terminplaner fest. Andernfalls passiert es zu schnell, dass durch Verschieben der Trainingseinheit zu große Lücken entstehen.

3. Gesundheit
Wichtig: Unabhängig von Alter, Geschlecht oder sonstigen persönlichen Voraussetzungen sollten Sie sich vor Beginn des Trainings einem Gesund-

heitstest nach laufspezifischen Gesichtspunkten unterziehen. Dieser erste Arztbesuch kann auch als »Stunde Null« angesehen werden. Einmal jährlich an Ihrem Läufer-Geburtstag werden bestimmte Parameter der Leistungsfähigkeit (wie zum Beispiel EKG-Werte, Atemtest, Konstitution, Stufentestergebnisse, Gewicht) festgehalten und mit den Werten der Vorjahre verglichen. Diese Forderung steht unabhängig von Alter, Geschlecht oder sonstigen Voraussetzungen.

4. Ausrüstung

Bevor Sie loslaufen: Erwerben Sie funktionelle Sportkleidung und Laufschuhe, die genau auf Sie abgestimmt sind (Gewicht, Beschaffenheit Ihres Fußes, Bodenbeschaffenheit Ihrer Laufstrecken etc.) Lassen Sie sich dazu im Sportfachgeschäft gut beraten. Als wertvolle Ergänzung dienen Produktinformationen der Hersteller bzw. die Textil- und Laufschuhtests von Fachzeitschriften. Auch der Erfahrungsaustausch mit anderen Läufern kann sehr hilfreich sein. Gründliche Information verhindert Gesundheitsschäden und unnütze Geldausgaben. Und jetzt das Positive: Laufen kann man immer und überall – kostenlos.

5. Trainingsmethodik

Die Erfahrungen diesbezüglich sind mannigfaltig. Mit diesem Einsteigerkapitel möchte ich Ihnen zeigen, wie regelmäßiges Lauftraining begonnen werden kann. Mit gutem Grund wird oft der September als günstiger Einstiegsmonat gewählt. Nach der Urlaubszeit, die von vielen aktiver gestaltet wird als der Alltag, sind die besten Startbedingungen gegeben. Dieser Elan sollte genutzt werden, um bis zum Jahreswechsel konsequent durchzuziehen. Das sind vier Monate bis zur ersten Bilanz. Dann geht es mit neuem Schwung in das neue Jahr. Doch die ersten Monate sind die wesentlichsten. Hier wird der Grundstein für eine dauerhafte »Trainingsbeziehung« gelegt.

Der Einsteigerplan für die ersten 30 Wochen

Die ersten Schritte: 1.–8. Woche

Das Einsteigerprogramm finden Sie auf den folgenden Seiten. Hier einige Hinweise dazu: Absolvieren Sie Ihre ersten Trainingseinheiten auf dem Sportplatz (400-Meter-Bahn) oder auf einer abgemessenen Strecke im Park/Wald. Dabei spielt das Tempo beim Joggen eine untergeordnete Rolle. Die letzte Wiederholung sollte jedoch genauso sicher gelaufen werden wie die erste. Lieber langsamer laufen und dafür die Anzahl der Wiederholungen schaffen!

Die Gehpause sollten Sie zur Lockerung und Entspannung nutzen. Das Laufprogramm beginnt grundsätzlich mit einer 10minütigen allgemeinen Lockerungsgymnastik, danach folgen fünf bis sechs Standardübungen zur Muskeldehnung. Diese Rahmenaktivitäten können bei schlechter Witterung wegen Erkältungsgefahr auch ins Haus verlegt werden.

Im Trainingsplan 1.–8. Woche sind anfangs 200 Meter Traben und 50 Meter Gehpause im Wechsel gefordert. Am Wochenende traben Sie 500 Meter langsam und machen dann 50 Meter Pause (mit Wiederholungen).

Auch wenn es gut läuft, übertreiben Sie es nicht. »Wenn es am schönsten ist, soll man aufhören.« Da ist besonders für Einsteiger viel Wahres dran, so lange sie noch nicht die Erfahrung besitzen, wie bestimmte Trainingseinheiten nachwirken und wie sich die Summe der Belastungen im Mehrwochenverlauf bemerkbar macht.

Atemrhythmus:
3 bis 4 Schritte ein
und
3 bis 4 Schritte aus

Trainingsplan:	1.–4. Woche	5.–8. Woche
Mittwoch	200 m Traben 100 m Gehen 5 Wiederholungen	200 m Traben 100 m Gehen 8 Wiederholungen
Samstag oder Sonntag	500 m Traben 50 m Gehen 7 Wiederholungen	100 m Traben 50 m Gehen 10 Wiederholungen bzw. 8. Woche 1000-m-Test

Einsteiger 1.–8. Woche

DIE ERSTEN SCHRITTE: 1. – 8. WOCHE

Protokollieren Sie Ihr absolviertes Training, um selbstständig oder mit Hilfe eines erfahrenen Läufers Bilanz ziehen zu können.

Sie haben das erste Ziel erreicht, wenn Sie ein kontinuierliches Training absolvieren und die geforderten Programme in Übereinstimmung mit dem persönlichen Befinden sicher bewältigen. In der achten Woche laufen Sie den ersten Check über die 1000-Meter-Distanz. Dabei sollten Sie die ersten 600 Meter im gewohnten Tempo laufen. Wenn Sie sich gut fühlen, steigern Sie in der letzten Runde (400 Meter) das Tempo.

Nach 8 Wochen

Glückwunsch: Die ersten acht Wochen sind geschafft! Sicherlich fiel es an einigen Tagen sehr schwer, die »müden Glieder« zu bewegen. Das sind Erscheinungen, die bei jedem Läufer auftreten und von einer wirkungsvollen Belastung zeugen. Entscheidend ist aber, dass Sie die Programme regelmäßig und bei bestem Wohlbefinden sicher bewältigt haben.

Vielleicht hat mancher den Wechsel zwischen Laufen und Gehen unterschätzt und zu früh mit zu schnellem Tempo bzw. mit zu langen Strecken begonnen. Lustlosigkeit wäre dann noch die einfachste Folge. Laufen Sie nur so, dass Sie sich dabei noch problemlos unterhalten können. Atemnot darf nicht aufkommen. Das Training für Einsteiger muss im aeroben Bereich (→ *Seite 25 f.*) ablaufen, also ohne »Sauerstoffmangel« in der Muskulatur.

Wenn Sie den Trainingsplan in den ersten acht Wochen als zu anstrengend empfunden haben, dann wiederholen Sie den Zyklus von der ersten bis achten Woche noch einmal. Achten Sie dann unbedingt auf ein ruhigeres Trabtempo.

1 000-Meter-Test

Die ersten Trainingswochen enden mit der ununterbrochen, gleichmäßig im ruhigen Trab gelaufenen 1 000-Meter-Distanz (zweieinhalb Stadion-Runden). Wer den Plan eingehalten hat, der ist dazu sicher in der Lage. Ansonsten sollten Sie das Training der fünften bis achten Woche wiederholen.

Beispiel: Pulskontrolle

1. Pulszählung sofort nach dem Laufen, 10 Sek lang:	27 Schläge
2. Pulszählung 1 Minute nach Laufende, 10 Sek lang:	18 Schläge
Differenz:	9 Schläge

Belastungsgrad
Jeder Einsteiger bringt eine andere körperliche Verfassung mit. Hier einige generelle Tipps, damit Sie sich nicht im Training überfordern :
- Laufen Sie so, dass Sie sich trotz der Belastung wohl fühlen.
- Absolvieren Sie alle Wiederholungen und die angegebenen Meter, ohne das Lauftempo zu erhöhen. Es geht nicht um Schnelligkeit, sondern um Ausdauer.
- Nehmen Sie sich Zeit für das Training: nicht hetzen oder Zeit sparen durch Pausenverkürzungen.
- Atmen Sie ruhig und konzentriert durch Nase und Mund.
- Messen Sie Ihren Puls sowohl unmittelbar nach dem Lauf als auch nach einer Ruheminute. Dabei werden Daumen und Zeigefinger an das Handgelenk oder an den Hals gelegt und zehn Sekunden lang die Schläge gezählt. Wenn die Differenz beider Zählungen acht bis zehn Schläge beträgt, ist ein gutes Be- und Entlastungsverhältnis gegeben (siehe Beispielgrafik auf Seite 16).

Ist die Differenz geringer als acht bis zehn Schläge pro zehn Sekunden, dann sollten Sie etwas langsamer laufen bzw. die Pause verlängern. Ist die Differenz größer, dann kann länger gelaufen werden bzw. die Pause ist zu verkürzen.

Diese Methode stellt ist nur eine von vielen Kontrollmöglichkeiten, um die aktuelle Belastungsverarbeitung festzustellen. Es gibt weitaus umfassendere Kontrollverfahren, die zwar in der Summe aussagekräftiger, aber für den täglichen Gebrauch zu aufwändig sind.

9. – 16. Woche

Der ständige Wechsel von Traben und Gehen wird auch im zweiten Trainingszyklus beibehalten. Allmählich erhöhen sich die Trababschnitte. Die Belastung wird über die Anzahl der Läufe und Pausen gesteuert.

Das Herz-Kreislauf-System passt sich schnell an, wohingegen das Binde- und Stützgewebe mehr Zeit benötigt. Deshalb ist Geduld angezeigt beim Training. Zu schnelle Belastungssteigerungen provozieren unnötige Verletzungsgefahren. *Erhöhen Sie das Trabtempo auf keinen Fall!*

Ihr erster Erfolg: Am Jahresende können Sie die Teilnahme an einem Neujahrslauf (zwei bis drei Kilometer) ins Auge fassen, denn die erste ruhige Dauerbelastung ist jetzt bereits möglich. Diese »Generalprobe« im Dauerlauf leitet eine neue Trainingsphase ein. Neben dem Wechsel von Trab-Geh-Belastungen wird ab der 17. Woche der ununterbrochene Dauerlauf eingeführt.

Der Rückblick
Zum Training gehört unbedingt auch die Analyse der bisherigen Laufaktivitäten. Deshalb sollten die eigenen Trainingsaufzeichnungen immer wieder studiert werden. Mit der Zeit lesen sie sich spannend wie ein Krimi, denn sie eröffnen meist verblüffende Erkenntnisse zur Trainingssituation, die man ohne schriftliche Aufzeichnung nicht erreicht hätte. Vergleichen Sie die Ergebnisse mit dem Trainingsplan. Für die erste Einschätzung genügt es vollkommen, folgende Fragen zu beantworten:
- Habe ich kontinuierlich trainiert?
- Konnte der Trainingsplan im Wesentlichen eingehalten werden?
- Habe ich mich überwiegend gut gefühlt?

Auch wenn Sie alle Fragen mit »Ja« beantworten konnten, waren sicherlich Trainingstage dabei, an denen es besonders schwer lief. Solche Tage gehören zum Training der Läufer und Läuferinnen aller Leistungskategorien. Mancher meint, sie seien die Würze des Trainings. Diese Tage, an denen sich jeder die Frage nach dem Sinn der Lauferei stellt, sind die Prüfsteine, die die innere Einstellung offenbaren. Nicht gemeint ist dabei der momentane Gedanke des Aussteigens – auch das ist ganz normal.

Entscheidend ist die Schlussfolgerung aus dieser Erfahrung: Entweder ich hänge mein Vorhaben an den berühmten Nagel und unterschreibe damit meine Kapitulation. Oder aber ich akzeptiere, dass eine körperliche im-

Trainingsplan:	9. – 11. Woche	12. Woche	13. – 16. Woche
Mittwoch	300 m Traben 100 m Gehen 6 Wiederholungen	200 m Traben 100 m Gehen 6 Wiederholungen	400 m Traben 100 m Gehen 5 Wiederholungen
Samstag oder Sonntag	100 m Traben 50 m Gehen 10 Wiederholungen	1000-m-Test	200 m Traben 50 m Gehen 8 Wiederholungen

Einsteiger 9. – 16. Woche

mer zugleich eine geistige Herausforderung darstellt. Wenn Sie an diesem Scheideweg stehen, schlafen Sie eine Nacht darüber, bevor Sie sich endgültig entscheiden. Ein Gespräch mit anderen Läufern hilft sicher auch weiter.

16 Wochen sind geschafft
Nun sind schon 16 Wochen absolviert. Der individuelle Trainingsrhythmus ist gefunden. Das ständige Spiel zwischen Traben und Gehen wird bei zunehmender Streckenlänge, erhöhter Wiederholungszahl und verkürzter Pause sicher beherrscht. Genau hier tappen die meisten Einsteiger in eine Falle: Je besser sie die Übungen beherrschen, desto eher neigen sie dazu, das Lauftempo zu steigern. Das macht zwar Spaß und gibt Selbstvertrauen, ist aber der falsche Weg!

Einsteigerfalle!

Das A und O für den Einsteiger ist das Training im aeroben Stoffwechselbereich (→ *Seite 25 f.*) (laktatarm, sauerstoffreich).

Schließlich soll es zu einer harmonischen Entwicklung der Systeme des gesamten Organismus kommen. Dazu gehört nicht nur das Herz-Kreislauf-System, sondern unter anderem auch das Binde- und Stützgewebe. Es erfährt innerhalb von 16 Wochen noch nicht die erforderliche Anpassung, um intensivere Laufbelastungen zu dämpfen. Dazu sind etwa zwei bis drei Jahre nötig.

Das Binde- und Stützgewebe braucht zwei bis drei Jahre zur Anpassung.

17. – 23. Woche

Jetzt ist es an der Zeit, den Dauerlauf einzuführen, das typische Trainingsmittel der Läufer. Dauerlauf heißt ruhiges, lockeres Laufen ohne Unterbrechung über eine bestimmte Strecke oder Zeit bei gleichmäßiger Atmung. Oberflächliche, flache Atmung kann zu Seitenstechen führen. Wer damit Schwierigkeiten hat, sollte sich in erster Linie auf die gründliche Atmung konzentrieren.

Der Dauerlauf stellt neue Anforderungen an die Psyche. Es ist relativ einfach, sich auf Strecken von 200 bis 400 Metern zu konzentrieren und zu motivieren. Der klassische Dauerlauf stellt jedoch höhere Anforderungen an das Durchhaltevermögen. Der Läufer ist mit sich und seiner Atmung, seinem Puls, den Geräuschen seiner Schritte, mit Wind und Wetter allein. So mancherlei Gedanken schießen einem beim Laufen durch den Kopf, während die Füße unten mechanisch Schritt für Schritt zurücklegen.

Der Wechsel von Traben und Gehen wird auch im dritten Trainingszyklus einmal wöchentlich fortgesetzt. Die Streckenlänge des Trababschnittes erhöht sich aber von 400 auf 600 bis 800 Meter, und die Gehpause verringert sich auf 50 Meter. Damit haben wir eine ausreichende Belastungserhöhung geschaffen.

Vorzugsweise am Wochenende wird als zweites Trainingsmittel der Dauerlauf eingesetzt.

Nach drei Wochen folgt wieder ein 1000-Meter-Test zur Überprüfung der persönlichen Entwicklung. Der ganz am Anfang vorhandene Respekt vor dieser Distanz dürfte aus der Erfahrung des Dauerlaufes heraus verflogen sein. Bereits in der 21. bis 23. Woche kann der Dauerlauf auf drei Kilometer erhöht werden. Auch hier gilt das Prinzip: Ausdauer vor Tempo.

Ausdauer vor Tempo!

Es ist immer wieder erstaunlich, wie Einsteiger, die allmählich an das Training herangeführt werden, ihre Dauerleistung verbessern. Jetzt gehören Sie bald zu den fortgeschrittenen Läufern.

Trainingsplan:	17.–19. Woche	20. Woche	21.–23. Woche
Mittwoch	600 m Traben 50 m Gehen 5 Wiederholungen	400 m Traben 50 m Gehen 5 Wiederholungen	800 m Traben 50 m Gehen 5 Wiederholungen
Samstag oder Sonntag	2000 m Traben	1000-m-Test	3000 m Traben

Einsteiger 17.–23. Woche

Rückblick: die ersten 23 Wochen

Nun werden Sie mit einem Lächeln auf Ihre ersten Trainingsschritte zurückblicken: 200 Meter Traben und 100 Meter Gehen im Wechsel. In 23 Wochen ist doch sehr viel passiert (siehe Grafik unten auf dieser Seite). Wer die Aufgaben regelmäßig absolviert hat, meistert das Training jetzt freudig und sicher. Dies ist nicht nur das Ergebnis der allmählichen Belastungserhöhung, sondern auch der eigenen konzentrierten Herangehensweise. Der Einsteiger muss zuerst eisern regelmäßig trainieren, bevor er den Belastungsgrad Zug um Zug steigern darf.

Damit Laufen bald zum täglichen Leben gehört, wenden viele Läufer kleine Motivationstricks an, beispielsweise Stammtage für das Lauftraining festzusetzen. Auch sollte zwischen Arbeitsende und Training nicht zu viel Zeit vergehen, sonst siegt oft die Bequemlichkeit, und der entscheidende »innere Ruck« wird von ungezählten Ausreden verdrängt. Eine Verabredung mit einem festen Laufpartner sorgt durch den Termindruck für gute Unterstützung, allerdings sollten die Leistungsunterschiede bei den Laufpartnern nicht zu groß sein.

Motivationstricks

Halten Sie sich immer wieder einmal vor Augen, was Sie bisher schon alles geschafft haben. Motivieren Sie sich durch die Aufstellung von trainingsmethodischen Fakten :

Anpassungsvorgänge im Körper

Muskelmasse wird gebildet: Gewichtsabnahme
Nur im Muskel kann Fett verbrannt werden. Eine Diät ist sinnlos!
Nur bei Sauerstoffüberschuss erhöht sich der Grundumsatz.

Die Durchblutung wird gefördert.
Die Gefäße werden gereinigt.
Denken Sie an ein verkalktes Waschmaschinenrohr.

Mehr Sauerstoff wird transportiert.
Mehr Sauerstoff bedeutet weniger Zellabbau.
Körperlich und geistig jung bleiben!

Der Ruhepuls wird gesenkt.
90 → 80 → 70 → 60 → 50 Schläge/Min

Bewegung im aeroben Bereich

- Wie viele Gesamtlaufkilometer habe ich schon absolviert?
- Sind Ausfalltage zu oft vorhanden (Krankheit/Arbeit/Bequemlichkeit)?
- Wie ist die zeitliche Verbesserung der 1000-Meter-Testleistung?
- Gibt es Verbesserungen der Pulswerte bei vergleichbaren Läufen?
- Fühle ich mich zunehmend besser?
- Kann ich Stammstrecken sicher laufen?

Voraussetzung dafür ist die kontinuierliche Trainingsdokumentation. Zur Auswertung kann auch ein erfahrener Läufer hinzugezogen werden. Insgesamt wird die Bilanz positiv sein, denn ein sportliches Leben strahlt immer auf das Gesamtbefinden aus.

Die ersten sieben Wochen, teilweise mit ununterbrochenem Dauerlauf über zwei bis drei Kilometer, sind geschafft. Spürbar entwickelte sich das Laufgefühl. Die Anpassungsvorgänge gestalten sich jedoch immer individuell, so dass der weitere Streckenausbau mitunter sehr differenziert vorgenommen werden muss. Deshalb wird in unserem abschließenden Trainingsplan die Kilometerzahl variabel (von ... bis) angegeben. Sie haben jetzt die Möglichkeit, noch stärker entsprechend der persönlichen Tagesform zu trainieren. Nun muss jeder für sich allein den Belastungsgrad regulieren.

Wichtig dabei ist, dass weder ausschließlich an der oberen noch an der unteren Grenze der Vorgaben trainiert wird. Beide Varianten führen zu Fehlanpassungen. Sich grenzenlos zu belasten ist keine Kunst.

Sich grenzenlos zu belasten ist keine Kunst.

Das Geheimnis liegt eher in einer ausgewogenen Belastungsgestaltung, die sowohl hohe als auch lockere Beanspruchung einschließt. Dieses Prinzip wird mit steigender Belastung und besserer Leistungsfähigkeit eine zentrale Bedeutung einnehmen.

24. – 30. Woche

Auch im vierten Trainingszyklus kommt die Forderung nach ausgewogener Belastung klar zum Ausdruck. So wird bei der ersten Wocheneinheit die Strecke von 800 Meter auf 1000 Meter erhöht. Eine Tempoforcierung ist weiterhin nicht angezeigt. Es sollte eher mit der Anzahl der Wiederholungen (vier bis sechs) gearbeitet werden. Die im letzten Zyklus eingeführten Dauerläufe über zwei bis drei Kilometer werden ebenfalls im Streckenmittel angehoben. Auch hier ist zur besseren individuellen Gestaltung des Trainings ein variabler Bereich angegeben. Entsprechend der Möglichkeiten werden vier bis sechs Kilometer Dauerlauf angestrebt.

Falls Sie das bisherige Training nachweislich gut verarbeitet haben, können Sie jetzt zum dreimaligen Laufen übergehen. Für diese Doppelbelastung bietet sich das Wochenende an. Neue Erfahrungen wird es geben, was das Training an zwei aufeinander folgenden Tagen anbelangt. Die ersten Schritte der Sonntagseinheit werden etwas »steif« sein. Aber das gibt sich nach einigen Minuten Dauerlauf.

Die 27. Woche ist zur Regeneration gedacht. Eine kurze, lockere Dauerlaufeinheit reicht zur Befriedigung der Laufgewohnheit. Am Ende der Woche ist wieder der 1000-Meter-Testlauf geplant. Er ist Ihr persönlicher Abschlusstest für das Einsteigertraining. Der direkte Vergleich von Laufgefühl und objektiv gemessener Leistung kennzeichnet klar den Lauffortschritt.

Ab der 28. Woche ist es sinnvoll, zwei bis drei Mal pro Woche einen Dauerlauf von drei bis sieben Kilometern zu absolvieren. Der ständige Wechsel von Traben und Gehen ist vorerst beendet. Die Dauerleistung steht nun im Vordergrund. Sie sollte sehr kontrolliert (sichere Atmung, gutes Laufgefühl...) erbracht werden.

Ausblick
Sie können das Einsteigertraining jetzt beliebig variieren. Hier einige Möglichkeiten zur weiteren Belastungsgestaltung:
- Wiederholung des vierten Trainingszyklus zur Stabilisierung der Anpassungen
- Erhöhung der Dauerlaufstrecken von drei bis sieben auf fünf bis zehn Kilometer
- Dauerlaufstrecken bleiben konstant, eine vierte Einheit wird hinzugenommen.

Trainingsplan:	24.–26. Woche	27. Woche	28.–30. Woche
Mittwoch	1000 m Traben 50 m Gehen 4–6 Wiederholungen	3 km Traben	3–5 km Traben
Samstag oder/und Sonntag	4–6 km Traben	1000-m-Test	5–7 km Traben

Einsteiger 24. – 30. Woche

- Eine der Trainingseinheiten wird im Gelände gelaufen.
- Das Dauerlauftempo innerhalb der Trainingswoche kann variiert werden. Der kürzere Dauerlauf sollte etwas schneller und der längere Dauerlauf wie bisher gelaufen werden.
- Einmal pro Woche kann ein leichtes Fahrtspiel eingebaut werden. Dabei wird das Lauftempo innerhalb eines lockeren Dauerlaufes mehrfach (ohne Gehpause) erhöht und wieder zurückgenommen.

Lassen Sie Ihrer Fantasie freien Lauf und schöpfen Ihre Möglichkeiten aus, indem Sie gezielt ständig neue Belastungssituationen schaffen. Nur so bewirken Sie eine tatsächliche Entwicklung.

Stimme zum Training

»*So schlimm war es gar nicht. Ich hatte das Gefühl, dass ich scheinbar unterfordert war. Eigentlich wollte ich mehr zulegen, aber dann habe ich mich doch dafür entschieden, das Trainingsprinzip konsequent umzusetzen.*«

H. W<small>EBER</small>, R<small>EGENSBURG</small>, M<small>OTORRADSPORTLER</small>

Basiswissen für Einsteiger I: die Trainingsbereiche

Anaerober Bereich
sehr intensives Training unter »Sauerstoffschuld«;
wird bevorzugt beim Intervalltraining angewendet, Training
von Mobilisationsfähigkeit und Tempohärte

Aerob-anaerober Übergangsbereich
GA_2-Training, Mischstoffwechsel;
Kohlenhydrate/Fette werden zur Energiegewinnung genutzt,
Verbesserung der Grundlagenausdauer, oftmals identisch
mit Marathon- und Halbmarathontempo

Aerober Bereich
GA_1-Training, Fundament der Leistungsentwicklung,
Stabilisierung der Grundlagenausdauer;
Fettstoffwechseltraining, wichtiger Bereich des Gesundheitssports,
mindestens zwei Drittel des gesamten Trainingsumfangs

Viele Wege führen nach Rom – auch im Trainingsprozess. Aus diesem Grund ist es für Anfänger sehr schwer, den richtigen Weg zu finden. Der »trainingsmethodische Dschungel« ist selbst für Fachleute nicht einfach zu durchdringen. Aus diesem Grund möchte ich nochmals zusammenfassend einige Tipps für die ersten Trainingswochen geben:
- Viele Einsteiger beginnen mit zu intensiven Belastungen. Es ist besser, ein »Schontraining« an den Anfang zu setzen. Dies bedeutet, dass der Körper die gesetzten Belastungen relativ sicher bewältigt. Beim Joggen sollte nur so schnell gelaufen werden, dass noch eine Unterhaltung möglich ist (je drei bis vier Schritte zum Ein- und Ausatmen). Der Puls geht selten über 150 Schläge/Minute. Zuerst muss das »Fitnesshaus« auf ein solides Fundament gebaut werden, dann können auch intensivere Belastungen partiell eingesetzt werden.
- Ein Training mit einfachen Belastungen wird auch als *aerobes Training* bezeichnet. Dies bedeutet, dass die sportliche Bewegung vorwiegend auf der Energiebereitstellung über den Weg des Fettstoffwechsels basiert. Der Muskel geht bei langsamen Bewegungsabläufen keine große Sauerstoffschuld ein. Er arbeitet also ökonomisch. Die »Sauerstoffdusche« für den Körper ist als echtes Gesundheitstraining zu bezeichnen, da hierbei (nach einer bestimmten Zeit und Regelmäßigkeit) die Anpassungen im

Herz-Kreislauf-, Atmungs- und Muskelsystem erzielt werden, die zur Vorbeugung von Zivilisationskrankheiten dienen. Insofern sind eine gemütliche Radtour, eine Wanderung oder ein ruhiges Schwimmen für die Gesundheit effektiver als der Versuch, täglich auf der Hausstrecke einen neuen persönlichen Rekord zu erjagen. Übrigens, bei dieser Trainingsform werden tatsächlich Fette abgebaut. Dies ist ein weiterer Nebeneffekt des langsamen Trainings.

- Wer mindestens ein halbes Jahr lang regelmäßig trainiert hat, kann ab und zu etwas intensivere Übungen durchführen. Hier wird der Mischstoffwechsel *(aerober-anaerober Übergangsbereich)* angesprochen, das heißt dass die sportliche Leistung über die Kohlenhydrat- und Fettverbrennung erbracht wird. Die Pulswerte liegen in der Regel zwischen 150–170 Schlägen/Minute. Dieser Bereich ist wichtig, da im Körper Anpassungen vorbereitet werden, die am Ende zu einer Verbesserung der Ausdauergrundlage führen. Die genaue Bestimmung des Trainingsbereiches sollte über einen Test (Stufentest → Seite 27 ff.) werden.
- Ein intensives Training *(anaerobe Belastung)* mit hohen Pulswerten ist Einsteigern nicht zu empfehlen. Überbelastung, Verletzungen und Frustaufbau sind meist die Folgen zu forschen Herangehens an den Sport. Dies gilt für zu schnelles Joggen, Radeln oder Schwimmen genau so wie für zu »harte« Aerobicstunden. In der Ruhe liegt die Kraft!
- Damit die Regelmäßigkeit des Trainings gewährleistet ist, sollte die Sportzeit im Wochenplan einen festen Platz einnehmen. Unregelmäßiges Bewegen führt nicht zu den Anpassungen, die vorgesehen sind. Für Anfänger ist ein Gruppentraining sinnvoll, um einen äußeren »Zwang« über den Trainingstreff zu schaffen. Auch die Gespräche der Neulinge untereinander helfen, bestimmte Probleme zu meistern.

Nicht verzweifeln, wenn es einmal schwer fällt. Der Körper muss sich erst an die neue Belastungssituation gewöhnen. Es vergehen acht bis zwölf Wochen, bis die Umstellung einigermaßen erfolgt ist. In dieser Zeit unterliegt der Körper großen Formschwankungen. Wer jetzt durchhält, der hat es geschafft!

EINSTEIGER

Basiswissen für Einsteiger II: vom Laufbandtest zum Trainingsplan

Der Stufentest

Zum Einstieg in das Lauftraining gehört auch der Gesundheits-Check beim Arzt, der den gesundheitlichen und trainingsmethodischen Ausgangszustands ermittelt. Hier werden die prinzipielle Belastungsfähigkeit abgeklärt und eventuell Auflagen für das Training erteilt. Abhängig davon werden die Belastungsbereiche festgelegt mit Herzschlagfrequenz und der individuellen Laufzeit pro Kilometer.

Warum zur Fitnessuntersuchung?
- Sie gibt grünes Licht für die Belastung und vergleicht die Werte von Ruhezustand, Belastung und Nachbelastungsphase.
- Sie teilt die Belastungsbereiche mit individuellen Pulsempfehlungen und Lauftempoangaben ein und setzt Schwerpunkte für das Training.
- Sie sorgt für effizientes Training und damit für eine effektive Ausnutzung der Freizeit.

Die häufigste Form der Laufbanduntersuchungen ist der Stufentest. Dabei wird die Laufgeschwindigkeit von Stufe zu Stufe erhöht. Parallel dazu laufen Messungen wie EKG, Atemgasanalyse, Laktatwertbestimmung, Herzschlagfrequenzerfassung und Blutdruckmessung. Diese Werte werden vor (im Ruhezustand), während und nach der Belastung erhoben, um

	Patient	Sportler	
		KZA	LZA
Initialbelastung	1,1 – 1,7 m/Sek (4 – 6 km/h)	2,5 – 3,5 m/Sek	Marathonzeit – 0,3 m/Sek 10 km-Zeit – 0,8 m/Sek
Steigerung	0,25 m/Sek (1 km/h)	0,25 m/Sek	0,2 m/Sek
Stufendauer	3 Min	3 Min	15 Min
Pausen	30 Sek	30 Sek	2 Min
Neigung Laufband	0 %	0 %	0 %

Laufbandergometrie-Stufentest

BASISWISSEN II: TESTVERFAHREN

tatsächliche Verläufe zu kennzeichnen. In die Bewertung des Tests werden alle drei Zustände einbezogen. Des Weiteren müssen sowohl die allgemein gesundheitliche als auch die rein sportliche Anamnese (Erfassung der Daten des sportlichen Werdeganges: Umfänge, Wochenaufbau des Trainings, Leistungen etc.) hinzugezogen werden, um ein möglichst komplexes Bild zu erstellen.

Um die Vergleichbarkeit der Testergebnisse zu sichern, muss der Testablauf standardisiert sein. In der Tabelle auf Seite 27 sind mögliche Test-

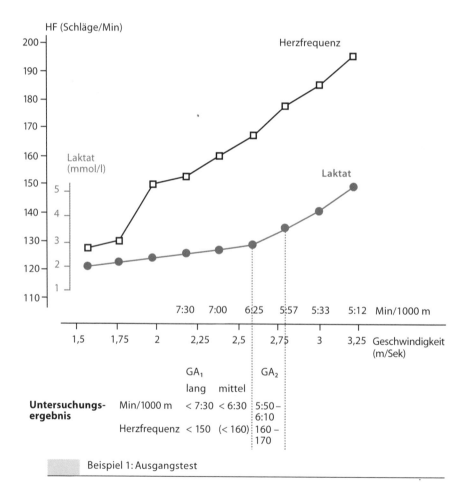

Beispiel 1: Ausgangstest

EINSTEIGER

Ziel
Struktur der Wettkampfleistung

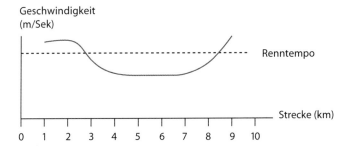

Umsetzung
Definition der Haupttrainingsbereiche
1. Schnelligkeitsausdauer (Mobilisation)
2. Wettkampfspezifische Ausdauer (Renntempo)
3. Grundlagenausdauer 2 (Entwicklung)
4. Grundlagenausdauer 1 (Stabilisierung)
5. Kompensation
6. Allgemeine Ausbildung

Proportionsverhältnisse der Haupttrainingsbereiche je Trainingsphase

	Grundlage	Vorbereitung	Kompensation
GA_1	65%	70%	100%
GA_2	25–30%	10–20%	–
WSA/SA	5–8%	10–20%	–

Trainingssteuerung/Belastungsgestaltung
– Jahresverlauf / Mehrjahresverlauf
– Trainingszyklen
– Wochenzyklus (MIZ)
– Trainingseinheit
– Einplanung ins Leben

Die Auswertung: Trainingsplanung

rahmenbedingungen für Patienten und Sportler (Mittelstrecke, Langstrecke/Marathon) dargestellt.

Bei der Bewertung des Tests werden viele Faktoren aus dem bisherigen Sport-Werdegang der Testperson hinzugezogen, so dass neben den nüchternen Untersuchungsergebnissen viel Erfahrung dazu gehört, um konkrete Trainingsempfehlungen zu geben. Dies soll anhand zweier Praxisbeispiele verdeutlicht werden.

BASISWISSEN II: TESTVERFAHREN/BEISPIEL 1

Beispiel 1
In unserem ersten Beispiel (siehe Grafik »Beispiel 1: Ausgangstest auf Seite 28) wird die Testperson über einen sehr breiten Geschwindigkeitsbereich (1,6 bis 3,2 m/Sek) getestet. Aus dieser Untersuchung gehen Empfehlungen für die Verbesserung der Grundlagenausdauer hervor. Die entsprechenden Pulsbereiche und Zeiten/Kilometer werden festgelegt, so dass der Sportler weiß, in welchen Bereichen er effizient trainieren kann.

Beispiel 1:	1.–3. Woche	4. Woche = Ruhewoche	5.–7. Woche
Montag	GA_1 30 Min		GA_1 30 Min
Dienstag	GA_1 45 Min	GA_1 30 Min	GA_1 60 Min
Mittwoch			
Donnerstag			
Freitag	GA_1 30 Min	GA_1 30 Min	GA_2 2 x 10 Min Pause 5 Min
Samstag	GA_1 60 Min	GA_1 30 Min	GA_1 60 Min
Sonntag			

Lauf-Trainingsplan 1.–7. Woche

Beispiel 1:	8. Woche = Ruhewoche	9.–11. Woche	12. Woche = Ruhewoche	13.–15. Woche
Montag		GA_1 45 Min	GA_1 30 Min	GA_1 45 Min
Dienstag	GA_1 30 Min		GA_1 60 Min	GA_1 60 Min
Mittwoch		GA_1 75 Min		
Donnerstag				
Freitag	GA_1 30 Min	GA_2 2 x 20 Min Pause 5 Min	GA_1 30 Min	GA_2 2 x 25 Min Pause 5 Min
Samstag	GA_1 30 Min		GA_1 30 Min	GA_1 60 Min
Sonntag		GA_1 75–90 Min		

Lauf-Trainingsplan 8.–15. Woche

Der zweite Schritt für die konkreten Trainingsempfehlungen muss nun sein, dass die unmittelbar aus dem Test abgeleiteten Belastungsbereiche in einem Trainingsplan zur Anwendung kommen.

Die Haupttrainingsbereiche (→ Seite 25 f.) sind nicht nur zu charakterisieren, sondern auch in bestimmte Relationen zueinander zu setzen bzw. die Reihung der Belastungen im Wochen- und Mehrwochenverlauf (einschließlich Be- und Entlastungsphasen) festzulegen. In der Abbildung auf Seite 29 ist das trainingsmethodische Beziehungsgefüge zwischen der Wettkampfleistung (Ziel) und dem Training prinzipiell dargestellt.

Zurück zu unserem Beispiel »Ausgangstest« von Seite 28 Um das Ziel »Wettkampfleistung« zu erfüllen, reicht es aus, zwischen dem GA_1- und GA_2-Training zu pendeln. Damit werden die größten Impulse zur Verbesserung der Grundlagenausdauerfähigkeit und damit der aeroben Kapazität gegeben.

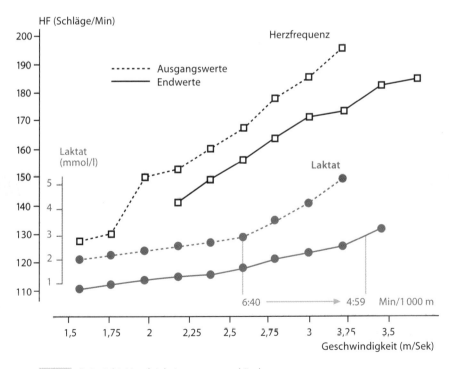

Beispiel 1: Vergleich Ausgangs- und Endtest

BASISWISSEN II: TESTVERFAHREN/BEISPIEL 1

In den beiden Tabellen auf Seite 30 ist der 15wöchige Trainingsplan des Sportlers dargestellt. Der Schwerpunkt des Plans liegt auf der Verbesserung des Grundlagenausdauerniveaus. Wie der Vergleich »Ausgangs- und Endtest« belegt, ist dies ausgezeichnet gelungen.

Es wurde ein klarer Be- und Entlastungsrhythmus im Verhältnis 3:1 gewählt: Auf drei Wochen Training folgt eine Ruhewoche. Die Trainingseinheiten entwickelten sich primär über die Belastungszeit in den verschiedenen Blöcken. Die im Test festgelegten Belastungsbereiche durften weder über- noch unterschritten werden. In den Ruhewochen sind sowohl Umfang als auch Intensität deutlich reduziert. Diese Entlastung braucht der Körper, um das Trainierte umzusetzen und neue Motivation für den folgenden Belastungsblock aufzubauen. Am Ende des Gesamttrainingszeitraumes wurde der Eingangstest noch einmal identisch durchgeführt und brachte erwartungsgemäß folgende Hauptergebnisse:
- Absenkung der Herzschlagfrequenzen auf vergleichbaren Teststufen als Zeichen einer deutlich verbesserten Herz-Kreislauf-Arbeit,
- Absenkung und Nach-rechts-Verschiebung der Laktatkurve als Beleg eines günstiger arbeitenden Stoffwechsels.

Die Verbesserung der aeroben Leistungsfähigkeit wirkt sich im Ausdauersport direkt auf die Erhöhung der Wettkampfleistung aus.

Insgesamt konnte eine klare Verbesserung der aeroben und (obwohl nicht trainiert!) anaeroben Leistungsfähigkeit erreicht werden. Dies ist ein sehr wichtiger Beleg für die These: Die Verbesserung der aeroben Leistungsfähigkeit wirkt sich im Ausdauersport direkt auf die Erhöhung der Wettkampfleistung aus.

	Ausgangstest	Endtest
GA_1	< 6:30 Min/km HF < 150/Min	5:30 - 6:00 Min/km HF < 150/Min
GA_2	5:50 - 6:10 Min/km HF 160 - 170/Min	5:00 - 5:20 Min/km HF 160 - 175/Min
Lauf-Leistung	6:40 Min/km	4:59 Min/km
aerobe Schwelle	2,0 m/sec HF 153/Min	2,8 m/sec HF 160/Min
anaerobe Schwelle	2,6 m/Sek HF 170/Min	3,2 m/Sek HF 175/Min
Körperfett	13,4 % (11 kg)	9,7 % (7,3 kg)

Auswirkungen eines 15wöchigen Trainings

EINSTEIGER

In der Tabelle sind weitere Vorteile des 15wöchigen Trainings (Schwellenverschiebung, Körperfettmessung ...) sowie die neuen Trainingsbereiche angegeben.

Beispiel 2
Auch das Beispiel 2 bestätigt die eben getroffenen Aussagen.
Im Unterschied zum Beispiel 1 wird eine Mischung aus Lauf- und Walkingtraining bevorzugt. Die im Ausgangstest ermittelten Herzfrequenzwerte für die einzelnen Trainingsbereiche werden über den Trainingsplan konsequent umgesetzt.

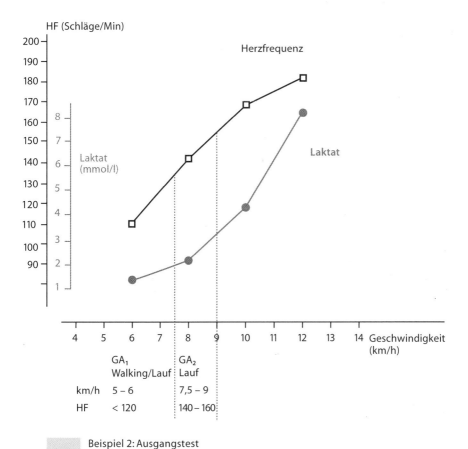

Beispiel 2: Ausgangstest

BASISWISSEN II: TESTVERFAHREN/BEISPIEL 2

Die Verbesserung der Grundlagenausdauer ist in der folgenden Abbildung gut erkennbar. So läuft der Sportler bei vergleichbarer Muskelsäuerung (Laktat 2) zu Beginn des Trainings 8:07 Minuten pro Kilometer, nach zwölf Wochen hingegen 6:40 Minuten.

Unter Belastungsbedingungen sind ebenfalls klare Ökonomisierungsanzeichen (Senkung der Herzfrequenz und der Laktatkurven) zu erkennen. Auch in der Nachbelastungsphase (1., 3., 5. Minute) bestätigt sich das deutlich verbesserte Herz-Kreislauf-Verhalten (siehe Tabelle auf Seite 36) nach zwölf Wochen. Beim Stoffwechsel (Laktatausschüttung) ist dieses Ergebnis vorerst nur unter Belastungsbedingungen erzielt worden. Dies ist aber nicht außergewöhnlich, da die Anpassungen der unterschiedlichen Regulationsebenen des Organismus (Herz-Kreislauf-System, Muskelstoffwechsel etc.) nicht zeitgleich erfolgen. Oftmals reichen zwölf bis 15 Wochen nicht aus, um eine relativ stabile Anpassung zu bewirken.

Wenn das Ergebnis nicht so klar ist wie bei unseren beiden Beispielen, dann müssen Testauswertung und Trainingsplanung noch einmal »unter die Lupe« genommen werden bzw. benötigt der Körper einfach mehr Zeit zum Umsetzen des Trainings.

	1.–4. Wo.	5. Woche Ruhewoche	6.–8. Wo.	9. Woche Ruhewoche	10.–12. Wo.
Mo	Lauf 30 Min 6–7 km/h HF < 120	Lauf 30 Min 6–7 km/h HF < 120	Lauf 45 Min 6–7 km/h HF < 120	Lauf 30 Min 6–7 km/h HF < 120	Lauf 50 Min 6–7 km/h HF < 120
Di					
Mi	Walking 45 Min 5–6 km/h HF < 120	Walking 30 Min 5–6 km/h HF < 120	Walking 45 Min 5–6 km/h HF < 120	Walking 30 Min 5–6 km/h HF < 120	Walking 45 Min 6 km/h HF < 120
Do					
Fr	Lauf 6x3 Min 7,5–9 km/h HF 140–160	Walking 30 Min 5–6 km/h HF < 120	Lauf 5 x 4 Min 7,5–9 km/h HF 140–160	Walking 30 Min 5–6 km/h HF < 120	Lauf 4 x 5 Min 7,5–9 km/h HF 140–160
Sa					
So	Walking 45 Min, Rad, Schwimmen, Wanderungen				

Trainingsplan zu Beispiel 2

EINSTEIGER

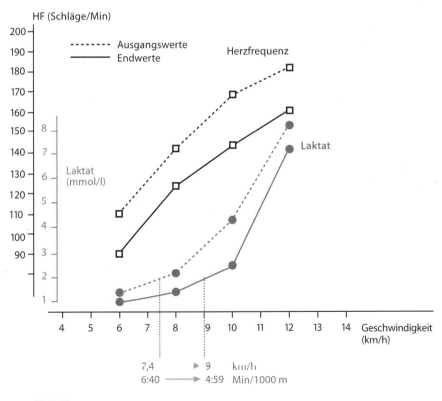

Beispiel 2: Vergleich Ausgangs- und Endtest

BASISWISSEN II: TESTVERFAHREN/BEISPIEL 2

Messung	Zeit in Min	Geschwindig-keit in km/h	Leistung in Watt	Herzschläge pro Min	Laktat in mmol/l
1	–	6	–	111	1,40
2	–	8	–	147	2,40
3	–	10	–	170	4,40
4	–	12	–	185	8,40

Messung	Erholung in Min	Laktat in mmol/l	Herzschläge pro Min	Blutdruck in mmHg
1	1	0	172	–
2	3	9,5	128	–
3	5	9,7	121	–

Ausgangstest zu Beispiel 2

Messung	Zeit in Min	Geschwindig-keit in km/h	Leistung in Watt	Herzschläge pro Min	Laktat in mmol/l
1	–	6	–	89	1,00
2	–	8	–	124	1,60
3	–	10	–	147	2,70
4	–	12	–	163	7,30

Messung	Erholung in Min	Laktat in mmol/l	Herzschläge pro Min	Blutdruck in mmHg
1	1	0	105	–
2	3	9,5	93	–
3	5	9,9	93	–

Endtest zu Beispiel 2

Alternativer Einstieg: Gehen – Walking

Für Einsteiger sind Sportarten mit möglichst geringem Verletzungsrisiko, guter Gesundheitswirkung und wenig Aufwand am interessantesten, wie zum Beispiel das schnelle Gehen, auch neudeutsch »Walking«. Umfangreiche Studien aus den USA bestätigen, dass Walking das Herz-Kreislauf-System, die Atmung, das Muskelsystem und den Bandapparat stärkt, die Durchblutung fördert, die Cholesterinwerte und den Blutdruck senkt, Linderung bei Krampfaderbeschwerden verschafft und eine gehörige Portion an Selbstvertrauen durch ein neues Körpergefühl vermittelt. Walking ist eine Ganzkörpersportart, bei der die Gelenke schonend beansprucht werden. Dies ist ein echter Vorteil gegenüber anderen Sportarten. Walking ist deshalb für Leute mit Gewichtsproblemen wie auch für Wiedereinsteiger sehr gut geeignet.

Besonders wirkungsvoll für die Herz-Kreislauf- und Muskelarbeit ist das Nordic Walking (mit Stöcken), weil der Oberkörper stärker beansprucht wird.

Was ist Walking?

Die Sportart Walking stammt aus den USA. Diese Entdeckung ist uns hier zu Lande aus der deutschen Wanderbewegung bekannt. Bezeichnet wird damit ein langsames bis zügiges Gehen (nicht zu verwechseln mit der Wettkampfsportart Gehen), anfangs auf flachen Strecken, später im unebenen Gelände bzw. bergauf mit und ohne Handgewichte. Walking ist die ideale (Wieder-)Einstiegssportart, die gute Voraussetzungen für andere Disziplinen wie Joggen oder Skilanglauf schafft.

Wann sollte mit Walking begonnen werden?

Für Walking ist es nie zu spät. Wichtig ist auch hier gleich zu Beginn der Gesundheits-Check beim Sportmediziner oder Trainingsmethodiker. Die gründliche ärztliche Untersuchung, die Bestimmung des Fitnesszustandes und die daraus resultierenden Trainingsempfehlungen sind die Voraussetzungen für baldigen Erfolg. Das funktioniert nur, wenn der eigene Wille fest dahinter steht. Erinnern Sie sich an die Grundregel Nummer Eins? Ich will!

Wo sollte gewalkt werden?

Für rhythmisches und gleichmäßiges Walking sind Straßen und Wege mit festem Untergrund am besten geeignet. Haben Sie Technik und Kondition verbessert, bietet unebenes Gelände zusätzlichen Trainingsreiz. Anfangs sind die »Querfeldein-Strecken« aufgrund der Verletzungsgefahr und der unklaren Belastungszuordnung zu meiden.

Wie sollte gewalkt werden?

Die gerade und aufrechte Haltung ist beim Walking wichtig für die Wirbelsäule. Der Kopf sitzt locker, die Schultern sind nicht hochgezogen, die Arme können entspannt in der Gehbewegung mitschwingen. Arme und Beine werden diagonal zu den Beinen (kein Passgang!) bewegt. Das Ausschreiten des Schwungbeines sollte aktiv und gerade nach vorne sein. Der Fußaufsatz erfolgt als »runde« Abrollbewegung über die Ferse und den Mittelfuß bis hin zum Ballen. Ein gut gedämpfter Jogging-Schuh mit breiter Sohle oder ein Spezial-Walking-Schuh unterstützen die saubere Gehbewegung und helfen bestimmte Verletzungen zu vermeiden.

Walking – wie oft, wie lange, wie schnell?

Walking soll in erster Linie Spaß machen, Gespräche beim Walken keine Atemnot provozieren. Das Tempo ist also so langsam, dass etwa alle drei bis vier Schritte ein- bzw. ausgeatmet werden kann.

2 – 3 x pro Woche	Wiederholungen	Pause
Anfänger	3 x 6 Min	2 Min Pause
nach 6 – 8 Wochen	2 x 15 – 20 Min	2 Min Pause
nach 12 Wochen	30 – 45 Min	ohne Pause

Einsteiger-Trainingsplan Walking

Laufen von A – Z: das Wichtigste rund um das Laufen

Gesundheitsrisiko Zivilisation?

In unserem hektischen Zeitgeschehen bleibt immer weniger Zeit für die eigene Gesundheit und das körperliche Wohlbefinden. Dabei ist längst erwiesen, dass zwischen körperlichem und geistigem Wohlbefinden enge Wechselbeziehungen bestehen. »Wer rastet, der rostet«, weiß der Volksmund zu berichten. In der Medizin drückt man dies wissenschaftlicher aus: Die Funktion erhält die Struktur.

Die Funktion erhält die Struktur.

Besinnen wir uns einmal kurz auf unsere Entwicklungsgeschichte. Seit etwa drei Millionen Jahren entwickelte sich der Mensch in einer Balance von Biosystemen und Umwelt. Erst mit dem plötzlichen Einzug der Technik in den letzten gut hundert Jahren veränderte sich der Lebensstil stark.

Bewegungsmangel zusammen mit Fehlernährung sowie Stress und individuellen Risikofaktoren entwickeln sich zu Fehlbeanspruchungen, die das Gleichgewicht zwischen der Umwelt und dem Biosystem Mensch zerstören. Allein das Bewegungsvolumen im Alltag hat sich drastisch dezimiert und beträgt heute nur noch etwa ein Prozent des Wertes von vor 100 Jahren!

Das Bewegungsvolumen im Alltag hat sich seit 100 Jahren um 99 % reduziert.

Heute sind die meisten von uns täglich an den Stuhl gebunden. Nicht umsonst spricht man jetzt schon von einer neuen Menschenspezies: dem Homo sedens, dem sitzenden Menschen. Für diese Art Lebensstil sind wir aber nicht geschaffen. Die Folge sind unter anderem die so genannten »Zivilisationskrankheiten« wie Herz-Kreislauf-Erkrankungen (Herzinfarkt, Schlaganfall, Bluthochdruck ...), Stoffwechselerkrankungen (Diabetes mellitus, Fettstoffwechselstörungen ...) sowie vielfältige orthopädische Probleme wie etwa der Rückenschmerz.

Das einseitige berufliche Anforderungsprofil sollten wir durch entsprechende Freizeitgestaltung kompensieren. Es ist bekannt, dass durch gezieltes Rückentraining Rückenschmerzen in vielen Fällen der Vergangenheit angehören können, dass das Ausdauersportarten wie Wandern, Radfahren, Laufen Herz und Kreislauf stärken und gleichzeitig bei vielen Stoffwechselerkrankungen und Befindlichkeitsstörungen Linderung verschaffen. Bewegung und Sport können ganz gezielt als Prävention und sogar als

Therapie eingesetzt werden. Diese Art von Therapie wird zwar nicht mehr von den Krankenkassen getragen. Doch die Verantwortung für die eigene Gesundheit kann nicht allein in den Schoß der Krankenversicherung gelegt werden. Die Devise heißt: Vorbeugen ist besser als heilen! Denn wenn der Mensch erst einmal erkrankt ist, dann ist dies mit Leid, Ärger, Ausfallzeiten und erheblichen Kosten verbunden.

Damit es nicht erst kommt zum Knaxe, erfand der Arzt die Prophylaxe. Doch lieber beugt der Mensch, der Tor, sich vor der Krankheit als ihr vor.

Eugen Roth

Im Spannungsfeld zwischen immer komplexeren geistigen Anforderungen und zu bewältigenden Konflikten werden die psychosozialen Erkrankungen zunehmen, die von Wissenschaftlern als die Erkrankung dieses beginnenden Jahrhunderts angesehen werden. Dieser Entwicklung können nur wir selbst Einhalt gebieten. Wir müssen lernen, dass unsere Gesundheit unser höchstes persönliches Gut ist. Verantwortlich dafür ist jeder selbst. Die Gesellschaft kann nur möglichst optimale Rahmenbedingungen schaffen und aufgrund der erheblichen finanziellen Belastungen des Gesundheitswesens nur den Teil »Krankheit« abdecken. Alles andere bleibt der Eigenverantwortung überlassen. Eine verbesserte Lebensqualität lässt sich schwer in den zeitlichen und finanziellen Mehraufwand umrechnen. Ich denke aber, dass sich dafür der jeweils persönliche Einsatz mehr als bezahlt macht.

Nie sitzen, wenn man stehen kann

Ein Muskelprotz sein wie Arnold Schwarzenegger? Schlank sein wie Claudia Schiffer? Sportliche Höchstleistungen erbringen wie Marathonläufer? Nein danke. Für viele ist dies nicht realistisch, allerdings auch nicht notwendig. Andererseits möchte sicherlich keiner einen Herzinfarkt oder Schlaganfall erleiden.

Die drei Grundregeln:
1. Nie still stehen, wenn man sich bewegen kann.
2. Nie sitzen, wenn man stehen kann.
3. Nie liegen, wenn man sitzen kann.

Was ist wirklich gesund und für jeden machbar? Das Zauberwort heißt Bewegung. Es gilt, eingefahrene, bequeme und lieb gewonnene Lebensgewohnheiten zu ändern. Der erste Schritt könnte heißen: Jede Treppe und jeden Arbeitsweg zu Fuß gehen, Spaziergänge und tägliche Gymnastik machen, aktive statt passive Wochenenden gestalten etc.

Wer sich mehr und intensiver bewegen möchte,

kann dies mit der Familie oder mit Freunden tun (Radfahren, Wandern, Schwimmen, Tanzen ...) oder auch in einer Sportgruppe. Hier sollte zuerst der Arzt konsultiert werden, ob Einschränkungen vorliegen. Dabei müssen Vorerkrankungen, der aktuelle Gesundheits- und Fitnesszustand sowie der persönliche Wunsch berücksichtigt werden. Generell kann man für jeden Geschmack und Typ ein Gesundheitsprogramm zusammenstellen. Das Optimalprogramm sieht drei Stunden körperliche Betätigung in der Woche vor und führt bei richtiger Dosierung zu einer Verbesserung der Leistungsfähigkeit.

Es ist nie zu spät!

- Auch im fortgeschrittenen Alter können Sie jederzeit mit dem Laufen beginnen – vorausgesetzt, dass Sie gesund sind. Konsultieren Sie einfach einen Sportarzt. Nach wenigen Wochen gezielten Trainings wird sich Ihr Wohlbefinden deutlich verbessern.
- Wenn Sie nicht alleine laufen möchten, gehen Sie am besten zu einem Lauftreff. Dort erhalten Sie Informationen zum Joggen.
- Wichtig ist, dass Sie das Lauftraining am Anfang zweimal wöchentlich absolvieren. Damit wird im Körper ein »Erinnerungsreiz« gesetzt, der bei einer längeren Regelmäßigkeit zu wirksamen Anpassungen führt.
- A und O bei den »Laufneulingen« ist ein ruhiges Lauftempo. Alle drei bis vier Schritte ein- bzw. ausatmen stehen für ein lockeres (aerobes) Tempo. Der Puls sollte beim Laufen nicht höher als 150 Schläge pro Minute sein. Eventuell müssen die ersten Trainingswochen mit »Walking« (zügiges Wandern) absolviert werden.
- Parallel zum Jogging-Start sollte ein Dehnungs- und Kräftigungsprogramm begonnen werden. Einerseits werden muskuläre Ungleichgewichte vermieden, und andererseits wird die körperliche Geschmeidigkeit verbessert. Beides beugt Verletzungen vor.
- Wer für mehr Farbe im Training ist, der kann auch Laufen mit Radfahren, Schwimmen, Rudern und anderen Ausdauersportarten kombinieren. Aber aufgepasst: Übertreiben Sie es nicht – nur in der Ruhe liegt die Kraft!
- Wer eher ein »Spielertyp« ist, dem ist eine gründliche Erwärmung vor dem Badminton, Tischtennis, Tennis oder Fußballmatch zu empfehlen. Auch hier gilt: Ziehen Sie nicht alle »Register« gleichzeitig! Achten Sie darauf, dass Sie sich nicht überbelasten, sonst übersäuert die Muskulatur schnell. Unkonzentriertheit und Verletzungsgefahr sind die Folgen.

Die Laufprüfung

Oft klopft das Herz schon vor Aufregung stärker, wenn ein Laufanfänger erstmalig zum Lauftreff kommt. Da trifft sich eine alteingeschworene Gemeinschaft und frönt dem Laufkult. Die bekannten Laufschuhmarken und vielfältige Jogging-Textilien blinken professionell entgegen. Der Atem stockt fast, wenn die »Ritter der Landstraße« dem Neuen einen Blick zuwerfen. »Heute GA_1 lang, Matting ist dran. Die 5:30er zu mir«, tönt eine Stimme am Startpunkt. Oh Gott, das klingt alles so fremd. Kann ich da überhaupt mithalten? Wieso habe ich auf meinen Freund gehört, der meinte: »Du solltest mal wieder etwas für deine Kondition und Form tun. Junge, der Wohlstand schaut dir ja schon aus den Augen. Geh doch mal Montag um 18 Uhr zum Siemens-Parkplatz am Westbad.« Und nun stehe ich hier wie vor einer Prüfung, habe weiche Knie und bereue meinen Aktivitätsblitz. Lauftreff – es gibt sicher viel angenehmere Dinge, um seine Freizeit zu gestalten. Aber ich will abnehmen, und meine Lunge pfeift viel zu stark, wenn ich nur eine Treppe sehe ...

Manchem neuen Gesicht beim Lauftreff sieht man solche oder ähnliche Gedanken an. Aber keine Angst: Die wenigen Insider-Begriffe hat jeder schnell drauf. Niemand wird examiniert! Im Lauftreff freut man sich über jeden, der seinen »inneren Schweinehund« überwunden hat mit den Worten: »Ich will!« Diese Aussage ist die Grundvoraussetzung für den Erfolg des Unterfangens. Für die inhaltlichen Dinge stehen erfahrene Lauftreffleiter zur Verfügung, die mit viel Feingefühl die »Neuen« einweisen. Die alten Hasen unter den Lauftreffteilnehmern sind auch gern bereit, Tipps zu geben. Nur fragen muss man selbst, wenn etwas unklar ist. Vieles kann gerade für Laufeinsteiger während des Dauerlaufes geklärt werden. Langsam laufen!

Laufen heißt nicht, mit hochrotem Kopf, schweren Schrittes und Atemnot durch die Welt zu hetzen. Lockeres Laufen, das Gespräch beim Joggen suchen, neue Leute kennen lernen und die Natur genießen: Das ist der richtige Weg, um sinnvoll eine neue Lebenserfahrung zu machen.

Verschnaufen

Die Pause, das Austrudeln, Ausruhen, Innehalten und Kraftschöpfen gehören ebenso zum Training wie die »schweren« Einheiten selbst. Auch die Pause muss konsequent geplant werden. Nicht die gewinnen, die am härtesten trainieren, sondern eher die, die ihr Training am cleversten gestalten. Dazu gehört auf jeden Fall, im richtigen Moment die Handbremse zu ziehen. Sonst bleiben womöglich nur die Unzufriedenheit über die gelaufene Zeit, den Rennverlauf, das Laufgefühl und vieles mehr zurück. Wenn sich solche Misserfolge häufen, meint manch einer, die falsche Sportart gewählt zu haben. Dabei hätte vielleicht eine klug eingesetzte Pause weitaus mehr gebracht als ein noch härteres Training.

Auch Pausen müssen konsequent geplant werden.

Der Körper braucht eine gewisse Zeit, um auf sportliche Reize positiv zu reagieren. So ist es zum Beispiel rein biologisch gesehen kein Problem, sich innerhalb weniger Wochen erstmalig auf einen Marathon vorzubereiten. Das Herz-Kreislauf-System, das Energiebereitstellungssystem und selbst die Struktur der Muskeln können in wenigen Wochen auf eine solche Ausdauerleistung vorbereitet werden. Das eigentliche Problem liegt in der deutlich längeren Anpassungszeit des Binde- und Stützgewebes. Etwa zwei bis drei Jahre sind nötig, um wirklich für ein Marathontraining fit zu sein. Wer die Dauerbelastung zu früh steigert und dazu noch zu intensiv läuft, bei dem werden sich früher oder später Knie-, Hüft- oder Fußprobleme einstellen. Das muss nicht sein. Ein ruhiger, langfristiger Trainingsaufbau mit gezielt gesetzten Pausen im Sinne der aktiven Entlastung, Wiederherstellung bzw. Umsetzung des vorherigen Trainings ist zwar der längere, aber solidere Weg. Also, in der Ruhe liegt die Kraft – machen Sie ruhig und öfters mal eine Pause!

Das verdammte Langsamlaufen

Was steckt hinter dem langsamen Training? Für den Ausdauersportler stellt das Grundlagenausdauerniveau das »tägliche Brot« der Leistung dar. Ein Marathonlauf wird energetisch überwiegend durch einen gut funktionierenden Fettstoffwechsel abgesichert. Dieser Stoffwechsel ist träge und wird nur beim Langsamlaufen als Hauptenergielieferant genutzt. Sobald ich aber über ein höheres Lauftempo mehr Energie pro Zeit benötige, ist der Körper gezwungen, zunehmend Kohlenhydrate (schnellere Energiequellen) aus der Leber, dem Herzmuskel und der Arbeitsmuskulatur abzubauen. Wenn ich den Fettstoffwechsel trainieren will, dann muss ich gezielt lang und locker laufen. Bei den meisten Sportlern liegt der Herzfrequenzbereich zwischen 120 bis 150 Schlägen pro Minute im Dauerlauf. Ein guter »Nebeneffekt« zeigt sich in einer echten Gewichtsreduzierung, da beim Joggen im niedrigen Tempo tatsächlich die Fettpolster schwinden.

Ca. 70 bis 80 Prozent des Gesamttrainings sollten im aeroben Bereich stattfinden.

Wer bisher glaubte, er hat nur dann gut trainiert, wenn er nach dem Laufen ausgepowert war, der muss sein Training überdenken. Ca. 70 bis 80 Prozent des Gesamttrainingsumfangs sollten im lockeren (aeroben) Bereich stattfinden. Zudem macht es mehr Spaß, beim Laufen die Natur bewusst zu genießen. Wer mit dem Herzfrequenzzählen nicht klar kommt, der kann auch die Atemzüge beachten. Jeweils vier Schritte ein- bzw. ausatmen sind ein gutes Maß, um ökonomisch zu joggen. Die Grundlagenausdauer ist das Fundament für die sportliche Leistung. Wer permanent zu schnell läuft, baut sein Haus auf Sand! Wer in dieser Beziehung fit ist, schafft Voraussetzungen für eine höhere Leistung im Wettkampf und ist außerdem nach dem Training schneller wiederhergestellt. Wer das langsame Laufen pflegt und damit gezielt trainiert, kann auch bei höherem Tempo Fette verbrennen und dazu seine Laufleistung verbessern.

Erlebnis Laufen

Wenn das Laufen einschließlich der Wettkämpfe zum Erlebnis werden soll, dann müssen die Weichen dazu bereits im Vorfeld gestellt werden. Nichts ist gefährlicher, als die zu erbringende Leistung zu unterschätzen und vielleicht mittels einer unrealistischen Wette beispielsweise einen Marathon zu »erquälen«. Die Haupteinlaufzeit bei Citymarathonläufen liegt bei 3:30 bis 4:30 Stunden. Mehrere Stunden Bewegung werden vom Körper abverlangt. Doch wer kennt die Dunkelziffer der »geplatzten Marathonträume«? Sicherlich machen mitunter das Wetter oder kurzfristige Erkältungen so manchem Laufvorhaben einen Strich durch die Rechnung.

Bei 90 Prozent aller Fälle ist unzureichendes Training die Ursache für das unzufriedenstellende Abschneiden beim Wettkampf. Oft wird auch das Ziel zu hoch gesteckt, so dass man sich an den Durchgangszeiten »aufreibt«. Es gibt einige Fälle, bei denen die Vorbereitung durchaus passte, doch wurde durch die Starteuphorie ein viel zu hohes Anfangstempo eingeschlagen und nicht durchgehalten. Wochenlanges, gezieltes Training ist dahin, nur weil die Nerven nicht im Zaum gehalten werden konnten.

Es gibt viele Fehlerquellen. Es genügt nicht, »nur mal so« an einem Laufwettkampf teilzunehmen und »irgendwie« zu trainieren. Dazu ist die kostbare Zeit zu schade bzw. die Gesundheit zu wichtig! Der menschliche Organismus muss über eine längere Zeit (etwa zwei bis drei Jahre) in eine Ausdauerbelastung hineinwachsen. Laufen heißt, sich im Einklang mit der

Natur und mit sich selbst zu befinden und die Signale des eigenen Körpers sensibel zu beachten. Dann wird das Laufen einschließlich der Wettkämpfe zum Erlebnis.

Der menschliche Organismus braucht zwei bis drei Jahre Zeit, um in eine Ausdauerbelastung hineinzuwachsen.

Quereinsteiger

Quereinsteiger sind sportbegeisterte Leute, die zwischen den Sportarten wechseln. Sie finden nur eine einzige Sportart auszuüben viel zu eintönig. Auch Witterungsbedingungen spielen eine wichtige Rolle. Im Winter stehen Fitnesszentrum, Badminton oder Squash im Mittelpunkt, im Sommer wird Rad gefahren, gejoggt oder geschwommen.

Aus trainingsmethodischer Sicht gibt es beim Wechsel der Disziplinen ein großes Problem: Die Bewegungsabläufe sind mitunter sehr verschieden. Wenn ich vom Joggen oder Radfahren zum Badminton wechsle, habe ich zwar eine gute Ausdauergrundlage, aber die Muskulatur des Oberkörpers kann möglicherweise den anderen Anforderungen (Drehungen...) nicht gerecht werden. Oft treten Probleme im Rückenbereich auf, die auf eine ungenügend ausgebildete Rumpfmuskulatur zurückzuführen sind.

Andererseits kann es passieren, dass ich trotz vielfältiger Wintertrainingseinheiten im Frühjahr nicht die Kondition besitze, die ich zum Dauerlauf brauche. Die Ursache liegt in der Art des Trainings. Meist beinhaltet das Wintertraining eher intensive, also anaerobe Belastungen. Die klassischen Ausdauerdisziplinen benötigen aber eine gute aerobe Grundlage (Muskelarbeit mit geringem Sauerstoffmangel). Diese kann im Winter mit Skilanglauf oder Skiwandern gelegt werden.

Die Quintessenz der genannten Beispiele ist, dass sowohl beim Wechsel in eine andere Sportart als auch beim Pendeln zwischen den Disziplinen die jeweiligen körperlichen und geistigen Anforderungen bekannt sein müssen, damit im Training eine »saubere Linie« gefahren werden kann. Es wäre schade, wenn ein gut gemeintes Vorhaben an vermeidbaren Verletzungen scheitert.

Joggen

Wie in allen Dingen des Lebens, so gibt es auch beim Lauftraining ein Wechselbad der Gefühle. An manchen Tagen könnte man die Welt »erlaufen«, andere Tage wiederum stellen die reinste Quälerei dar. Weshalb ist das so? Abgesehen von verschiedenen äußeren Einflüssen, spielt die Qualität des Trainings eine große Rolle. Vor allem der Laufanfänger unterliegt aufgrund der noch sehr kurzzeitigen, instabilen körperlichen und geistigen Anpassung an das Laufen größeren Formschwankungen. Man muss es nur wissen, um nicht aus der Unkenntnis heraus die Laufkarriere wieder zu beenden. So ist es ganz normal, dass sich das Körpergewicht nicht sofort in den ersten Lauftrainingswochen deutlich reduziert. Der Körper muss sich erst umstellen. Er muss lernen, die Strukturen für eine günstige Fettverbrennung zu aktivieren. Das braucht Zeit! Mit Beginn des regelmäßigen Trainings werden neue Muskelfasern entwickelt, die sogar Gewicht einbringen. So bewegt sich der Zeiger der Waage in der ersten Phase des Lauftrainings nicht nach unten, sondern in einigen Fällen nach oben. Einige Körperproportionen verändern sich: Das Körpergewicht steigt, die Muskeln werden fester und die Freude am Training kommt zusehends. Deshalb ist es so wichtig, ein regelmäßiges (mindestens zwei Mal pro Woche), lockeres und ausdauerndes Training zu absolvieren. Lieber länger und langsamer laufen! Wer etwa zwei bis drei Wochen Training geschafft hat, der verspürt erste Anzeichen von »Lauflust«, das heißt er hat sich an eine gewisse Regelmäßigkeit gewöhnt, und bestimmte Umgangsformen im Lauftreff sind einem geläufig geworden.

Es ist ganz normal, dass sich das Körpergewicht nicht sofort in den ersten Lauftrainingswochen deutlich reduziert.

Mindestens zwei Mal pro Woche trainieren!

Leider geht das nicht so weiter. Nach etwa sechs bis zehn Wochen stellt sich meist ein Formtief ein. Der Körper beendet die erste Phase der inneren Umstellung. Man kann es als eine Art Überreaktion bezeichnen. Müdigkeit und Laufunlust sind die Folge. In dieser Situation gibt es nur einen Weg: die Belastung reduzieren und nicht über Sinn oder Unsinn des Laufsportes nachdenken. Wer durch dieses Tal kommt, hat die erste, entscheidende Hürde genommen. Im weiteren Training gibt es immer wieder solche Situationen, doch anschließend geht es umso besser. Dieses Prinzip trifft auch auf hochtrainierte Sportler zu. Sie sind in »Ruhewochen« (Wochen mit wenig Trainingsumfang und ohne intensive Belastungen) müder und zerschlagener als in Belastungswochen. Das muss so sein! Nur wirksame Belastungsreize führen zu einer neuen Anpassung. In der »Ruhewoche« hat der Körper Zeit, das Trainierte umzusetzen, es »wachsen« zu lassen.

Also: Wenn es einmal im Training nicht so rollt, dann nicht gleich die Nerven verlieren und alles anzweifeln. Schweiß gehört immer zum Erfolg der Arbeit!

Fitness ist messbar

Fitness misst sich nicht nur in weniger Pfunden, sondern auch im verbesserten Zusammenspiel von Herz, Kreislauf, Atmung, Muskelarbeit und weiteren wichtigen Lebensmechanismen. Zu oft werden Maßband und Waage als alleiniger Maßstab angelegt. Leider werden in den Medien fast ausschließlich Traumfiguren als Spiegel der Gesellschaft dargestellt. Dabei ist die Gesundheit ein viel komplexeres Gebäude, in dem körperliche und geistige Fitness eine Familie bilden.

So gibt zum Beispiel ein Stufentest (→ *Seite 27 ff.*) auf dem Laufband oder Rad-Ergometer, bei dem die Belastung in einem bestimmten Zeitintervall gleichmäßig gesteigert wird, eine klare Ausgangsbestimmung der einzelnen Organsysteme. Von Stufe zu Stufe muss das Herz kräftiger schlagen, um den Blutkreislauf in Schwung zu halten und damit die Muskulatur mit Sauerstoff und anderen zur Muskelarbeit notwendigen Stoffen zu versorgen. Über eine tiefe und kräftige Atmung muss die verbrauchte Luft aus den Lungenflügeln geblasen werden, damit Platz für Frischluft frei wird. Und die Muskeln selbst müssen ökonomisch arbeiten, so dass eine lockere und flüssige Bewegung möglich ist.

Die Anzahl der Stufen, die beim Test bewältigt werden, hängt vom Fitnesszustand ab. Aus dem Test leiten sich zwei wesentliche Fragen ab:
- Bekomme ich grünes Licht zum Sporttreiben oder sollte noch etwas vom Spezialisten abgeklärt werden?
- Falls ich belastbar bin, wo liegen meine Belastungsbereiche?

Von letzteren gibt es drei Grundbereiche (→ *Seiten 25 f. und 164 f.):* den lockeren (aeroben), den zunehmend anstrengenden (aerob/anaeroben) und den sehr anstrengenden (anaeroben) Bereich. Der aerobe Bereich ist in erster Linie für die sportliche Verbesserung der Lebensqualität wichtig. Es ist wesentlich besser, eine langsame Radwanderung über einen halben Tag lang anzulegen, als eine halbe Stunde lang im anaeroben Bereich zu kämpfen. Wer zu hart trainiert, der verliert mit Sicherheit schnell die Lust. Also: In der Ruhe liegt die Kraft! Dann macht Sport Spaß und bringt positive Veränderung für den gesamten Körper mit sich. Ein großer Teil der Verbesserung kann schon nach zwölf bis 15 Wochen gemessen werden. Das gibt weiteren Auftrieb, am Ball zu bleiben. Fitness ist messbar und damit steuerbar im Interesse unserer Gesundheit.

Lieber eine langsame Radwanderung über einen halben Tag lang planen, als eine halbe Stunde lang im anaeroben Bereich kämpfen.

BELASTUNGSBEREICHE

Wie sollte ich mich optimal belasten?

Viele brauchen regelmäßiges Training als Ausgleich für den eher einseitigen und durch Bewegungsmangel gekennzeichneten Alltag. Manchen geht es um gezielte Vorbereitung für ein sportliches Ereignis wie einen Halbmarathon oder Marathon. Was sollte dabei alles beachtet werden?

Bewegung und Training sollen Spaß machen, sonst besteht die Gefahr, dass man zu schnell aufgibt. Daneben sind einige wichtige medizinische und sportmethodische Kriterien zu beachten. So darf die sportliche Belastung nie höher sein als die medizinische Belastbarkeit. Die Belastbarkeit stellt der Arzt mit der Ergometrie und dem Belastungs-EKG fest. Unter Belastung zeigen sich am ehesten Organstörungen, wie Herz-Kreislauf-Erkrankungen, die unter Ruhebedingungen noch gar nicht ersichtlich sind. Jeder sollte seine eigenen Grenzen kennen und sich nur in deren Rahmen belasten. Sonst können Funktions- oder Organstörungen drohen.

Des Weiteren kommen trainingsmethodische Kriterien zur Geltung. Seit altersher haben sich Philosophen mit diesem Thema auseinandergesetzt. So schrieb der altgriechische Philosoph Plato: »Der sicherste Weg zur Gesundheit ist es, jedem Menschen möglichst genau die erforderliche Dosis an Nahrung und Belastung zu verordnen, nicht zu viel und nicht zu wenig.« Man weiß heute, dass für strukturelle Anpassungen genau definierte Belastungsreize gesetzt werden müssen. Sie müssen zum einen eine bestimmte Mindestintensität überschreiten, um überhaupt zu Anpassungen zu führen. Zum anderen sollten sie eine bestimmte Grenze nicht überschreiten, um nicht langfristig Schäden zu verursachen. Die jeweils individuell optimale Belastungsintensität ist von mehreren Faktoren wie dem Gesundheits- und Trainingszustand, der Sportart, den Zielsetzungen, der Trainingsperiode etc. abhängig. In den Ausdauersportarten bedient man sich dabei der Laktat-Leistungskurve (→ *Seite 28 ff.*).

Der Grund: Mit zunehmender Belastungsintensität bzw. Bewegungsgeschwindigkeit (Lauftempo) steigt die Herzfrequenz kontinuierlich an und ab einem bestimmten Punkt auch der Laktat-Spiegel (Milchsäure in der Muskulatur und im Blut). Das zeigt, dass die Muskulatur nicht mehr im Schongang arbeiten kann und die herkömmliche aerobe Energiegewinnung (mit Sauerstoff) für die Muskulatur nicht mehr ausreichend ist. Der Organismus muss auf eine andere Art der Energielieferung umschalten, den *anaeroben Weg* (unter Sauerstoffmangel). Bei Sauerstoffmangel werden mehr Kohlenhydrate verbrannt, so dass dieser Reservespeicher schnell zu Ende geht. Das Resultat ist ein Leistungsabfall. Die Muskulatur reichert dabei Milchsäure an, weswegen solche Belastungen nicht über einen längeren

Zeitraum durchgehalten werden können. In der Sportmedizin werden aus diesen und anderen Parametern die aerobe und die anaerobe Schwelle bestimmt, die für die weitere individuelle Strukturierung des Trainings wertvolle Empfehlungen ableiten lassen. Zum Beispiel können anhand dieser Schwellen individuelle Herzfrequenzvorgaben erarbeitet werden, die die Anwendung der Pulsuhren erst sinnvoll macht.

Für Trainierende, die vor allem unter gesundheitlichen Aspekten Ausdauer üben, bietet der *aerobe Bereich* die optimale Intensität. Er garantiert Fettverbrennung und ist mit einer niedrigen Stresshormonausschüttung verbunden. Daher fühlt man sich nach solchen Trainingseinheiten auch wirklich entspannt und erholt.

Aerober Bereich: Fettverbrennung und niedrige Stresshormonausschüttung

Auch der unter Leistungsaspekten trainierende Sportler absolviert in diesem Bereich mindestens zwei Drittel seiner gesamten Trainingszeit. Höhere Belastungsintensitäten stellen zunehmenden Stress für den Körper dar, unter anderem verbunden mit einem überproportionalen Blutdruckanstieg. Daher sollten hohe Belastungen nur wirklich gesunden Menschen vorbehalten sein. Eingebettet in den Trainingsplan sind solche intensiveren Trainingseinheiten notwendig, um die eigene Leistungsfähigkeit zielgerichtet weiter zu entwickeln.

Wer aber ständig zu hart und intensiv trainiert, verliert nicht nur bald die Lust, sondern betreibt mit seinem Körper unter gesundheitlichen und trainingsmethodischen Aspekten eher »Raubbau«. Die allgemeine optimale Bewegungsintensität einer aeroben Belastung wird stets als leicht empfunden. Nach Beendigung des Trainings sollte man sich nicht kaputt fühlen, sondern eher die Strecke noch einmal zurücklegen können. Während des Laufens gilt ein Atemrhythmus von mindestens drei bis vier Schritten für die Ein- bzw. Ausatmung als Richtgröße.

Eine sinnvolle Ergänzung kann eine Laktat-Bestimmung während des Trainings sein, die Aufschluss über ein eventuell zu schnelles Tempo gibt. Das Optimum ist die aus der modernen Sportmedizin bekannte Leistungsdiagnostik, die komplexe Aussagen zu Gesundheit, Trainingszustand und Trainingsplanung zulässt.

Leistungsdiagnostik

Bei jedem von uns sind Leistungen auf vielfältige Art und Weise überprüft worden, in Schule, Arbeit, Freizeit oder bei Sport und Wettkämpfen. Die

Leistung an sich ist dabei das Resultat eines komplexen Vorgangs, der sich aus vielfältigen Einzelkomponenten zusammensetzt wie zum einen den psychischen Fähigkeiten (Motivation), Talent, Umgebungsbedingungen, und zum anderen den konstitutionellen Fähigkeiten (Kraft, Ausdauer, Beweglichkeit, Schnelligkeit, Koordination). Die Gesundheit ist aber die wichtigste Voraussetzung für Leistung, ob zu Hause, in der Arbeit oder Freizeit.

In der Medizin haben sich Verfahren etabliert, bei denen der Mensch sowohl im Ruhezustand als auch unter Belastung untersucht wird. Als Beispiel sei hier nur die Ergometrie erwähnt. Insbesondere unter Belastung zeigen sich am ehesten Organstörungen, wie im Herz-Kreislauf-System, die unter Ruhebedingungen noch gar nicht ersichtlich sind.

Auch in der Sportmedizin ist das Hauptziel der Leistungsdiagnostik die Beurteilung des Gesundheitszustandes durch eine Belastungsuntersuchung. Durch verschiedene Testgeräte wie Laufband (Stufentest → *Seite 27 ff.*), Schwimmkanal, Fahrrad-, Handkurbel- oder Ruder-Ergometer werden verschiedene Sportarten simuliert. Denn: Ein guter Läufer muss kein guter Radfahrer sein und umgekehrt. Beurteilt werden die erbrachte Leistung und die für die Leistungserbringung wichtigen Funktionssysteme wie das Herz-Kreislauf-System, die Muskulatur und das Atmungssystem. An Hand dieser Daten werden Störungen und Defizite herausgearbeitet. Diese individuellen Parameter und Kurven erlauben dann eine gezielte Trainingsberatung und -planung, insbesondere in dem für die Herz-Kreislauf-Prävention wichtigen Ausdauertraining. Hier kann für jeden, ob Gesundheits- oder Leistungssportler, ein gesundheitsorientiertes und auf Wunsch auch leistungssteigerndes Trainingsprogramm zusammengestellt werden. Wichtig sind diese Empfehlungen vor allem für Neu- oder Wiedereinsteiger, für Personen mit Risikofaktoren bzw. nach Erkrankungen und für alle, die sich sportlich intensiv belasten.

Für den Gesundheitssportler ist eine ergometrische Untersuchung ausreichend. Bei komplexen Sportarten und bei höherem Leistungsniveau werden im Rahmen der Leistungsdiagnostik weitere Testverfahren hinzugezogen wie die Untersuchung von Muskelkraft, Schnelligkeit, Koordination, Beweglichkeit und Bewegungsabläufen.

Durch diese Untersuchungen soll ein Maximum an Gesundheit und Leistung für ein Minimum an Risiko gewährleistet werden.

Herzkrank durch Sport?

Immer wieder geistern Schreckensmeldungen durch die Presse wie »Todesfall beim Marathon« oder »Herzkrank durch Leistungssport?« Was ist dran? Wo liegen die tatsächlichen Risiken von sportlichen Belastungen?
Bei jeder Belastung wird unter anderem das Herz-Kreislauf-System zeitweise enorm gefordert. Liegen dort irgendwelche Schädigungen oder Erkrankungen vor, die bisher nicht bekannt waren, können unerwartete Herzprobleme bis hin zum plötzlichen Herztod auftreten. In Studien zeigte sich, dass das Risiko des plötzlichen Herztodes bei einer maximalen Belastung ansteigt: bei einem schlechten Trainingszustand 56fach, bei einem recht guten Trainingszustand nur fünffach.

Bei jungen Menschen liegen die Ursachen für den plötzlichen Herztod vor allem in angeborenen Herzerkrankungen, Herzmuskelschädigungen (Kardiomyopathien), koronaren Herzerkrankungen (Verengung der Herzkranzgefäße) und in infektiösen Herzmuskelschädigungen (Myokarditis). Mit steigendem Alter liegt den Herzzwischenfällen oft eine koronare Herzerkrankung zugrunde. Gefährdet sind damit am ehesten die älteren Sportler, die sich hohen und intensiven Trainingsbelastungen bis hin zum Wettkampfgeschehen aussetzen oder diejenigen, die den Wiedereinstieg in das Training nach längeren Pausen suchen sowie Personen mit Risikofaktoren und Begleiterkrankungen.

Nun braucht einem nicht gleich bang ums Herz zu werden: Bevor wirklich etwas passiert, treten meist Vorzeichen oder auch Vorerkrankungen auf, die jeder kennen sollte. Also »Hand aufs Herz«, und sich selbst intensiver beobachten. Wenn im »Inneren« etwas nicht stimmt – und das ist bei jedem von uns schon einmal vorgekommen –, kann es zu folgenden Erscheinungen kommen:
• Atemnot (man kommt schnell aus der Puste),
• Schwindel, evtl. auch kurzzeitige Ohnmachtsanfälle,
• unbekannte und unerklärliche Leistungseinbuße,
• hohe Ruhe- und Belastungsherzfrequenzwerte,
• Herzbeschwerden vom Herzschmerz bis hin zu Herzrhythmusstörungen.
Des Weiteren können
• Müdigkeit,
• erhöhte Temperaturen (Temperatur messen!),
• allgemeine Schwäche,
• vermehrtes Schwitzen
auftreten. Bei diesen Symptomen sollte unbedingt ein Arzt aufgesucht und das Training ausgesetzt werden. Sonst kann ein ohnehin angegriffenes

Herz durch sportliche Belastungen größere Schäden erleiden. Fazit: Nicht der Sport ist die Ursache, sondern die bisher unerkannte oder auch ignorierte Grunderkrankung.

Von Sportmedizinern wird empfohlen, dass sich alle, die intensiv Sport treiben, vor Trainingsbeginn einer sportmedizinischen Belastungsuntersuchung unterziehen sollen. Bei Kadersportlern ist es Pflicht, aber auch im Freizeitsport werden hohe und intensive Trainingsbelastungen umgesetzt.

Auch ein vermeintlich banaler Infekt kann große Schäden verursachen: Wird die Trainingsbelastung trotz erhöhter Temperatur weiter fortgesetzt oder ein Infekt nicht richtig ausgeheilt, kann der Herzmuskel von Myokarditis angegriffen werden, verursacht durch Viren oder Bakterien. Im Klartext: *Wer Fieber hat, gehört ins Bett.* Auch nach einem einfachen Infekt dauern die Stoffwechselveränderungen mehrere Tage über die Entfieberung hinaus an. Erst nach drei bis vier Wochen ist der Ausgangszustand wieder erreicht!

Infekt

Jeder kennt die Symptome eines Infekts: Man fühlt sich unwohl und ist nicht mehr leistungsfähig, bei geringsten Belastungen rast das Herz, der Kopf tut weh und die Temperatur steigt. Im Sport stellt die Infektanfälligkeit nach den Verletzungen und Überlastungsschäden am Halte- und Bewegungsapparat die häufigste Ursache für Trainingsbeeinträchtigungen dar. Infektgefährdet sind die Luftwege, die Harnwege und die Haut. Wird der Körper trotz eines Infekts weiter belastet, kann sich der Herzmuskel entzünden. Das betrifft nicht nur Sportler, sondern jeden von uns. Bei Infekten mit Fieber ist also absolute Ruhe angesagt, am besten Bettruhe.

Was kann und sollte man bei »banalen« Infekten tun? Im Anfangsstadium kann man sicher auf »Großmutters Rezeptküche« zurückgreifen: Schwitzbäder, Dampfbäder, heiße Getränke, warm eingepackt ins Bett legen und über Nacht möglichst viel schwitzen. Hilft dies alles nichts, sollte man seinen Hausarzt konsultieren.

Was die wenigsten wissen: Auch ein »banaler« Infekt ist nicht mit der Entfieberung auskuriert. Die Phase der Stoffwechselveränderungen dauert mehrere Tage über die Entfieberung hinaus an. Erst nach drei bis vier Wochen ist der Ausgangswert wieder erreicht. Wenn durch zu frühe Steigerung der Muskelarbeit die Regeneration hinausgezögert wird, bleibt die Infektanfälligkeit weiter bestehen. Bei einem noch nicht völlig ausgeheilten Infekt kann es in dieser Phase leicht zu einem Rückfall kommen. Aus diesen Gründen sollte nicht sofort nach einem Infekt wieder voll mit der körperlichen Belastung begonnen werden. Als Richtlinie gilt: Ab dem dritten bis fünften Tag nach Entfieberung kann leichte, moderate körperliche Belastung im regenerativen Bereich einsetzen. Etwa eineinhalb Wochen nach dem Infekt darf die Belastung langsam gesteigert werden. Je nach Art und Verlauf der Erkrankung ergeben sich individuelle Empfehlungen. Sie sollten mit dem Hausarzt besprochen werden.

Richtlinie : Ab dem dritten bis fünften Tag nach Fieberfreiheit wieder leicht mit dem Training beginnen.

Wie kann man sich sinnvoll vor Infekten schützen? Unser Immunsystem und die Infektabwehr sind ein kompliziertes System von Vorgängen, die noch nicht bis ins letzte Detail erforscht sind. Die akute Immunantwort auf sportliche Belastungen fällt relativ gleichförmig aus: Es kommt zu einer Unterdrückung von Einzelfunktionen im Immunsystem. Sie gleicht sich binnen 24 Stunden nach der Belastung wieder aus und ist kein Krankheit verursachender Faktor. Im Gegenteil, diese Reaktion schützt unseren Körper vor überschießenden immunologischen Reaktionen. Wird dem Körper aber nicht ausreichend Zeit für Erholung gelassen, wird das Immunsystem immer weiter unterdrückt. Die Folge können Infekte sein.

Daraus leitet sich auch die wichtigste Regel zur Infektprophylaxe ab: ausreichende Regeneration. Dazu gehören ein ausreichender Erholungszeitraum bis zur nächsten Belastung, genügende Schlafzeiten, ausgewogene Vollwerternährung mit viel Obst und Gemüse, Abhärtung des Körpers mit Wechselduschen (morgendliche kalte Dusche), frische Luft ... und nicht zuletzt ein ausgeglichener psychischer Zustand. Sportler nehmen zusätzlich als Prophylaxe vor Infekten spezielle Präparate ein, die auf pflanzlichen und bakteriellen Bestandteilen basieren. Kurz: Eine gesunde Lebensweise ist die beste Methode einer sinnvollen Infektprophylaxe.

Schwitzen

Schwitzen und Trinken sind zwei wichtige Grundbedürfnisse unseres Körpers. Die herkömmliche Meinung, dass man bei körperlicher Belastung wenig trinken solle, ist falsch, ebenso die Schlussfolgerung, dass schwitzende Personen weniger leistungsfähig seien. Dazu folgende Erläuterungen:

SCHWITZEN | TRINKEN

- Schwitzen ist Pflicht – bei jeder Muskelarbeit entsteht Wärme, die irgendwie aus dem Körper abtransportiert werden muss. Nur etwa 30 Prozent des Energiestoffwechsels können in mechanische Energie umgesetzt werden. Der Rest wird als Wärme freigesetzt, so dass die Körpertemperatur ansteigt. Der Mensch ist ein schlechter »Verbrennungsmotor«. Bildung und Verdunstung von Schweiß sind die wichtigsten Mechanismen zur Temperaturregulation bei körperlicher Belastung bzw. Hitze. Funktioniert dieser Mechanismus nicht ausreichend, ist der Körper nicht optimal leistungsfähig, und eine Belastung muss früher abgebrochen werden. Probleme wie Müdigkeit, Schwäche, Konzentrationsmangel, Kopfschmerz bis hin zu Krämpfen, Erbrechen und neurologischen Störungen können auftreten. Besonders wichtig ist dieser Mechanismus für Sportler, aber auch für übergewichtige Personen. Fett speichert Wärme gut, so kann sie schlechter abgegeben werden. Damit nimmt für diesen Personenkreis die Herz-Kreislauf-Belastung zu.

30 Prozent des Energiestoffwechsels werden in mechanische Energie umgesetzt.

- Schweiß ist nicht nur Wasser – Schweiß enthält neben Wasser auch Elektrolyte (Mineralstoffe und Spurenelemente), Kohlenhydrate und Schleimstoffe. Neben den Mineralstoffen Natrium, Kalium, Kalzium, Magnesium, Phosphor und Chlorid werden auch wichtige Spurenelemente wie Eisen, Zink und Jod ausgeschieden. Der Schweiß gelangt einerseits passiv durch Diffusion und andererseits aktiv durch Schweißdrüsen an die Hautoberfläche und verdunstet dort. Der individuell unterschiedliche Schweißgeruch jedes Menschen resultiert nicht primär aus einer speziellen Schweißzusammensetzung, sondern aus der Zersetzung des Schweißes durch Mikroben auf der Hautoberfläche.
- Nicht jeder schwitzt gleich viel. Schwitzen ist bei jedem Menschen individuell festgelegt, lässt sich aber durch Training beeinflussen. Im Allgemeinen schwitzen trainierte Sportler mehr als untrainierte. Trainierte besitzen mehr und effizienter arbeitende Schweißdrüsen als Nichtsportler. Gleichzeitig ist die Konzentration an Elektrolyten im Schweiß von Sportlern geringer als im Schweiß von Untrainierten. Sportler können somit den Schweiß besser »verdünnen«, halten also wichtige Mineralstoffe im Organismus besser zurück.
- An große Hitze passt sich der Körper durch Schweißbildung an. Damit kann mehr Wärme vom Körper abgeleitet werden. Der Salzgehalt des Schweißes nimmt ab, um den Körper vor zu hohem Elektrolytverlust zu schützen. Außerdem nehmen Größe und Zahl der aktiven Schweißdrüsen zu. Dies trifft nicht nur für Sportler zu, sondern auch für Reisende in wärmeren Regionen. Der Körper benötigt etwa fünf bis zehn Tage, um

sich optimal anzupassen.
• Bei mittlerer Belastungsintensität verliert der Körper etwa einen halben bis einen Liter Schweiß pro Stunde. Bei intensiver Belastung oder beim Sport in der Hitze können mehr als drei Liter Schweiß pro Stunde ausgeschieden werden. Bereits bei einem Flüssigkeitsverlust von zwei Prozent des Körpergewichts, das sind bei einer 60 Kilo schweren Person 1,2 Liter, verringert sich die Leistungsfähigkeit um bis zu 20 Prozent. Das heißt für den, der schwitzt: Trinken ist Pflicht! Als Grundlage gilt: Pro Stunde körperlicher Belastung sollte ein Liter Flüssigkeit getrunken werden. Optimal ist es, alle 20 Minuten je ein Glas zu trinken. Was getrunken werden sollte, ist Streitpunkt vieler Diskussionen. Mittlerweile besteht Einigung darüber, dass es isotonische Getränke sein sollten. Man braucht dafür nicht zu teuren Produkten zu greifen. Eine ausreichend verdünnte Apfelsaftschorle tut es auch. Je länger eine Belastung dauert, umso mehr muss die Energieversorgung im Vordergrund stehen. Hier müssen Kompromisse mit dem isotonischen Getränk eingegangen werden: Obst, Fruchtschnitten, Schokoladenriegel sind hier eine willkommene Abwechslung.

Je nach Belastung und Hitze verliert der Körper etwa einen halben bis drei Liter Schweiß pro Stunde.

Generell trinken wir zu wenig, ob nun im Alltag oder beim Sport. Daher muss das Trinken fest in den Speise- und Trainingsplan eingebaut werden, um nicht unliebsame Überraschungen zu erleben.

Trinken

Sommerliche Temperaturen und der Gedanke ans Laufen erzeugen bei jedem Sportler automatisch ein Durstgefühl. Schleichend wird dem Körper durch Wärme und Belastung notwendige Flüssigkeit entzogen. Wohl dem, der sich vor und während des Laufes gut präpariert hat. Wenn das Durstgefühl erst auftritt, ist es in der Regel zu spät. Denn der Durst kommt erst nach dem Flüssigkeitsmangel!

Voraussetzung für eine gute sportliche Leistung ist eine auf die jeweilige Belastung ausgerichtete Vorbereitung im Training. Wenn sich der Körper dieser Dauerbelastung angepasst hat, dann reguliert er auch den Flüssigkeitshaushalt entsprechend. Läuft der Sportler über seine Verhältnisse bzw. kommen noch erhöhte

Bei einem Flüssigkeitsverlust von zwei Prozent des Körpergewichts verringert sich die Leistungsfähigkeit um bis zu 20 Prozent.

Temperaturen hinzu, ist die Störung der Wasser-Salz-Konzentration vorprogrammiert. Bereits zwei Prozent Flüssigkeitsverlust erzeugen erste Zeichen der Leistungsminderung. Da der menschliche Körper aus etwa 60 Prozent Flüssigkeit besteht, bewirken stärkere Schwankungen (kritischer Bereich bei etwa zehn Prozent) beträchtliche Regulationsstörungen. Unter Ruhebedingungen werden täglich zwei bis zweieinhalb Liter Flüssigkeit über Schweiß, Urin, Stuhlgang und Atmung ausgeschieden. Bei erhöhter sportlicher Belastung spielt die Wärmeregulation eine größere Rolle. Neben Wärmeleitung und Wärmestrahlung wird durch Schweißbildung und -verdunstung Wärme abgeführt. Deshalb ist es notwendig, beim Laufen luftige Kleidung zu tragen, damit der »Kühlereffekt« (Wegblasen des Schweißes von der Haut) auftreten kann. Wenn der Wasserentzug zu groß wird, treten einerseits Stoffwechselstörungen auf (denn nur gelöste Stoffe werden im Körper verwertet). Andererseits entstehen Probleme im Stofftransport bzw. in der gesamten Herz-Kreislauf-Funktion durch die Eindickung des Blutes.

In der Literatur werden unterschiedliche Angaben über die Höhe des Wasserverlustes beim Laufen gemacht. So verbraucht der trainierte Körper etwa einen Liter pro Stunde Dauerlauf bei Temperaturen zwischen 12 und 20 °C. Bei höheren Temperaturen kann er auf drei Liter pro Stunde und bei einem Marathon bei über 30 °C sogar auf fünf Liter pro Stunde ansteigen. Eine Störung des Elektrolythaushaltes (Kalium, Magnesium, Eisen, Natrium, Kalzium) und damit eine negative Beeinflussung von Blutdruck, Enzymaktivität, Zellstoffwechsel und Herztätigkeit gehen einher.

Bleiben Sie immer flüssig

Ein auf Ausdauer trainierter Organismus hat unter Belastung einen günstigeren Flüssigkeits- und Elektrolytverbrauch. Der Belastungsgrad soll je nach aktuellem Trainingszustand, äußeren Bedingungen (Temperatur, Strecke) und persönlicher Zielstellung angemessen gewählt werden.

Hier einige praktische Tipps zum Thema Trinken:
- Gezielte Vorbereitung auf den Wettkampf schafft günstige Voraussetzungen für die Flüssigkeits- und Wärmeregulation.

Bei langen Dauerläufen alle 20 bis 30 Minuten etwa 0,3 Liter trinken

- Im Training sollte bei »langen Kanten« (in Abhängigkeit von der Außentemperatur) ab etwa einer Stunde Lauf Flüssigkeit (verdünnte Säfte, leicht gesüßter Tee) zugeführt werden. Ideal sind alle 20 bis 30 Minuten etwa 0,3 Liter aus der Trinkflasche (sie kann am Gürtel befestigt werden).

- Im Trainingsprozess benötigt man täglich mindestens 2,5 Liter Flüssig-

keit und Elektrolyte. Tee, Mineralwasser, fertige Elektrolytgetränke, Apfelsaftschorle und diverse Obst- und Gemüsesäfte sind gut geeignet.
- In den letzten Tagen vor dem Wettkampf ist auf eine gute Hydrierung (Wasseranreicherung im Körper) zu achten, damit der Lauf nicht mit einem Flüssigkeitsdefizit begonnen wird. Natürlich ist übertriebenes »Aufschwemmen« nicht sinnvoll.
- Bei längeren Strecken sollte alle 20 Minuten etwas getrunken werden, auch wenn kein Durstgefühl vorhanden ist. Der Durst kommt immer mit etwas Verzögerung und ist dann nicht mehr auszugleichen.
- Für Langstreckenläufer nicht zu empfehlen sind kohlensäurehaltige Getränke (Blähungen), konzentrierte Säfte (vermehrte Magensäure) und eiskalte Getränke (Magenkrämpfe). Im Zweifelsfall lieber zu reinem Wasser greifen.
- Übermäßige Salzaufnahme während des Wettkampfs ist falsch! Damit wird nur die Wasseraufnahme aus dem Darm erschwert.
- Nach dem Lauf auf keinen Fall zum »Fass ohne Boden« werden und literweise alles in sich hineinschütten. Besser ist es, jede Viertelstunde 0,25 Liter bzw. kleinere Portionen Flüssigkeit zuzuführen. Auf diese Art und Weise sollten etwa zwei bis vier Liter Flüssigkeit über mehrere Stunden zugeführt werden. Bewährt haben sich: Mineralwasser, Honigtee, Suppen, isotonische Fertiggetränke, Milchprodukte und verdünnte Fruchtsäfte.

Herzfrequenz

Die Herzfrequenz oder der Puls beschreiben die Anzahl der Herzschläge pro Minute. Sie werden durch die Druckwelle vom Herz an den großen Arterien spürbar.

Der Normalwert in Ruhe liegt bei 70 bis 80 Schlägen in der Minute. Bei Ausdauersportlern kann dieser Wert auf bis zu 40 Schläge pro Minute abfallen. Diese Sportherzen arbeiten aufgrund ihrer Anpassungserscheinungen sehr effektiv und ökonomisch.

Bei Ausdauersportlern kann die Herzfrequenz auf bis zu 40 Schläge pro Minute abfallen.

Unter Belastung oder bei Erregung kann die Herzfrequenz stark ansteigen. Bei Kindern sind Werte von über 200 Schlägen pro Minute keine Seltenheit. Im Alter werden je nach Grad der sportlichen Betätigung immer noch Werte von 180 Schlägen pro Minute erreicht. Mit zunehmendem Alter sinkt dieser Wert ab.

Die Herzfrequenz sagt viel über den Grad der Fitness aus. Die Höhe und der Verlauf der Herzfrequenz, besonders nach einer Belastung, lassen Rückschlüsse auf Leistungsvermögen und -entwicklung zu. Die Herzfrequenz wird immer öfter als eigenständiger Messwert für die gezielte Trainingssteuerung herangezogen. Zur leichteren Bestimmung des Pulses gibt es eine Vielzahl von Herzfrequenzmessgeräten. Die Anwendung ist sehr einfach und kann unter allen Bedingungen im Sport durchgeführt werden.

Wer die Ruheherzfrequenz langfristig um ein paar Schläge senken kann, dessen Herz unterliegt einer geringeren Belastung, was späteren Problemen vorbeugt.

Das Geheimnis gezielten Trainings

Wer regelmäßig joggt, trifft erfreulich viele Läuferinnen und Läufer, die ihrem Hobby frönen. Ein kurzer Gruß oder eine scherzhafte Bemerkung wird freundlich beantwortet. Es ist eine Augenweide, diese Leute zu beobachten, mit welchem Elan sie den Laufsport betreiben. Doch viele Jogger laufen einfach zu schnell. Man erkennt sie am hochroten Kopf, zu schneller Atmung, hochkonzentriertem Gesichtsausdruck und schwerem Schritt. Natürlich sollte bei einem gezielten Training eine Geschwindigkeitsvarianz gepflegt werden, aber alles ist eine Frage der Dosierung.

70 Prozent des gesamten Trainings sollten im aeroben Bereich gelaufen werden.

Erfahrungswerte besagen, dass 70 Prozent des gesamten Trainings in einem Tempo gelaufen werden sollte, das man locker und flüssig meistert. Bei gut trainierten Leuten heißt das etwa fünf Minuten pro Kilometer, bei Fortgeschrittenen etwa sechs und bei Anfängern um sieben oder mehr Minuten. Als Richtwerte für die Herzfrequenzen kann ein Bereich von 100 bis 150 Schlägen pro Minute empfohlen werden. Die Notwendigkeit für dieses stark gebremste Training liegt in der Art der Energiebereitstellung. Bei langsamem Training wird hauptsächlich der Fettstoffwechsel aktiviert. Dieser ist die trägste Form der Energiegewinnung. Der Fettstoffwechsel läuft ohne wesentlichen Sauerstoffmangel ab (Sauerstoffmangel: der Körper benötigt mehr Sauerstoff als er über die Atmung gewinnt). Bei schnellem Laufen wird Laktat als Stoffwechselprodukt gebildet, und die für den zunehmenden Ermüdungszustand typischen schweren Beine lassen nicht lange auf sich warten. Auch die Energiereserven (Kohlenhydrate) im Herzmuskel, in der Leber und im Arbeitsmuskel (z. B. der Beinmuskulatur) sind begrenzt.

Viele Untersuchungen an Marathonläufern und anderen Langzeitausdauersportlern haben gezeigt, dass der Fettstoffwechsel das »tägliche Brot« für die Leistung darstellt. Wer zu wenig Wert auf die langen und langsamen »Sauerstoffläufe« legt oder versäumt, ab und zu einmal eine ruhige Einheit einzuschieben, der »baut auf Sand«. Extrem harte Belastungen zu setzen, ist keine Kunst! Das Geheimnis erfolgreichen Trainings liegt im wohldosierten, gezielten Training, das mit Sachverstand und einem guten Körpergefühl gestaltet wird.

Lieber langsamer und länger ...

... als kurz und schnell laufen. Das gilt vor allem für Laufeinsteiger. Laufen lernen heißt, Belastungen mit Freude und Spaß zu empfinden. Außerdem muss aus der Sicht der Biologie heraus zuerst die lockere Ausdauerfähigkeit (aerobes Laufen) geschult werden. Hier werden im Körper Anpassungen erzielt, die eine ökonomische Fortbewegung sichern. So werden wirksame Veränderungen im Herz-Kreislauf-, Atmungs- und Muskelstoffwechsel schonend (sauerstoffreich) erzielt.

Diese Anpassungen benötigen Zeit. Nach etwa zwölf bis 15 Wochen sind erste Veränderungen spürbar. Insider sagen dazu:»das Training wachsen lassen«. Gemeint ist, dass alles seine Zeit braucht – beim Laufeinsteiger betrifft das besonders das Binde- und Stützgewebe. Es benötigt mindestens zwei Jahre, um einigermaßen angepasst zu sein. Wer zu schnell (anaerob) läuft und die Trainingsumfänge zu sehr steigert, wird wenig Freude am Laufen haben. Schienbeinreizungen, Schmerzen im Fuß-, Knie- oder Hüftgelenk können die Folge sein, und ein gutes Vorhaben zerplatzt wie eine Seifenblase.

Aerobes Laufen ist lockeres, langsames Bewegen. Ein Indikator dafür ist, dass beim Joggen alle drei bis vier Schritte ein- bzw. ausgeatmet werden kann. Auch wer sich während des Laufes entspannt unterhalten kann, ist nicht zu schnell dran. Sicherer ist die Methode, seine individuellen Trainingsbereiche durch einen Stufentest (→ *Seite 27 ff.*) zu bestimmen. Auf der Grundlage von Laktat-, Puls- und Atemanalyse wird eine aktuelle Trainingsempfehlung (Pulsbereiche) gegeben. In der Praxis hat sich die Trainingssteuerung durch Pulsuhr bewährt.

Wer sich während des Laufes entspannt unterhalten kann, liegt richtig.

Probleme beim langen Laufen

Wer länger als eine Stunde unterwegs ist, kann beim Laufen Probleme bekommen. Hier einige Tipps, um das Laufvergnügen nicht zu schmälern:

Druckstellen an den Füßen
- spezielle Laufsocken mit Flachnähten verwenden
- Zehennägel kurz schneiden
- auf gleichmäßige, nicht zu straffe Schuhschnürung achten
- Einlagen auf Faltenbildung/Verrutschen prüfen
- Hornhaut entsprechend behandeln

Reibestellen im Schritt / unter den Armen
- Laufbekleidung auf unsauber verarbeitete Nähte untersuchen
- weite Kleidung tragen
- Problemzonen mit Vaseline einreiben
- anderes Wasch- bzw. Spülmittel verwenden

Schweiß in den Augen
- Mütze oder Stirnband mit Schweißzone tragen
- Schweißband am Handgelenk, um Stirn freizuwischen
- Wasserstelle nutzen, um Gesicht zu waschen

Entzündung der Brustwarzen
- anderes BH- bzw. Laufhemdmaterial ausprobieren
- Abkleben der Brustwarzen mit hautverträglichem und nässebeständigem Pflaster
- Lotionspflege vor und nach dem Training

Seitenstechen
- Hauptursache ist zu schnelles Laufen. Wenn die Leber mit Kohlenhydratfreisetzung überfordert wird, sind Seitenstiche die Folge. Also: deutlich langsamer laufen! Gegebenenfalls hilft auch eine Gehpause einzulegen, einen Schluck zu trinken und eine Hand voll Rosinen zu essen.
- Oft sind »Atemklemmer« (Verklebungen der Atemmuskulatur in den Zwischenrippenmuskeln) die Ursache für Seitenstechen. Abhilfe schafft, einige Schritte zu gehen, die Luft kurz anzuhalten, etwas zu pressen und kräftig auszuatmen. Anschließend langsam weiterlaufen.
- Bei häufigem Seitenstechen bitte einen Arzt aufsuchen.

In der Ruhe liegt die Kraft!

Obwohl ich schon sehr oft über das Thema »aerobes Training« (lockeres, sauerstoffreiches Laufen) geschrieben und referiert habe, entdecke ich immer wieder Läuferinnen und Läufer, die einen Fun-Lauf mit Maximalleistung absolvieren. Ausgenommen sind natürlich Wettkampfsportler, bei denen ab und zu ein schneller Lauf zum Programm gehört. Ziel des Einsteigerlaufes darf es nicht sein, jeden Tag auf der Hausstrecke einen neuen persönlichen Rekord zu laufen. Ziel ist, dass die sicher gelaufene Geschwindigkeit auf eine immer länger werdende Strecke übertragen wird. Wer nicht drei bis vier Läufe pro Woche mindestens eine Stunde lang sicher laufen kann, der sollte die Finger vom schnellen Dauerlauf oder gar Tempolauftraining lassen!

Schneller Dauerlauf: Nur für die, die drei bis vier Läufe pro Woche mindestens eine Stunde lang sicher laufen.

Oft wird anerkennend auf die »schnellen Hirsche«, die einem im Gelände begegnen, geschaut. Diese Läuferinnen und Läufer haben entweder jahrelange Trainingserfahrung oder sie machen einen grundlegenden Fehler.

Wer sich als Einsteiger nicht bremsen kann, der wird wenig Freude am Laufen haben. Der Körper leidet an Sauerstoffmangel, um das Lauftempo zu sichern. Mehr und mehr Laktat wird gebildet, und die Beine werden schwer. Daraus baut sich ein Lauffrust auf, der letztlich jeden guten Vorsatz sterben lässt.

Laufen als Gesundheitstraining und Therapie sollte Spaß machen. Wer im Lauftraining reden und lachen kann, der ist auf dem richtigen Weg.

Erste Schritte nach dem Training

Auch das Verhalten nach Training und Wettkampf will gelernt sein. Vor allem die »langen Kanten« (Läufe über 90 Minuten) sind eine außergewöhnliche Belastung für den Körper. So wie beim Marathon spielen Renn-Taktik, Tagesform, Streckenprofil und die äußeren Bedingungen eine entscheidende Rolle für den Grad der Ermüdung. In jedem Fall müssen Eiweiß-, Kohlenhydrat- und Elektrolytdepots wieder aufgefüllt werden. Sofort nach dem Lauf wird zuerst der Durst gelöscht. Auch hier gilt: Machen Sie langsam. Trinken Sie kleinere Mengen Flüssigkeit (0,3 bis 0,4 Liter) portioniert über mehrere Stunden (bis zu vier Liter Ge-

Nach »langen Kanten«: Eiweiß-, Kohlenhydrat- und Elektrolytdepots wieder auffüllen

samtmenge). Bewährt haben sich verdünnte Sportgetränke, mit stillem Mineralwasser gestreckte Fruchtsäfte, Honigtee und leicht gesalzene Suppen. Hunger tritt meist erst nach ein bis zwei Stunden ein. Sportriegel, fettarme Milchprodukte, zubereitete Hülsenfrüchte, mageres Fleisch, Fisch oder die Kombination aus Kartoffeln und Ei sind zu empfehlen. Auch hier ist auf kleinere Portionen zu achten.

Unmittelbar nach dem Training oder Wettkampf ist es angenehm, die Beine hoch zu lagern bzw. an einer schattigen Stelle auszuschütteln. Ein lockeres Dehnungsprogramm kann nach einer kurzen Verschnaufpause angeschlossen werden. Es ist nur dann wirkungsvoll, wenn es auch vorher schon regelmäßig praktiziert wurde. Nach besonders »harten« Trainingsläufen/Wettkämpfen bitte nur sehr sensibel dehnen. Eine Überstrapazierung der ohnehin stark beanspruchten Muskeln, Muskelansätze und Sehnengewebe muss nicht sein. Manchmal sind eine Selbstmassage der Waden (mehrfach beide Waden von der Achillessehne bis hin zur Kniekehle ausstreichen), ein Schütteln der Beine oder eine »Fremdmassage« viel angenehmer.

Dies alles kann durch ein entspannendes Wannenbad oder einen Saunabesuch noch abgerundet werden. Die Sauna sollte jedoch nach einem erschöpfenden Training oder nach einem Marathonlauf mehr im Sinne eines Aufwärmens betrachtet werden, um den Flüssigkeitsverlust nicht weiter zu erhöhen.

Nicht zu unterschätzen ist der anschließende Erfahrungsaustausch. Das Reden über die Erlebnisse in Natur, auf der Straße, mit den Mitmenschen und mit sich selbst ist ein wesentlicher Bestandteil im Regenerationsprozess.

Das Training nach solch einer Belastung muss mindestens zwei Tage lang kompensatorischen Charakter tragen. Nach einem Marathon müssen ein bis zwei Wochen im lockeren Dauerlaufbereich absolviert werden. Wer die Möglichkeit zu und die Erfahrung in anderen Sportarten (Schwimmen, Radfahren ...) hat, der kann auch locker »fremd gehen«, um zu regenerieren.

Regeneration

Unter Regeneration versteht man Wiederherstellung bzw. Erneuerung und aus medizinischer Sicht einen Heilungsprozess. Im Sport ist die Regeneration gleichzusetzen mit Erholung. Sie beschreibt die Wiederherstellung der

psychophysischen Funktionssysteme nach einer Belastung. Im Training kommt der Regeneration daher derselbe Stellenwert wie der Belastung zu. Training ist immer Be- und Entlastung!
Jedes Körpersystem benötigt eine individuelle Regenerationszeit. Sehnen und Bänder benötigen zum Beispiel mehr Zeit als Muskeln.

Jedes Körpersystem benötigt eine individuelle Regenerationszeit.

Aktive Erholung beseitigt Ermüdungserscheinungen nach einer Trainingsbelastung schneller und fördert die Regeneration. Umfang und Intensität des Trainings werden stark reduziert. Auch andere Muskelgruppen sorgen für Regeneration von ermüdeten Muskeln und Organsystemen, was durch gezieltes Kompensationstraining erreicht wird. Aktive Erholung ist besser als passive; ganzheitliche Regeneration ist am wirkungsvollsten und beinhaltet Kompensationstraining, Ernährung, Schlaf, positives Denken, Sauna ... Über die Herzfrequenz kann der Erholungsgrad beurteilt werden. Wenn der Ruhepuls über mehrere Tage deutlich erhöht ist, kann eine mögliche Ursache in der Summe der Belastungen (Übertraining) liegen.

Ist die Regenerationszeit zu kurz, summieren sich Ermüdungszustände, die wiederum die körpereigenen Abwehrkräfte schwächen. Die Folge: Krankheit und Trainingsausfall. Besonders bei ungewohnter körperlicher Betätigung ist Vorsicht geboten. Das Herz-Kreislauf-System ist gut angepasst, aber die neue Muskelbeanspruchung ist ungenügend ausgeprägt. Ein Muskelkater ist oft das Ergebnis.

Trainingswettkampf

Wer schon etwas Lauferfahrung hat, kennt die Bedeutung von Trainingswettkämpfen. Oft steckt der Teufel im Detail. Zuerst sollte die Ausrüstung geprüft werden. Sind die Laufschuhe im Training schon über eine längere Strecke hinweg erprobt worden? Sitzt der Schuh auch bei Nässe gut? Drückt die Schnürung? Das Schuhband soll nicht zu straff gezogen werden, da die Füße bei längerer Belastung etwas anschwellen. Ein Doppelknoten erspart außerdem unliebsame Pausen.

Auch die Strümpfe können zum Problem werden, wenn sie zu neu sind oder unbequeme Nähte haben. Beim Sportfachhändler gibt es spezielle Laufsocken zu kaufen, die Reibestellen fast ganz ausschließen. Die Wettkampfkleidung muss entsprechend der jeweiligen Witterung gewählt werden. Ein erfahrener Läufer hat stets Laufgarnituren für jedes Wetter dabei!

FRÜHFORM | DEHNUNG

Mit ins Gepäck gehören auch Pflaster zum Abkleben von Brustwarzen, Vaseline zum Einreiben von »Problemstellen« (unter den Armen, im Schritt), Sicherheitsnadeln, Tüte für nasse Sachen bzw. Laufschuhe, Badesachen, Trinkflasche für den letzten Schluck vor dem Lauf und den ersten danach sowie Anziehsachen zum Wechseln unmittelbar nach dem Lauf. Schulen Sie (falls nötig) die Trinktechnik in der Bewegung. Meist sind nur einige zermürbende Hitzeläufe im Training nötig, um richtiges Trinken zu lernen und nicht auszutrocknen. Sammeln Sie möglichst viele Erfahrungen in Trainingswettkämpfen, um dann beim Hauptwettkampf gegen alles gewappnet zu sein.

Frühform?

Gute Trainingsbedingungen führen oft zu einer Frühform. Es macht natürlich großen Spaß, die bis dato geltenden persönlichen Leistungen quasi spielend zu erlaufen. Aber was soll dieses Leistungsniveau vier bis zehn Wochen vor den eigentlichen Marathonläufen? Noch ist es nicht zu spät, regulierend einzugreifen. Sonst ist es leicht möglich, dass gerade zum eigentlichen Wettkampftag das berühmte Tief vorliegt.

Frühform: Wenn vier und mehr Wochen vor dem geplanten Wettkampf ein optimaler sportlicher Zustand erreicht ist.

Wenn vier und mehr Wochen vor dem geplanten Wettkampf ein für die persönlichen Verhältnisse optimaler sportlicher Zustand erreicht ist, wird von einer Frühform gesprochen.

Dabei sind Psyche und Physis in einer blendenden Verfassung. Der Sportler »reitet auf einer Glückswelle« und fühlt sich grenzenlos belastbar. Dieser Zustand hält etwa zwei bis drei Wochen lang an.

Wenn im Zuge eines Trainingsaufbaus einzelne Trainingseinheiten besonders gut absolviert werden und sonst das Training normal verläuft, dann ist keine Frühform vorhanden. Diese Erscheinung hängt mit dem phasenhaften Anpassungsverlauf des Körpers an gezielt gesetzte sportliche Belastungen zusammen. Die Be- und Entlastungsgestaltung spielt in diesem Zusammenhang eine besonders große Rolle.

Was tun bei einer Frühform?
- Zwei bis drei Wochen lang auf Wettkämpfe verzichten.
- Zehn Tage lang keine intensiven Belastungen (Intervalltraining, schneller Dauerlauf, Fahrtspiel ...) einbauen.

- Danach werden die Programme wieder fortgesetzt. Im Unterschied zur Frühformphase muss das Training jedoch extensiver ablaufen; das heißt, das Tempo wird etwas reduziert (bewusstes Laufen); der Umfang kann erhöht werden, und die Pausen sind kürzer und damit ermüdender.
- Innerhalb der Woche und im Mehrwochenverlauf werden die Entlastungstage (lockeres, erholsames Training) konsequent durchgeführt.
- Zusätzliche Maßnahmen wie ausgewogene Ernährung, angemessene Flüssigkeitszufuhr, individuelle prophylaktische Methoden (Selbstmassage, Wechselduschen, Sauna, Formen der Gymnastik ...) werden bewusst eingebaut.

Dehnung

»Windhunde machen kein spezielles Dehnungsprogramm und laufen trotzdem schnell« – so lauten die Argumente von Dehnungsmuffeln. Der Organismus eines Sporttreibenden braucht eine gewisse Betriebstemperatur und Geschmeidigkeit, um eine gute Leistung zu erbringen. Dies gilt für jeden Menschen, ob Fun- oder Leistungssportler. Die Erkenntnisse der letzten Jahre haben gezeigt, dass eine gezielte Vor- und Nachbereitung des Trainings mit Dehnungsübungen zu einer günstigeren Leistungsfähigkeit und zu einer verminderten Verletzungsanfälligkeit führen.

Dehntechniken sind so vielfältig wie der Sport. Sie sind abhängig vom Ziel der Übung, von Belastungsart und -grad. Um eine wirksame Dehnung zu erzielen, sollte der Fachmann aufgesucht werden. Eine individuelle Standortbestimmung beim Fachmann erspart unliebsame Erfahrungen, denn die Dehntechniken können auch falsch angewendet werden. Einschränkungen in der Gelenkbeweglichkeit, Hypermobilität, muskuläre Dysbalancen, Knochenerkrankungen, Deformationen, Schmerzzustände, Muskelentzündungen müssen beim Dehnen beachtet werden, sonst löst sich ein guter Vorsatz in Enttäuschung auf.

Hier einige Regeln im Überblick:
- Häufiges dezentes Dehnen ist besser als einmal kräftig.
- Dehnen am Abend nutzt die Entspannung der Nacht, morgens und abends dehnen ist besser.
- Dehnungen dauern mindestens sieben Sekunden bis mehrere Minuten.
- Langsam und sanft in die Dehnrichtung gehen, beim isometrischen Gegenspannen keinen Dehnweg aufgeben.

• Lieber weniger Dehnübungen konsequent als viele halb durchführen.

Am besten erstellt man mit Hilfe eines Fachmannes ein individuell abgestimmtes Heimprogramm, das von Zeit zu Zeit überarbeitet wird.

Warmlaufen

Für vieles im Leben benötigt der Mensch eine gewisse Anlaufzeit, um richtig in Schwung zu kommen. Ebenso verhält es sich beim Sporttreiben. Bevor nicht die richtige Betriebstemperatur im Körper herrscht, ist die Belastungs- und Leistungsfähigkeit eingeschränkt. Der Zeitaufwand für Erwärmung ist abhängig von Trainingszustand und Intensität der Bewegungen sehr unterschiedlich. So benötigt ein Leistungssportler zwischen 45 und 90 Minuten Aufwärmzeit, um richtig loslegen zu können. Für einen Anfänger sind das natürlich unrealistische Zeitspannen. Er sollte die Aufwärmzeit direkt in die Trainingsbelastung einfließen lassen.

Ein Leistungssportler benötigt zwischen 45 und 90 Minuten Aufwärmzeit.

Damit wird die Gesamtbelastungszeit verlängert, und ein wirksamer sportlicher Reiz kann erzielt werden.
Das heißt, dass die anfängliche Gymnastik im Stand allmählich und ohne größere Pause in eine Laufschule (Fußgelenkarbeit, Kniehebe-Lauf ...) und schließlich in den Wechsel von Laufen und Walking übergehen kann. Am Ende stehen beispielsweise 30 Minuten Trainingszeit, in der der Körper einen größeren Energieumsatz (im Vergleich zum Nichtstun) hatte. Außerdem werden durch die Belastungen Grundsteine für bestimmte sportliche, gesundheitsorientierte Anpassungen gelegt. Ziel der Erwärmung ist nicht nur eine bessere Arbeitsfähigkeit von Bändern, Sehnen, Muskeln und inneren Organen, damit eine Belastungsbereitschaft hergestellt und Verletzungen vermieden werden können. Auch das Erlernen bestimmter koordinativer Anforderungen (zum Beispiel durch Stretching, Lauf-Abc (→ *Seite 87 ff.*) führt zu einem besseren Bewegungsempfinden. Unter psychologischen Gesichtspunkten gesehen führt das Warmlaufen mit dem lockeren Gespräch unter Sportkameraden zum Vergessen des Alltags. Bestimmte stereotype Verhaltensmuster werden über die körperliche Belastung durchbrochen. Nicht umsonst sprechen vor allem Anfänger, die seit zwei bis drei Monaten im regelmäßigen Training stehen, vom »aktiven Stressabbau«. Allerdings muss die Erwärmung nicht immer von einem Redeschwall begleitet sein. Das Lösen vom Alltag kann auch still genossen werden.

Wenn die Beine schmerzen

Anfänger haben oft während und nach dem Laufen Beschwerden in den Beinen. Die Muskeln schmerzen, die Beine sind wie Blei, die Venen drücken, Knie-, Hüft- oder Fußgelenke tun weh und Laufunlust macht sich breit. Eine Ursache kann die Umstellung des Körpers auf die regelmäßige Laufbelastung sein oder der zu schnelle Lauf, weil man das eigene Niveau überschätzt. Zum Teil können auch muskuläre Ungleichgewichte (Verkürzungen, Abschwächungen oder einseitige Entwicklung der Muskeln) zu Problemen führen. Oder es sind Defizite in der Versorgung der Muskulatur vorhanden, die über den Hausarzt mit unterschiedlichen Untersuchungen festgestellt werden können.

Was ist zu beachten?
Vor der Belastung:
- durchblutungsfördernde Salbe einreiben
- nicht nach einem zeitaufwändigen Einkaufsbummel sofort trainieren
- gut gedämpfte Laufschuhe mit fester Fersenkappe und gutem Abrollverhalten tragen
- leichte Lockerungs- und Dehnübungen durchführen
- Selbstmassage der Beinmuskulatur

Während der Belastung:
- Flache Strecken wählen und Lauftempo im lockeren Bereich ansiedeln (in der Regel weniger als 150 Herzschläge pro Minute).
- Beim Laufen sollte man sich unterhalten können.
- Falls Beschwerden auftreten, Pause einlegen, Beine ausschütteln, lockern und dehnen.
- Ist die Schuhschnürung zu fest?

Nach der Belastung:
- Muskulatur lockern und dehnen
- Beine hochlegen, Fersen auf einen Stuhl ablegen und einige Minuten in dieser Position verharren
- durchblutungsförderndes Muskelfluid verwenden
- Beine massieren
- Wechselduschen (abwechselnd kaltes und heißes Wasser über die Beine gießen)
- Fuß- oder Beinbäder mit anregenden Zusatzstoffen nutzen
- warmes Vollbad genießen

Wenn ein muskuläres Ungleichgewicht vorliegt, dann sollte unter therapeutischer Aufsicht ein gezieltes Muskeltraining durchgeführt werden. So manche vermeintlich »chronischen« Beschwerden können beseitigt werden.

X-Beine

Man kauft ein paar neue, gute Turnschuhe und stellt plötzlich fest, dass sich während und nach dem Laufen Knieprobleme einstellen. Dieses Problem betrifft viele Menschen, egal ob mit X-Beinen, O-Beinen oder andere Bein- und Fuß-Deformierungen. Wo liegen die Ursachen? Was kann getan werden?

Bei Neugeborenen findet man eine O-Bein-Stellung vor, die sich in der Folgezeit in eine X-Bein-Stellung des Kindes wandelt. Erst mit dem sechsten bzw. siebten Lebensjahr bildet sich die endgültige Beinachse heraus. Durch Wachstumsdifferenzen, Erkrankungen der Füße, Knie, Hüften und andere Krankheiten sowie Verletzungen kann sich eine mehr oder minder ausgeprägte Fehlstellung der Beine entwickeln. Probleme bereiten in der Folge eine rasche Ermüdbarkeit und Schmerzen, vor allem im Kniebereich.

Der Behandlung muss eine gründliche Untersuchung vorausgehen. Sie sollte sich nicht nur auf das Stand- und Gangbild beschränken, sondern vor allem bei Läufern auch eine Laufanalyse einbeziehen. Behandelt wird zuerst die ursächliche Erkrankung, falls eine Therapie möglich ist. Bevor eine Operation mit Korrektur der Achsen in Erwägung gezogen wird, wird eine Schuhaußenranderhöhung bei O-Beinen, oder eine Schuhinnenranderhöhung bei X-Beinen bzw. eine entsprechende Einlagenversorgung zur Korrektur durchgeführt. Bei länger bestehenden Beinfehlstellungen werden die Beschwerden dadurch nicht immer gelindert. Der bisherige Trainingsschuh hat sich gut an die vorhandene Fehlstellung angepasst. Jede Veränderung, so auch der neue Trainingsschuh, führt zwangsläufig zu einer Veränderung der Statik vom Fuß bis zur Hüfte und kann dadurch Beschwerden auslösen.

Viele der bei Läufern auftretenden Beschwerden wie Achillessehnen-Reizungen, Knie- und Sprunggelenksbeschwerden, Schienbeinschmerzen etc. lassen eine gestörte Bewegungsdynamik erkennen. Ein objektives Analyseverfahren ist eine Laufbandanalyse mit und ohne Schuhe mit Videokamera in der Hand eines geübten Untersuchers. Unter Umständen zeigen sich erst bei höheren Geschwindigkeiten Fehlbelastungen, während bei normalem Tempo nichts zu erkennen ist. Wichtig ist, dass dabei auch der üblicherweise benutzte Sportschuh getragen wird.

Eine effektive Einlagenversorgung muss nicht nur die Beinachsen korrigieren, sondern auch die Fußform, Zehenfehlstellungen, Laufstil und das Abrollverhalten berücksichtigen sowie Beinlängendefizite ausgleichen. Sportschuhmaßeinlagen sollten zudem in der Landephase optimal dämpfen, in der Stützphase ausreichend stabilisieren und in der Abstoßphase sicher führen. Der entsprechende Trainingsschuh sollte unter anderem folgende Eigenschaften besitzen: feste Fersenführung, hochgezogene, gut gepolsterte Fersenlasche, Aussparung im Achillessehnen-Ansatz, eine geräumige Zehenbox und natürlich eine herausnehmbare Einlegesohle, um eine korrigierte Sohle einlegen zu können. Insgesamt kommt dem Sportschuh mit Einlage keine ursächliche, sondern nur eine symptomatische Bedeutung für die Therapie zu. Das bedeutet, dass die Ursache der Schmerzen auch an anderer Stelle im Körper zu finden sein kann.

Muskulären Dysbalancen wird durch Einlagen aber nicht entgegengewirkt. Daher sollte auch die Muskulatur auf eventuell bestehende Defizite untersucht werden. Fehlstellungen im Achsenskelett verursachen häufig muskuläre Dysbalancen. Je nach Deformität lassen sich verkürzte, abgeschwächte und hypertone Muskeln finden. Sinnvoll ist ein zum Befund passendes Ausgleichstraining mit einem abgestimmten Dehn- und Kräftigungsprogramm.

Ein guter Erfolg kann bei solchen Problemen nur durch das Zusammenwirken von gutem Schuhwerk, Einlagen, muskulärem Übungsprogramm und einer Laufstiländerung erreicht werden.

Biken

Das Fahrrad ist ein idealer Trainingspartner und bietet gegenüber anderen Sportgeräten eine Vielzahl von Vorteilen: Wir können in der Gruppe oder individuell trainieren. Wir können uns aussuchen, wo wir biken und sind nicht an eine bestimmte Sportstätte gebunden. Biken ist mit eine der naturverbundensten Sportarten. Es schont unser Binde- und Stützgewebe (ist gerade bei Übergewicht von Bedeutung) und kräftigt den ganzen Körper. Mit dem MTB haben wir eine große Reichweite. Wir können unsere Apfelsaftschorle auch in der übernächsten Gaststätte trinken. Wir können den Rausch der Geschwindigkeit erleben, ohne die Umwelt zu belasten. Warum soll das Auto nicht einmal geschont werden und das Fahrrad die Aufgaben übernehmen, zum Beispiel auf dem täglichen Arbeitsweg? Das sind nur einige der positiven Seiten des Bikens.

Welche Muskelgruppen werden beim Biken beansprucht?

Die Hauptarbeit müssen die Beine leisten, beansprucht werden vor allem Oberschenkel- und Unterschenkelmuskulatur, daneben auch Rumpf, Schultergürtel und Arme. Letztere sind jedoch mehr statisch gefordert.

Nicht nur unsere Muskeln trainieren wir, sondern auch unsere Lunge und unser Herz. Nicht zu unterschätzen ist die Schulung unserer Sinnesorgane und der Reflexe.

Aufgrund der sehr schonenden Art des Trainings ist das Biken auch für den Rehabilitationsbereich geeignet. Nach bestimmten Fuß-, Knie-, Rücken- und Hüftoperationen oder bei Problemen mit den Krampfadern ist das Bike ein ideales Sportgerät, um die Muskulatur aufzubauen und die Kondition zu steigern. Es belastet unser Binde- und Stützgewebe kaum.

Übrigens verbraucht man bei einer Stunde Radfahren zwischen 290 und 360 Kilokalorien und bei einer Stunde Schwimmen etwa 650 bis 710 Kilokalorien. Doch wer schafft es schon, eine Stunde lang pausenlos zu schwimmen? Radfahrer sind in der Lage, sich – wie bei kaum einer anderen Sportart – sehr lange zu belasten! Der Gesamttagesbedarf an Energie liegt bei leichter körperlicher Arbeit bei rund 2 600 Kilokalorien für Männer und bei rund 2 200 Kilokalorien für Frauen. Durch Sport kann dieser Bedarf enorm gesteigert werden (um etwa 1 000 bis 2 500 Kilokalorien).

So kann ein Training für Einsteiger aussehen:

Montag	frei
Dienstag	30 – 45 Min Bike
Mittwoch	30 – 45 Min lockere Ausfahrt (mit dem Bike zur Arbeit)
Donnerstag	30 – 45 Min Bike
Freitag	frei
Samstag	1 – 1:30 h mit dem Bike ohne nennenswerte Pausen
Sonntag	2 – 3 h Tour

Einsteiger-Trainingsplan Biken

Im Laufschuhdschungel

Das Angebot an Laufschuhen ist überwältigend. Mindestens 15 Laufschuhanbieter in Deutschland ringen um die Gunst der Läuferinnen und Läufer. Halbjährlich kommen neue Modelle auf den Markt, die als eleganter, modischer und funktioneller ausgewiesen werden. Wer soll bei dieser Vielfalt noch den richtigen Laufschuh finden? Es gibt viele Speziallaufschuhe, wie Straßen-, Gelände-, Bahn-, Einlauf-, Wettkampf- oder Mehrzweckschuhe. Oft finden sich orthopädische Begriffe in den Modellbeschreibungen wieder, wie Pronationsschuhe (mit Stütze gegen das Abknicken der Füße nach innen), Supinationsschuhe (mit Stütze gegen das Abknicken der Füße nach außen) und Schuhe für »Normalfüßler«. Des Weiteren spielt das Aufsetz- und Abrollverhalten der Füße beim Laufen eine wichtige Rolle bei der Laufschuhauswahl. Davon hängt auch die Nutzung des jeweils notwendigen Dämpfungssystems (Vorfuß-, Rückfußdämpfung) ab. Hinzu kommt die Verarbeitung einer Vielzahl von Zusatzelementen, die sich einerseits als sehr nützlich erweisen (zum Beispiel Reflektorstreifen) und andererseits auch modischer Schnick-Schnack sein können. Und dann ist da noch das Preisgefälle ... Kurzum: Wer die Wahl hat, hat die Qual. Da uns die Füße noch ein ganzes Leben lang tragen sollen, ist eine wohlüberlegte Auswahl der Laufschuhe enorm wichtig.

- Lassen Sie sich vom Fachmann beraten. Gute Laufschuhfachverkäufer erfragen den orthopädischen Fußstatus, haben ein Laufband mit Videoanalyse und nehmen sich Zeit für eine umfangreiche Modellberatung.
- Gegebenenfalls kann auch ein Gutachten über den Fußtyp beim Orthopäden eingeholt werden.
- Wichtig ist auch, für welchen Zweck ich Laufschuhe nutzen möchte. Bin ich Jogger, Marathonläufer, Ultrasportler, Straßenwettkampf- oder Geländesportler? Die Spezialisierung der Modelle ist sehr hoch, so dass die hauptsächliche Benutzung klar sein sollte.
- Auch das Körpergewicht spielt eine entscheidende Rolle beim Laufschuhkauf. Oft wird angenommen, dass schwere Läufer (über 80 Kilo) weiche Schuhe benötigen. Diese Auffassung ist falsch! Die Labilität dieser Modelle ist zu hoch und damit die Verletzungsgefahr für den Sportler zu groß (Scherkräfte). Umgekehrt sind zu harte Schuhe für »Leichtgewichte« auch nicht gut, da die Sohle nicht gebogen werden kann und der »Platsch-Effekt« ebenfalls Probleme bereiten kann.
- Generell sollten die Laufschuhe für alle Läufertypen einen guten Rückfußhalt (stabile Fersenkappe) bieten.

- Auch der Schuhschaft muss gut an die Fußform anzupassen sein. Insbesondere die Schnürung darf keine Druckstellen hinterlassen. Es gibt einige neue Schnürvarianten, doch bislang hat sich die herkömmliche Kreuzschnürung am besten bewährt.
- Der Zehenbereich muss etwas großzügiger bemessen sein. In der Regel ist das »Daumenmaß« für die Bestimmung der Schuhlänge richtig angesetzt: Der Laufschuh sollte eine Daumenbreite länger sein als der Fuß. Individuelle Abweichungen bei Trainings- und Wettkampfschuhen sind üblich.
- Stützelemente, Zwischensohlenkonstruktion und Dämpfungsvarianten hängen größtenteils vom Fußtyp ab.
- Falls notwendig können zusätzliche Einlagen eine bessere Stützung gewährleisten.
- Zum Teil benötigen Laufschuhe eine gewisse Einlaufzeit. Aus Gewöhnungsgründen sollten neue Laufschuhe daher nicht sofort zum Wettkampf getragen werden. Vorheriges Austesten der Laufschuhe unter verschiedenen Bedingungen (Profil, Untergrund, Tempo, Socken, Nässe …) erspart mitunter unangenehme Reibstellen und Blasen.
- Die Laufschuhe der jüngsten Generation brauchen auch einmal eine Pause! Im Zuge der Gewichtsreduzierung für Laufschuhe wird die Zwischensohle geschäumt und schlägt bei häufiger Beanspruchung Falten. Damit verliert der Schuh seine Stütz- und Dämpfungsfunktion. Häufiger Schuhwechsel in der Woche ist angezeigt.

Sie sollten mehrere Paar Laufschuhe besitzen.

Nachts sehen und gesehen werden

Bei Dämmerung und Dunkelheit hat man beim Sporttreiben im Freien oft schlechte Sicht. Nun steht man vor der Wahl: Trainieren oder nicht trainieren? Der »innere Schweinehund« findet tausend Ausreden, gerade heute bei diesem schlechten Wetter nicht in die Sportsachen zu steigen. Die Vernunft sagt: Wenn ich mich heute nicht bewege, ist die Woche gelaufen, denn morgen ist Mutters Geburtstag, Mittwoch kommen unsere Freunde und das Wochenende ist auch schon verplant. Schließlich erreiche ich nur über eine gewisse Regelmäßigkeit den Effekt, der mir die Vorteile des Sporttreibens verschafft. Also: Auf geht's zum Training!

Zur »blauen Stunde« oder nachts sind Sportsachen gefragt, die Sicherheit geben, was das Sehen und Gesehenwerden anbelangt.

So gibt es im Sporthandel zum Beispiel Reflektorstreifen, die an beliebigen Stellen der Kleidung angebracht werden können. Dabei sollte bedacht werden, dass von allen Seiten Licht reflektiert werden kann. Günstige Stellen sind die Rückenmitte, rechter und linker Oberarm sowie die Unterschenkel (möglichst rundum) und die obere Brustseite. Die Kopfbedeckung kann auch reichhaltig »geschmückt« werden. Der Radfachhandel bietet Katzenaugen bzw. Blinklichter an, die bei schlechter Sicht zusätzlich benutzt werden können. Für Nachtläufer ist eine kleine Stabtaschenlampe zu empfehlen. Auch die Laufschuhe haben teilweise Leuchtpunkte. Es muss ja nicht gleich eine Glimmlampe im Schuh eingebaut sein, doch auch der eigenen Fantasie sind keine Grenzen gesetzt. Im Wesentlichen sollte natürlich helle Kleidung bevorzugt werden. Zur Not genügt auch eine »Technoweste« (eine Laufsicherheitsweste mit Leuchtstreifen). »Safety first« – dazu gehört auch, dass die Streckenführung verkehrsarm und möglichst beleuchtet sein sollte. Also keine Angst vor schlechtem Wetter. Insider sagen: »Es gibt kein schlechtes Wetter, nur die falsche Bekleidung!«

Abnehmen

Abnehmen kann zugleich Reizwort, Wunsch oder verdrängtes Thema sein. In Deutschland leiden ca. 40 Prozent der Bevölkerung an Übergewicht – ein internationaler Rekord. Besonders nach der Weihnachtszeit lässt viele der Blick auf die Waage erschrecken – und neue Vorsätze fassen.

Was sind die Ursachen für Übergewicht?
Unser Lebensstil hat sich in den letzten 100 Jahren deutlich gewandelt. Früher überwog die körperliche Arbeit, während heute viele Tätigkeiten im Sitzen ausgeführt werden. Damit nimmt der Energieverbrauch erheblich ab. Zudem haben sich unsere Ernährungsgewohnheiten nicht an die reduzierte körperliche Tätigkeit angepasst. Im Gegenteil: Wir essen viel zu gut und vor allem zu fettreich. Zusätzlich spielen erbliche Faktoren eine wichtige Rolle, die zu etwa 40 Prozent für das Übergewicht verantwortlich sind.

Welche Risiken entstehen durch Übergewicht?
Wissenschaftliche Untersuchungen haben nachgewiesen, dass das Risiko von Erkrankungen des Herz-Kreislauf-Systems wie Bluthochdruck, Herzinfarkt, Schlaganfall sowie des Stoffwechsels wie Zuckerkrankheit und er-

höhte Blutfettwerte durch Übergewicht zunimmt. Viele degenerative Erkrankungen wie Rücken- und Gelenkbeschwerden hängen eng mit einem zu hohen Gewicht zusammen. Je höher das Gewicht, umso größer ist das Risiko. Auch der Umkehrschluss lässt sich eindeutig belegen: Je weniger Übergewicht, umso geringer ist das Risiko.

Warum versagen viele Diäten?

Die Werbung führt uns viele kurzfristige Wunderdiäten vor, die meist nach einem raschen Gewichtsverlust bald wieder zum Ausgangsgewicht oder, was wahrscheinlicher ist, zu noch mehr Pfunden auf der Waage führen. Was viele nicht wissen: Bei zu schnellem Gewichtsverlust verliert man auch Wasser und Eiweiß, also auch Muskulatur. Dabei verbrennt gerade die Muskulatur Fette und bis zu 75 Prozent der aufgenommenen Kalorien. Jedes Gramm weniger Muskulatur wirkt sich negativ auf den Energieverbrauch aus. Durch solche »Blitz-Diäten« kann es zu einer Mangelversorgung mit Vitaminen, Mineralien und Spurenelementen kommen. Der Körper verfällt in einen »Sparmodus« und verbraucht weniger Energie. Das kann zu gesundheitlichen Problemen führen. Bei anschließender normaler Ernährung ist der so genannte Jo-Jo-Effekt vorprogrammiert. Das Gewicht ist am Ende noch höher als vor der Diät und obendrein macht sich ein Gefühl des »Versagens« breit. Ernährungsgewohnheiten kann man nicht von heute auf morgen verändern, sondern nur langfristig und mit Betreuung. Unser Körper benötigt etwa sechs bis zwölf Monate, um sich auf sein neues Sollgewicht umzustellen. Fazit: Rasches Abnehmen bringt auf Dauer keinen Erfolg.

Rasches Abnehmen bringt auf Dauer keinen Erfolg.

Können Medikamente das Problem lösen?

Nein. Neue Medikamente wie etwa »Anti-Fett-Pillen« können einen anfangs unterstützen, denn sie reduzieren die Fettresorption im Darm. Damit wird dem Körper weniger Fett und Energie zugeführt. Wichtig sind aber begleitende Maßnahmen wie die langfristige Veränderung von Ernährungsgewohnheiten, vermehrte körperliche Aktivität, Umgang mit Belastungssituationen etc., für die es natürlich keine Medikamente gibt.

Dauerhaft erfolgreich abnehmen – aber wie?

Wer wirklich abnehmen will, muss seine Ernährungs- und Essgewohnheiten umstellen und mehr körperliche Aktivitäten in sein Leben einplanen. Bei der Ernährung ist in erster Linie auf fettarme und ausgewogene Kost zu achten. Fette sind vor allem in Ölen, Butter, Margarine, Wurst- und Milchprodukten enthalten. Hier immer auf die fettärmeren Sorten zurückgreifen, nach dem Motto: teure Wurst und billiger Käse. Bei starkem Übergewicht haben sich zu Beginn der Behandlung spezielle bilanzierte Diäten bewährt.

Körperliche Aktivität ist wichtig, aber als einzige Maßnahme zum Abnehmen nicht ausreichend. Ein Kilo Fett speichert 7 000 Kilokalorien Energie, und die müssen erst einmal verbraucht werden. Fährt eine untrainierte Person eine Stunde Rad, so werden zusätzlich etwa 300 Kilokalorien Energie und etwa 15 Gramm Fett verbrannt. Daran kann man erkennen, dass man schon sehr lange Radfahren müsste, um gut abzunehmen. Wichtig für eine effektive Fettverbrennung ist eine mindestens 20minütige Dauerbelastung bei niedriger Intensität. Körperliche und sportliche Aktivitäten erhöhen den Energieverbrauch, steigern den Grundumsatz, erhalten die Muskelmasse und fördern die langfristige Veränderung des Ernährungsverhaltens.

Sinnvoll ist eine langfristige Gewichtsabnahme von einem halben bis einem Kilo pro Woche. Die Gewichtsabnahme sollte dabei ausschließlich durch Fettreduzierung bei Erhaltung der Muskelmasse vonstatten gehen.

> *Sinnvoll ist eine langfristige Gewichtsabnahme von einem halben bis einem Kilo pro Woche.*

Gibt es eine Erfolgskontrolle?

Die Waage ist leider ein unzuverlässiges Instrument zur Erfolgskontrolle. Wesentlich besser geeignet sind moderne Körperfettanalysen, wie die Bioimpedanzanalyse (BIA), die die Körperzusammensetzung (Muskelmasse, Fettmasse, Wasservolumen) bestimmt und den Erfolg überprüfbar macht.

Seien Sie wählerisch bei der Diät!

Jedes Abnehmprogramm sollte eine ausgewogene Ernährung gewährleisten und alle lebenswichtigen Bausteine wie Kohlenhydrate, Fette, Eiweiße, Vitamine, Minerale und Spurenelemente enthalten. Diäten sind immer langfristig angelegt mit regelmäßiger Betreuung und ohne psychischen Druck oder gar Strafen. Zum Programm gehören umfassende Informationen und eine Schulung. Ärztlicher Rat ist empfehlenswert.

> *Auch ein langer Weg beginnt mit dem ersten Schritt.*
> Chinesisches Sprichwort

Cholesterin

»Ihr Cholesterinspiegel ist zu hoch« – für viele eine unerfreuliche Botschaft. Aber was hat das zu bedeuten? Die wenigsten wissen, dass Cholesterin ein natürlicher Bestandteil unseres Körpers ist. Es ist ein Baustein unserer Körperzellen, Ausgangsstoff für Hormone (auch Geschlechtshormone), wichtig für die Synthese von Vitamin D, die der Osteoporose entgegenwirkt und Bestandteil der Gallensäuren. Es ist also – schlichtweg – unentbehrlich. Mehr als die Hälfte des benötigten Cholesterins wird in unserem Körper selbst produziert. Nur etwa 20 bis 40 Prozent des Cholesterins sind also durch die Nahrung zu beeinflussen.

Der Cholesterinwert allein ist an sich wenig aussagekräftig. Um ihn richtig beurteilen zu können, muss man weitere Parameter berücksichtigen. Es gibt verschiedene Transportformen des Cholesterins in unserem Körper. Das »schlechte« LDL-Cholesterin transportiert Cholesterin vor allem auf dem Blutweg und schleust es in die Zellen ein. Damit ist die LDL-Form ein wesentlicher Risikofaktor für Herz-Kreislauf-Erkrankungen. Der Durchmesser von Blutgefäßen wird durch Ablagerungen enger, und die Blutversorgung von Herz und Gehirn wird schlechter. Im schlimmsten Fall sind Herzinfarkt oder Schlaganfall die Folge.

Das »gute« HDL-Cholesterin ist in der Lage, Cholesterin wieder aus den Zellen aufzunehmen und von dort in die Leber zu transportieren. Dort wird es weiterverarbeitet und unschädlich gemacht. Damit schützt eine hohe HDL-Konzentration vor Arteriosklerose.

Wie hoch sollen die verschiedenen Cholesterinwerte sein? Der Gesamtcholesterinspiegel gilt bis 230 Milligramm pro Deziliter als tolerabel, der LDL-Spiegel bis 160 Milligramm, falls keine weiteren Risikofaktoren vorliegen. Im Fall von Bluthochdruck, Diabetes mellitus, bei koronarer Herzkrankheit, Zigarettenrauchen oder familiärer Belastung sind niedrigere Werte anzustreben. Das schützende HDL-Cholesterin sollte bei Männern höher als 35 und bei Frauen höher als 45 Milligramm pro Deziliter sein.

Was ist bei zu hohen Cholesterinwerten zu tun?

Die meisten Menschen regulieren ihren Cholesterinspiegel von selbst: Wird zu viel durch die Nahrung zugeführt, wird die eigene Produktion gedrosselt. Kritisch wird es bei den »Nichtkompensierern«: Hier führt eine cholesterinreiche Ernährung zu erhöhten Cholesterinwerten. Die Konsequenz: Ernährungsumstellung hin zu einer cholesterinarmen, ausgewogenen Mischkost. Zu meiden sind dann vor allem tierische Nahrungsmittel wie Innereien, Eigelb, Meerestiere, Vollmilcherzeugnisse sowie fettes

Fleisch und Fisch. Allerdings sind diese Maßnahmen zumeist unzureichend, um den Cholesterinspiegel effektiv zu senken. Erst zusammen mit der Beachtung einer ausgewogenen, gesunden Ernährung und viel Bewegung kann mit einem positiven Effekt gerechnet werden.

Die Ernährung ist auf den Kalorienbedarf abzustimmen, der Gesamtfettgehalt sollte nicht mehr als 30 Prozent betragen. Gesättigte Fettsäuren (vor allem in tierischen Lebensmitteln) sind einzuschränken und durch einfach und mehrfach ungesättigte Fettsäuren zu ergänzen (Olivenöl, Pflanzenöl, Diätmargarine). Weiterhin wichtig ist eine ballaststoffreiche Kost mit viel Obst, Gemüse und Vollkornprodukten.

Ein regelmäßig durchgeführtes, wohldosiertes Ausdauertraining im »Fettstoffwechselbereich« unterstützt dabei die Behandlung. Als Trainingsprogramm sollte man drei Mal pro Woche jeweils mindestens 30 Minuten Radfahren, Wandern, Schwimmen oder Laufen im lockeren Tempo ins Auge fassen. Erst bei einer Dauer von 20 bis 30 Minuten werden die Fette zur Verbrennung effektiv herangezogen.

Erhöhte Cholesterinwerte sollten auf jeden Fall vom Hausarzt kontrolliert werden. Erst wenn alle nichtmedikamentösen Maßnahmen erschöpft sind, und nicht den gewünschten Nutzen brachten, kann der gezielte Einsatz von Medikamenten erwogen werden.

Osteoporose

Viele Menschen glauben, dass ein Knochen ein festes, hartes Material ist, das sich nicht verändert. Tatsache ist, dass Knochen aus dynamischem, sich ständig veränderndem Gewebe bestehen. Man kann es nur nicht direkt sehen. In Kindheit und Jugend werden mit dem Längenwachstum nicht nur die Knochen länger, sondern auch fester – die gesamte Knochenmasse nimmt zu. Mit dem 30. bis 35. Lebensjahr etwa wird das Maximum erreicht. Danach nimmt die Knochenmasse jährlich um etwa 0,5 bis 1,5 Prozent ab. Im Knochen findet dabei ein ständiger Auf- und Abbau von Knochenmasse statt. Erst wenn der Abbauprozess übermäßig stark wird, sprechen die Ärzte von einer Krankheit, der Osteoporose.

Ab dem 30. bis 35. Lebensjahr nimmt die Knochenmasse jährlich um etwa 0,5 bis 1,5 % ab.

Das Wort »Osteoporose« kommt aus dem Griechischen und heißt poröser Knochen. Die Folgen sind unter anderem eine erhöhte Gefahr von Knochenbrüchen und ein In-sich-Zusammensinken der Wirbelsäule verbunden mit chronischen Schmerzen, Muskelverspannungen und Überlastungen von Gelenken und Bändern. Betroffen sind meist Menschen im höheren Lebensalter, in der Altersgruppe der 50- bis 70jährigen etwa jeder Zwölfte. Die Mehrzahl der Patienten sind Frauen, aber auch Männer sind betroffen.

Die Ursachen der Osteoporose sind vielfältig. Zum einem gibt es zahlreiche Risikofaktoren wie Fehlernährung mit kalziumarmer und phosphatreicher Kost, Untergewicht, übermäßiger Genuss von Alkohol und Nikotin, Bewegungsmangel, Einnahme von bestimmten Medikamenten über einen langen Zeitraum hinweg, aber auch eine Reihe von hormonellen, Nieren- und Magen-Darm-Erkrankungen. Bei Frauen kommt als weiterer wesentlicher Faktor der Mangel an weiblichen Geschlechtshormonen nach den Wechseljahren oder nach operativer Entfernung der Eierstöcke hinzu. Gefährdet sind auch Sportlerinnen mit Essstörungen und bei häufig ausbleibender Regelblutung.

Was kann man zur Prophylaxe gegen Osteoporose tun? Grundsätzlich gilt: je höher die maximale Knochenmasse, umso besser die Ausgangssituation. Auch wenn genetische Faktoren die Knochenmasse bestimmen, spielt kalziumreiche und phosphatarme Ernährung eine wichtige Rolle. Phosphatarm, da Phosphate die Kalziumaufnahme aus dem Darm hemmen. Sinnvoll ist Gemüse wie Brokkoli, Porree, Grünkohl, Fenchel und kalziumreiches Mineralwasser. Phosphatreiche Kost wie Fleisch- und Wurstwaren sollte reduziert werden. Genussmittel wie Alkohol, Kaffee und Salz bewirken eine schnellere Kalziumausscheidung über die Nieren. Nichts ist gegen ein kühles Bier oder ein Glas Wein am Abend einzuwenden, aber im richtigen Maß. Wichtig ist ausreichend Vitamin D. Es sorgt in unserem Körper dafür, dass das Kalzium aus dem Darm in das Blut aufgenommen werden kann. Wichtige Vitamin D-Lieferanten sind Avocados und Seefische wie Hering und Makrele. Allerdings kann unser Körper auch Vitamin D selbst herstellen, dafür braucht unsere Haut aber ausreichend Sonnenlicht. Ein ausgiebiger Spaziergang ist sicher nicht nur für die Osteoporose-Prophylaxe sinnvoll. Die vorhandene Knochenmasse soll möglichst viele Jahre durch bewusste Ernährung und Bewegung auf hohem Niveau gehalten werden.

Je mehr ein Knochen belastet wird, umso mehr überwiegen die Aufbauvorgänge. Vor allem die Schwerkraft und die Muskelkontraktion stellen die wesentlichen mechanischen Kräfte dar, die am Knochen wirken. Kräftigende Übungen zeigen daher am meisten Wirkung. Im Bereich des Ausdauersports ist ein dosiertes Lauftraining aus präventiver Sicht besser geeignet als Radfahren.

Menschen mit diagnostizierter Osteoporose sollten neben der durch den Arzt verordneten medikamentösen Therapie auch eine kontrollierte

Bewegungstherapie durchführen. Das Skelettsystem kann sich unabhängig vom Alter anpassen. Es ist also nie zu spät, mit dem körperlichen Training zu beginnen und sich bewusster zu ernähren.

Vitamine

Vitamine sind für den Menschen unentbehrliche Nährstoffe, die vor allem über die pflanzliche, aber auch tierische Nahrung regelmäßig aufgenommen werden müssen. Sie gelten als Nahrungsbestandteile, die im Körper selbst nicht aufgebaut werden können und ihm deshalb täglich durch vitaminreiche Kost zugeführt werden müssen. Da sie an allen wichtigen Stoffwechselvorgängen als Katalysatoren (Beschleuniger) beteiligt sind, wirkt sich Vitaminmangel leistungsmindernd aus und kann zu Erkrankungen führen. Seeleute, die früher lange Zeit ohne Frischkost auskommen mussten, bekamen Skorbut, also akuten Vitamin-C-Mangel, der Zahnausfall und Knochenschäden verursacht.

Wer sich heute vielseitig ernährt und frisches Obst und Gemüse nicht ganz verschmäht, leidet bei uns nicht an Vitaminmangel. Allerdings sollte die Kost nicht (nur) aus der Dose sein. Gesunde Ernährung bedeutet frische, vitaminreiche und möglichst naturbelassene Kost, die schonend gegart bzw. zubereitet wird wie zum Beispiel bei der Vollwerternährung.

Vorsicht ist im Sport vor übertriebenen Vitamingaben durch Konzentrate (Tabletten etc.) geboten. Zum einem ist noch kein wissenschaftlich fundierter Nachweis geführt, dass Vitaminisierung die sportliche Leistung automatisch erhöht, zum anderen liegen Befunde vor, dass allzu hohe Dosierungen Erkrankungen hervorrufen können. Viel hilft nicht immer viel; wie im normalen Leben auch. Der größere Vitaminbedarf durch mehr Bewegung und Sport wird durch mehr Nahrung ausgeglichen – vorausgesetzt, sie ist vitaminreich. Frisches Obst, Gemüse, Vollkornprodukte und andere vollwertige Nahrungsmittel gehören täglich auf den Tisch. Vitaminsubstitutionen in Form von Tabletten und anderen Konzentraten sollten mit dem Arzt abgestimmt werden.

Wundermittel Elektrolyt?

In den 1950er Jahren vertrat man die Auffassung, dass ein Marathonlauf ohne Trinken durchzuführen sei. Es wurden sogar »Austrocknungsversuche« unternommen, um eine Gewichtsreduzierung wie bei Sportarten mit Gewichtsklassen zu erreichen, frei nach dem Motto: je leichter, je ausgemergelter, desto schneller. Diese Auffassung stimmte nur bedingt. Sicherlich spielt das Wettkampfgewicht eine große Rolle. Doch was nützt das beste Auto, wenn der Motor streikt. Der Sportler benötigt zur optimalen Aufrechterhaltung seiner Körperfunktionen Wasser. Mit dem Älterwerden sinkt der Wasseranteil im Körper zwar (Senioren nur noch 50 bis 55 %), aber der Flüssigkeitshaushalt und die Elektrolyte bleiben wichtig.

»Flüssig bleiben!« Oft hört man diese berechtigte Aufforderung im Training oder Wettkampf. So werden bei einer ausreichenden Flüssigkeitszufuhr »Transportprobleme« von Kohlenhydraten (Glukose), Spurenelementen und anderen funktionserhaltenden Stoffen besser gelöst. Auch die flüssige Aufbereitung (Lösung) der Stoffe funktioniert besser. Wenn sich in der zugeführten Flüssigkeit zudem die richtige Konzentration an Elektrolyten findet, dann läuft der Wasser- und Stofftransport vom Magen in den Darm bzw. bis in die Zelle aktiver ab. Somit wird die Zellversorgung schneller gesichert. Falls nur reines Wasser aufgenommen wird, dauert dieser Prozess erheblich länger. Auch in der Elektrolytkonzentration ist die Dosis entscheidend. Eine zu hohe Konzentration bewirkt genau das Gegenteil: Dem Darm wird Flüssigkeit entzogen, da die Konzentration an Elektrolyten im Magen höher ist. In der Regel werden pro Liter Wasser 50 Gramm Glukose und 400 bis 800 Milligramm Natrium als Marathongetränk empfohlen. Das Ganze verfeinert mit Obstsaft schmeckt zwar nicht so himmlisch, ist aber wirksamer und preiswerter als so manches marketing-gesteuerte Getränk.

Noch ein Tipp am Ende: Trinken sollte auch im Training bei langen Läufen geübt werden. Einerseits prüft man die Verträglichkeit der Mixtur, und andererseits gehört eine gewisse Trinktechnik in der Bewegung dazu.

Am Ziel?

Gibt es im Gesundheitssport und körperlichen Training überhaupt ein Ziel im Sinne einer Beendigung, eines »Zieleinlaufs«? Eigentlich nicht. Bei einer regelmäßigen körperlichen Belastung passt sich der Körper langsam mit funktionellen und strukturellen Veränderungen an. Die ersten Anpassungen vollziehen sich innerhalb der ersten Wochen im Herz-Kreislauf-System und in der Muskulatur. Sie sind anfänglich funktioneller Natur: Es geschehen zuerst positive Veränderungen im Nervensystem. Das Herz fängt an, ökonomischer zu arbeiten, und die Muskulatur stellt sich immer besser auf die körperliche Beanspruchung ein. Erst mit der Zeit kommt es zu struktu-

	Portion in Gramm	kcal/Portion	Säure/Base	Ausdauer	Regeneration	Abwehrkräfte
Apfelsaftschorle 1:1	200	25	B	■	■	■
Aprikose	200	99	B	■	■	■
Avocado	100	212	B	▨	■	■
Banane	150	132	B	■	■	■
Barsch	150	152	S	▨	■	▨
Bergkäse	30	125	S	▨	▨	□
Bier	500	225	S	□	▨	□
Brokkoli	200	52	B	■	▨	▨
Buttermilch	200	74	B	▨	■	▨
Chinakohl	150	17	B	■	▨	■
Cola	300	264	S	□	□	□
Distelöl	10	93	S/B	□	▨	▨
Emmentaler	30	125	S	▨	▨	▨
Erdnüsse, geröstet	25	155	S	□	□	□
Forelle	150	176	S	▨	■	■
Grapefruit, 1 ganze	250	103	B	■	▨	■
Haferflocken	40	154	S	■	□	▨
Hähnchen mit Haut	150	310	S	□	▨	▨
Heidelbeeren	200	187	B	■	■	■
Hühnerei, 1 ganzes	60	101	S	■	■	■
Kalbsleberwurst	30	135	S	□	▨	□
Karotten	200	56	B	■	■	■
Kartoffeln	200	168	B	■	■	■
Kiwi, 1 ganze	200	115	B	■	■	■
Kopfsalat	50	6,5	B	■	□	▨
Krabben	100	106	S	▨	▨	□
Mandeln	25	154	B	■	■	■
Milch	200	99	B	▨	▨	▨
Nudeln	80	275	S	■	■	▨
Orange, 1 ganze	150	73	B	▨	■	■
Paprika, grün	200	42	B	■	■	■
Putenfleisch	150	179	S	▨	■	▨
Rindfleisch, mager	150	231	S	▨	■	▨
Schinken	30	65	S	▨	▨	▨
Spinat	150	22	B	■	■	■
Teewurst	30	129	S	□	□	□
Vollkornbrot, 1 Scheibe	50	108	S	■	■	■
Weizenkleie	20	74	S	■	▨	■
Wiener Würstchen	100	273	S	□	□	□
Zucchini	200	45	B	■	■	■

■ = gut   ▨ = mittel   □ = schlecht

Mit freundlicher Genehmigung: findusfit, Sportdiätica GmbH, 94336 Hunderdorf

Lebensmittel und ihre Wirkung

reller Anpassung wie verbesserter Blutversorgung und kräftigerer Muskulatur. Sehnen und Bänder benötigen für das Erreichen einer höheren Festigkeit und Stabilität durch das Training Monate. Knorpel und Knochen benötigen Jahre eines regelmäßig durchgeführten Trainings, bis es zu Veränderungen wie größerer Knorpeldicke und festerem Knochenbau kommt. Diese Prozesse sind bei körperlicher Inaktivität rückläufig, so dass der mühevoll erarbeitete Nutzen schwindet. Auch aus diesem Grund sollte man ein langfristiges körperliches Trainingsprogramm anstreben.

Ausdauertraining ist besonders wichtig für die Prävention von Herz-Kreislauf-Erkrankungen wie Herzinfarkt, Bluthochdruck, Schlaganfall und Stoffwechselerkrankungen wie Diabetes und Fettstoffwechselstörungen. Die Lungen werden gekräftigt, Übergewicht und Stress abgebaut, Infektionskrankheiten kann vorgebeugt werden. Krafttraining hingegen hat keinen positiven Einfluss auf die Herz-Kreislauf-Erkrankungen. Allerdings kann nur ein muskelkräftigendes Training altersbedingten Kraftverlusten und der Osteoporose vorbeugen. Mit einer kräftigen Muskulatur kann vielen degenerativen Erkrankungen begegnet werden. Als Beispiel sei nur der Rückenschmerz erwähnt, unter dem ca. 30 Prozent aller Erwachsenen in Deutschland leiden. Zehn Prozent der Patienten sind chronisch krank und verursachen damit 80 Prozent der Kosten für die Behandlung von Rückenproblemen. Ein rückenkräftigendes Training kann bei einem Großteil dieser Patienten die Schmerzen zumindest erheblich lindern.

Menschen, die regelmäßig körperlich aktiv sind, sind nachweislich gesünder und insgesamt mit ihrem Leben zufriedener als Inaktive. Zudem klagen sportlich aktive Menschen seltener über berufsbedingte Belastungen und zeigen auch bei der Analyse von Risikofaktoren für Herz-Kreislauf-Erkrankungen bessere Werte.

Das Ziel besteht in einer dauerhaften gesundheitsbewussten Lebensweise, bei der körperliche Aktivität zusammen mit gesunder Ernährung eine wichtige Rolle spielen. Eine Garantie, dadurch besonders alt zu werden, gibt es nicht. Viel wichtiger ist die Verbesserung der Lebensqualität, des Wohlbefindens, der Lebensfreude, der Leistungsfähigkeit – anders ausgedrückt: gesund alt zu werden.

Damit wird der Weg zum Ziel. Bisherige Lebensgewohnheiten sollten überprüft und in kleinen Schritten geändert werden. Ausgangspunkt kann ein Gespräch mit dem Arzt, der Familie oder Freunden sein. Vielleicht trifft man sich in der Folge regelmäßig zum Wandern, Fahrradfahren, Schwimmen oder schließt sich einem Sportverein an. Der Spaß an der Bewegung sollte an erster Stelle stehen. Sie werden staunen, wie gut gesunde Ernährung schmecken kann. Wichtig ist, ständig am Ball zu bleiben.

Fortgeschrittene – Trainingsplanung Laufen

Die Trainingsbereiche

1. Regenerations- und Kompensationstraining (KB)
Ziel
- Regeneration nach intensiven Trainingseinheiten oder Wettkämpfen
- Beschleunigung des Regenerationsprozesses nach Belastungszyklen
- mentale Einstimmung auf nachfolgende Belastungen

Trainingsmethode: Kontinuierliche Dauermethode
- lockerer Dauerlauf zwischen 30 Minuten und einer Stunde
- Die Geschwindigkeit ordnet sich der vorgegebenen Belastungsherzfrequenz unter.
- Gymnastikpause kann eingelegt werden.

Geländeprofil
- flach

2. Grundlagenausdauer 1 (GA$_1$)
Ziel
- Entwicklung und Ökonomisierung der Grundlagenausdauerfähigkeit (aerobe Kapazität)
- Die Energiebereitstellung erfolgt vorwiegend über den Fettstoffwechsel.

Trainingsmethode: Kontinuierliche Dauermethode
- Einsatz je nach Trainingsperiode mit dem Ziel, GA$_1$ zu entwickeln und zu stabilisieren
- Training über kurze (8 bis 12 Kilometer), mittlere (13 bis 20 Kilometer) und lange (20 bis 40 Kilometer) Dauerlaufstrecken
- Die Dauerlaufstrecken werden ohne Unterbrechung absolviert.

Geländeprofil
- flach bis leicht profiliert

TRAININGSBEREICHE

Bei der Marathonvorbereitung entspricht das GA$_2$-Tempo des kontinuierlichen Dauerlaufes dem geplanten Wettkampftempo.

3. Grundlagenausdauer 2 (GA$_2$)
   Ziel
   • Erhöhung der Grundlagenausdauerfähigkeit (aerobe Kapazität)
   • Die Energiebereitstellung erfolgt aerob über Kohlenhydrat- und Fettstoffwechsel (Mischstoffwechsel)

   Trainingsmethoden
   A Kontinuierliche Dauermethode
   • Schnellere Dauerläufe über 5 bis 15 Kilometer
   • Herzfrequenz im angegebenen Bereich halten
   B Variable Dauermethode
   • Dauerläufe mit leicht variiertem Tempo über 8 bis 20 Kilometer
   • Freies Fahrtspiel (FS) mit Tempoerhöhung (nicht maximal) über eine Dauer von 30 Sekunden bis zu drei Minuten
   • Tempowechseltraining (TW) mit regelmäßigem Wechsel von schnellen und mittleren Tempoabschnitten zwischen einem und vier Kilometern
   C Extensive Intervallmethode
   • Strecken zwischen 100 Metern und drei Kilometern werden mit mittlerer Geschwindigkeit, kurzen Pausen und hohen Wiederholungszahlen absolviert.
   D Berg-Lauf
   • Bergauf-Strecken zwischen einem und sechs Kilometern werden gleichmäßig langsam absolviert (Wiederholungen sind möglich)
   • Herzfrequenzbereiche sind unbedingt einzuhalten
   • Steigungen zwischen 6 bis 15 Prozent wählen

   Geländeprofil
   A/B flach bis leicht profiliert
   C flach
   D bergan

4. Wettkampfspezifische Ausdauer (WSA)
   Hinweis:
   • Ist für Marathontraining Ausprägung der Unterdistanzleistungsfähigkeit (10 Kilometer, Halbmarathon)
   • Ist für Mittel- und Langstrecke Ausprägung der Wettkampfleistung (800 bis 10 000 Meter)

Ziel
- Herausbildung der für den Wettkampf notwendigen Ausdauerfähigkeit bzw. der für den Marathon notwendigen Zubringerleistungen
- Gewöhnung an wettkampfnahe Geschwindigkeiten und Belastungszeiten
- Verbesserung der komplexen energetischen Leistungsvoraussetzungen
- Die Energiebereitstellung erfolgt überwiegend anaerob über den Kohlenhydratstoffwechsel.
- Entwicklung von Willenskraft und Tempogefühl

Trainingsmethoden
A Intensive Intervallmethode
- planmäßiger Wechsel von Belastungs- und Erholungsphasen (je nach Streckenlänge zwischen 95 bis 115 Prozent der Zielgeschwindigkeit der Wettkampfstrecke)
- Pausenzeiten liegen zwischen acht bis zwölf Minuten.
- Die Pause ist passiv, keine Trabpause.

B Wiederholungsmethode
- wird vorwiegend beim Mittelstreckentraining angewandt, maximal zwei Mal 600 Meter
- Die Pausen sind lang und liegen zwischen 15 bis 20 Minuten.
- Die Pause ist passiv, keine Trabpause.

Geländeprofil
- flach (Bahn)

5. Schnelligkeitsausdauer (SA)
Ziel
- Erhöhung der Mobilisationsfähigkeit aus dem ermüdeten Zustand heraus
- Erarbeiten einer Geschwindigkeitsreserve
- Erweiterung der physiologischen und neuromuskulären Möglichkeiten
- Ausprägung der Willenskraft

6. Schnelligkeit (S)
- Reaktionsschnelligkeit, maximale Bewegungsfrequenz bis höchstens 20 Sekunden

7. Allgemeine athletische Ausbildung (a. a. A.)
- allgemeines Krafttraining
- Kraftgymnastik
- Lauf-Abc (→ *Seite 87 ff.*)

8. Semispezifisches Training (andere Sportarten)
- Skiroller/Ski
- Aqua-Jogging
- Rad, MTB
- Walking
- Schwimmen
- ...

Die Nutzung anderer Sportarten zur Verbesserung der Grundlagenausdauerfähigkeit, zur unspezifischen Rehabilitation und zur mentalen Entspannung sollte je nach persönlicher Neigung und Können unbedingt eingeplant werden.

FORTGESCHRITTENE

Lauf-Abc

Vor dem Lauf-Abc sollte also eine leichte Erwärmung stattfinden. Das Einlaufen bzw. Einrollen ist sicherlich individuell zeitlich unterschiedlich lang, darf aber aus Gründen der Verletzungsanfälligkeit keinesfalls vernachlässigt werden. Eine anschließende Lockerungs- und Dehnungsgymnastik (circa 10 Minuten) des gesamten Körpers mit Schwerpunktsetzung im Bein- und Fußbereich bereitet das Lauf-Abc gut vor.

Ausgangsposition
Zehenhochstand

1. Fußgelenkarbeit
Flüssiger Wechsel
(rechts/links) zwischen
Zehenstand
und Ganzfußaufsatz

87

LAUF-ABC

2. Anfersen
Lockeres, wechselseitiges Führen des Unterschenkels zum Gesäß, Knie bleiben geschlossen, Oberschenkel des angefersten Beines befindet sich senkrecht zum Untergrund

3. Kniehebelauf
Wechselseitiges Heben des Oberschenkels bis etwa zur Parallellage zum Untergrund, Oberkörper bleibt aufrecht

4. Seitspreizlauf
Leicht sprunghafter Nachstellschritt 90° zur Laufrichtung, je Durchgang mit links bzw. rechts beginnend, Oberkörper nicht verdrehen

FORTGESCHRITTENE

5. Überkreuzlauf
Ähnlich wie Seitspreizlauf, nur wird das Nachziehbein einmal vor und einmal nach dem Standbein aufgesetzt, Oberkörper bleibt 90° zur Laufrichtung, Hauptverdrehung erfolgt über die Hüfte

6. Hopserlauf
Lockere, wechselseitige Sprünge nach vorn oben, Beineinsatz ähnlich wie bei Kniehebelauf, Sprungbeinabdruck bis zum großen Zeh, diagonale Armbewegung über den Kopf nach oben

- Übungsreihenfolge: 1.–6.
- Übungsstrecke: 30 m
- Rückweg (30 m): gehend, trabend oder kombiniert
- Wiederholung: 2–3 Mal (1.–6.), wobei der erste Durchgang etwas lockerer und betont auf Technik orientiert ist
- Zeitpunkt/Woche: mind. 2 x pro Woche, günstig vor anspruchsvolleren Programmen

Zusatzvariante (koordinativ anspruchsvoller)
7. Kombination Fußgelenk/Kniehebelauf, 4:4-Rhythmus
8. Kombination Fußgelenk/Anfersen, 4:4-Rhythmus
9. Kombination Kniehebelauf/Anfersen, 4:4-Rhythmus

Zu beachten ist die technisch saubere Ausführung der Einzelbewegung. Der Rhythmuswechsel kann auch variiert werden.

- Übungsreihenfolge: 7.–9.
- Übungsstrecke: 40–50 Meter
- Rückweg: gehend, trabend, kombiniert
- Wiederholung: 2 Mal (7.–9.)

10. Koordinationsläufe; 15 Meter Fußgelenkarbeit, flüssiger Übergang zum Kniehebelauf (20 m) und aus dem Kniehebelauf Sprint (95 Prozent) über 30 m

Zu beachten ist der klare und deutliche Übergang der Übungen und deren technisch gute Ausführung. Beim Wechsel zum Sprint ist der Oberkörper deutlich nach vorn zu verlagern (kein Abknicken!).

- Übungsstrecke: 65 m (15 m, 20 m, 30 m)
- Rückweg: gehend, trabend, kombiniert
- Wiederholungen: 3–6 Mal 10.

Zwei bis vier Steigerungsläufe über 100 m und eine leichte Lockerungsgymnastik komplettieren das Lauf-Abc.

Die Laufpause – wichtiger, als man denkt

Verschnaufen!
Die Pause, das Austrudeln, Ausruhen, Innehalten, Kraftschöpfen gehört ebenso zum Training wie die »schweren« Einheiten. Die Pause muss konsequent geplant werden. Meist gewinnen diejenigen, die ihr Training am cleversten gestalten. Dazu gehört auf jeden Fall, im richtigen Moment die Handbremse zu ziehen. Wer trotz harter Leistungsanforderungen zwischendurch nicht immer mal wieder auftankt, wird nie seine mögliche und optimale Wettkampfleistung erreichen. Unzufriedenheit über die gelaufene Zeit und den Rennverlauf sind die Folgen. Wenn sich solche Misserfolge häufen, meint manch einer, die falsche Sportart gewählt zu haben, glaubt, nicht fürs Laufen geeignet zu sein. Dabei hätte vielleicht – statt noch härter zu trainieren – eine klug angelegte Pause mehr gebracht.

Nachfolgend werden einige Überlegungen zur Be- und Entlastungsdynamik beim Training angestellt. Der Körper braucht eine gewisse Zeit, um auf sportliche Reize positiv zu antworten, er braucht Zeit, sich anzupassen. Rein biologisch ist es kein Problem, sich innerhalb weniger Wochen erstmalig auf einen Marathon vorzubereiten. Das Herz-Kreislauf-System, der Atemgasstoffwechsel, das Energiebereitstellungssystem und selbst die Struktur der Muskeln können in wenigen Wochen auf eine solche Ausdauerleistung vorbereitet werden. Das eigentliche Problem liegt in der deutlich längeren Anpassungszeit des Binde- und Stützgewebes. Etwa zwei bis drei Jahre sind nötig, um für ein Marathontraining fit zu sein. Wer die Dauerbelastung zu früh extrem steigert und dazu noch intensiv läuft, der wird früher oder später Knie-, Hüft- oder Fußprobleme haben. Das muss nicht sein. Mitunter gehören Monate und Jahre dazu, ein erarbeitetes Leistungsniveau zu stabilisieren. Die Pause als aktive Entlastung, Wiederherstellung bzw. Umsetzung des vorher Trainierten in eine stabile und höhere Leistungsfähigkeit ist tatsächlich als Trainingsmittel anzusehen. Wer den Zusammenhang von Be- und Entlastung in einer Richtung überbewertet, der wird niemals seine optimale Leistung erbringen können.

Der Wochenaufbau
Innerhalb der Trainingswoche wird oft zu monoton trainiert. Es sollte mehr Farbe ins Training gebracht werden. So ist beispielsweise für die Vorbereitung eines Marathonläufers, der drei Stunden im Wettkampf laufen möchte, wichtig, auf folgende Schwerpunkte innerhalb einer Belastungswoche zu achten:

BE- UND ENTLASTUNG

1. Stabilisierung der Grundlagenausdauer (GA_1), die als Zubringerleistung zum großen Teil in die Marathonleistung eingeht und zudem noch die Belastungsverträglichkeit und die Wiederherstellungsfähigkeit (nach Wettkampf und Training) verbessern hilft. Dies wird über lange, lockere »Sauerstoffläufe« (vorwiegend im Fettstoffwechsel) bzw. über mittlere Dauerläufe (in unserem Beispiel GA_1 20 bis 25 Kilometer/GA_1 acht bis 15 Kilometer) erzielt.
2. Training im Wettkampftempo (GA_2) führt zur Erhöhung des Grundlagenausdauerniveaus und schult die Laufmotorik im geplanten Marathontempo. Hier sind schnelle Dauerläufe zwischen zehn bis 12, später 15 Kilometer mit einer Wiederholung (15 + fünf Kilometer im GA_1-Tempo) angezeigt.
3. Schulung der höheren Laufmotorik – dabei wird eine Geschwindigkeitsreserve erarbeitet, die man für den Wettkampf benötigt. Ein gezieltes Fahrtspieltraining (FS) wirkt marathonspezifisch in der genannten Richtung. Harte Intervalle auf der Bahn sind nicht notwendig! Die schnellen Intervalle innerhalb des Fahrtspiels sollten auch als Spiel mit der Geschwindigkeit angesehen werden. Der Sportler muss das Tempo beherrschen und nicht umgekehrt! Wenn nun die Anordnung der Belastung im Wochenverlauf (Montag bis Sonntag) in der folgenden Grafik betrachtet wird, fallen folgende Belastungskriterien auf:
   - deutliche Be- und Entlastungsdynamik von Montag bis Sonntag
   - Belastungen liegen im jeweiligen Zielbereich; Die Geschwindigkeit der Intervalle im Fahrtspiel liegt über dem Marathontempo.

Dieses Prinzip wird auch im Mehrwochenverlauf angewandt. Nach einem Drei-Wochen-Belastungsblock folgt eine Ruhewoche. Der Körper hat die Chance, zu regenerieren und die Belastungsbereitschaft für den nächsten Zyklus herzustellen. Meist fühlt man sich in dieser »Ruhewoche« zerschlagen und matt. Das ist nicht bedenklich. Als Sportler fällt man auch mental in das berühmte Loch. Diese körperliche Reaktion ist ein sicheres Zeichen für die Notwendigkeit einer Entlastungswoche, in der generell Intensität und Umfang des Trainings reduziert werden. Nur kein schlechtes Gewissen! Am Ende zahlen sich die geplanten Ruhepausen aus. Die Verletzungs- und Krankheitsanfälligkeit sinkt, und die Leistungsfähigkeit steigt.

Mikrozyklus (Woche) – Belastung

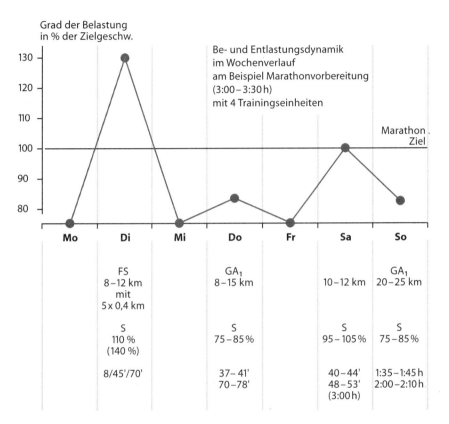

Prozentangaben beziehen sich auf die geplante Zielleistung.

Be- und Entlastungsdynamik im Wochenverlauf am Beispiel Marathonvorbereitung (3:00 Stunden) mit vier Trainingseinheiten pro Woche

BE- UND ENTLASTUNG

Mesozyklen (3 : 1; 2 : 1)

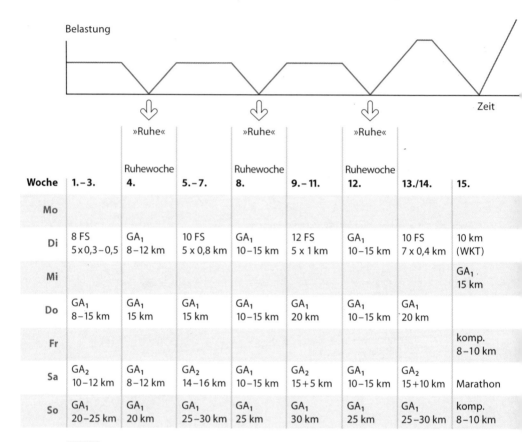

Woche	1.–3.	Ruhewoche 4.	5.–7.	Ruhewoche 8.	9.–11.	Ruhewoche 12.	13./14.	15.
Mo								
Di	8 FS 5×0,3–0,5	GA₁ 8–12 km	10 FS 5×0,8 km	GA₁ 10–15 km	12 FS 5×1 km	GA₁ 10–15 km	10 FS 7×0,4 km	10 km (WKT)
Mi								GA₁ 15 km
Do	GA₁ 8–15 km	GA₁ 15 km	GA₁ 15 km	GA₁ 10–15 km	GA₁ 20 km	GA₁ 10–15 km	GA₁ 20 km	
Fr								komp. 8–10 km
Sa	GA₂ 10–12 km	GA₁ 8–12 km	GA₂ 14–16 km	GA₁ 10–15 km	GA₂ 15+5 km	GA₁ 10–15 km	GA₂ 15+10 km	Marathon
So	GA₁ 20–25 km	GA₁ 20 km	GA₁ 25–30 km	GA₁ 25 km	GA₁ 30 km	GA₁ 25 km	GA₁ 25–30 km	komp. 8–10 km

Trainingsmittelentwicklung im Mehrwochenverlauf

Auch für die Übergangsperiode nach dem Wettkampfhöhepunkt (Marathonlauf) gilt: Pause ist Training!

Besonders im höheren Alter sind die Übergangsphasen bewusst regenerativ zu gestalten. Nur keine Angst, mal andere Sportarten regenerativ zu nutzen und nicht nur zu laufen. Nach zwei bis drei Wochen ohne Lauftraining fühlt man sich enorm frisch und ist stark motiviert, wieder loszujoggen. Der Körper wird es Ihnen danken – egal, wie alt oder schnell Sie sind.

FORTGESCHRITTENE

Im Trend: Halbmarathon

Grundsätzliches
Die Faszination der längeren Straßen- und Landschaftsläufe erfasst immer mehr Läuferinnen und Läufer. Oft fällt einem bei der Fülle der Wettkampfangebote die Auswahl schwer.
Die nachfolgenden Trainingsempfehlungen beziehen sich auf Läuferinnen und Läufer, die vier bis fünf Trainingseinheiten pro Woche realisieren können.

Für Läufer, die 4–5 Mal pro Woche trainieren können.

Wer zum ersten Mal einen Halbmarathon vorbereitet, sollte auf die Erfüllung der Laufkilometer achten – die Laufgeschwindigkeit ist vorerst egal. Ziel ist es, die 21,1 Kilometer sicher zu bewältigen.

Diejenigen, die bereits Erfahrung mit diesem Streckenbereich besitzen, müssen die Trainingseinheiten in genaue Relation zur Zielzeit des Halbmarathons setzen: Die real vorgenommene Zeit über diese Distanz ist Mittelpunkt der Trainingsberechnungen (Zielgeschwindigkeit Halbmarathon = 100 Prozent). Neben dem Trainingsumfang spielt die gezielte Umsetzung der einzelnen Tagesaufgaben eine wichtige Rolle. Bei dem vorliegenden 20-Wochen-Plan bedeutet das:

- *Mittlerer bis schneller Dauerlauf* entspricht dem geplanten Halbmarathon (unter Berücksichtigung von Tagesformschwankungen).
- *Fahrtspiel* = Spiel mit der Geschwindigkeit, langsames bis mittleres Grundtempo im Dauerlauf der ruhigen Abschnitte und kontrolliertes, zügiges Laufen der angegebenen Intervalle, wechselnder Untergrund, zum Teil profiliertes Gelände.
- *Lockerer Dauerlauf* zur Auflockerung der Muskulatur bzw. zur Entwicklung und Stabilisierung der Dauerlaufleistungsprozesse, kann mit Endspurt gelaufen werden (500 Meter), um mehrmals wöchentlich motorische Akzente zu setzen. Anschließend einige Steigerungsläufe über etwa 100 Meter haben den gleichen Effekt.
- *Athletik* im Sinne einer allgemeinen muskulären Kräftigung (mindestens zwei Mal pro Woche) beugt Verletzungen vor; bei Bedarf können laufspezifische Muskelgruppen gesondert entwickelt werden.
- *Sauna* ist als passive Entspannungs- und Entschlackungsmöglichkeit sehr zu empfehlen.
- *Gymnastik* sollte (auch wenn die Zeit immer zu knapp ist) als Lockerung vor und als Dehnung nach jeder Trainingseinheit konzentriert und regelmäßig durchgeführt werden.
- *Die Belastungsfolge* basiert auf unzähligen Erfahrungen und ist einzuhal-

HALBMARATHON

ten; vor allem die Be- und Entlastung im Wochen- und Mehrwochenverlauf garantieren einerseits die nötige »Ruhe« und andererseits die gezielte Belastung pro Einheit.

• *Sauerstoffwochen* dienen zur weiteren Entwicklung des Grundstoffwechsels und zur Entschlackung von Restprodukten aus »härteren« Einheiten; der Wille zur Dauerleistung wird ebenfalls geschult.

1. bis 5. Woche

Eine Sauerstoffwoche bietet sich als bester Einstieg in den Trainingsplan an. Sie beinhaltet lockere bis mittlere Dauerläufe zwischen 15 und 25 Kilometer sowie Sauna und Athletik.

Im folgenden Belastungszyklus von drei Wochen werden die oben beschriebenen Trainingsmittel in einer bestimmten Reihenfolge eingesetzt. Beim lockeren Dauerlauf gilt: komplette Strecke vor Tempo. Beim schnellen Dauerlauf sollte von Anfang das Zieltempo des Halbmarathons angesetzt werden. Sind 12 bis 15 Kilometer noch nicht realisierbar, dann sollte man bei 8 bis 12 Kilometer einsteigen. Ziel ist, die gewünschte Geschwin-

	1. Woche Sauerstoffwoche	2. Woche	3. Woche	4. Woche Ruhe	5. Woche
Mo	Sauna/Athletik	Sauna/Athletik	Sauna/Athletik	Sauna/Athletik	Sauna/Athletik
Di	lockerer Dauerlauf 15 – 20 km	Fahrtspiel 10 km mit 8 – 10 x 1 Min schnell	Fahrtspiel 10 km mit 8 – 10 x 1 Min schnell	Fahrtspiel 10 km mit 8 – 10 x 1 Min schnell	lockerer Dauerlauf 10 km
Mi					
Do	lockerer Dauerlauf 15 km Athletik	lockerer Dauerlauf 15 – 20 km Athletik	lockerer Dauerlauf 15 – 20 km Athletik	lockerer Dauerlauf 15 – 20 km Athletik	lockerer Dauerlauf 10 km Athletik
Fr					
Sa	mittlerer Dauerlauf 12 – 15 km	schneller Dauerlauf 10 – 15 km	schneller Dauerlauf 10 – 15 km	schneller Dauerlauf 10 – 15 km	lockerer Dauerlauf 15 km
So	lockerer Dauerlauf 20 – 25 km	lockerer Dauerlauf 20 – 25 km	lockerer Dauerlauf 20 – 25 km	lockerer Dauerlauf 25 – 30 km	lockerer Dauerlauf 20 km

Halbmarathon 1. – 5. Woche

digkeit auf eine stets zu verlängernde Strecke zu übertragen. Diese Trainingseinheit kann auch durch Trainingswettkämpfe umgesetzt werden.

In der Ruhewoche steht die Reduzierung von Trainingsumfang und -geschwindigkeit im Vordergrund. Oft ist man hier trotz verminderten Trainings besonders müde. Werten Sie das als sicheres Zeichen dafür, dass die Entlastung nötig war.

Achtung: Besonders die intensiven Einheiten müssen gründlich vor- und nachbereitet werden – und das nicht nur im Winter!

Das Lauftraining wird durch Athletik ergänzt, um ein allgemeines muskuläres Grundniveau zu schaffen. Es trägt zur Verletzungsvorbeugung sowie zur Erhöhung der Entspannungs- und Bewegungsfähigkeit bei. Dieser Effekt wird aber nur bei mindestens zweimaligem Athletiktraining pro Woche erreicht.

Pro Übung 30 Sekunden Belastung und 20 Sekunden Pause (Stellungswechsel), Serienpause zwei Minuten, zwei bis drei Serien:

1. Rückenlage mit angestellten Beinen: Rumpfaufrichten
2. Bauchlage: Rumpfaufrichten (nicht überstrecken)
3. Seitenlage: Rechtes Bein mehrfach abspreizen ohne abzulegen
4. Seitenlage: Linkes Bein mehrfach abspreizen ohne abzulegen
5. Liegestützen
6. Rückenlage: Beine im Winkel von 45 Grad scheren ohne abzulegen
7. Bauchlage: raumgreifendes Trockenschwimmen
8. Rückenlage: Rumpfaufrichten mit Eindrehen (rechts/links)
9. Bauchlage: Rumpfaufrichten mit Eindrehen (rechts/links)
10. Stehend: Wechsel vom Fußsohlen- zum Zehenstand

Diese Übungen sind ohne Hilfsmittel und unkompliziert zu Hause zu schaffen.

Athletiktraining zu Hause

6. bis 10. Woche

Der erste Abschnitt mit vier bis fünf Trainingseinheiten pro Woche ist bewältigt. In der 6. bis 10. Woche werden die vier bis fünf Trainingseinheiten beibehalten. Auch die Anordnung der Inhalte pro Woche wird nicht verändert. Den entscheidenden Unterschied machen die Belastungserhöhungen aus, die den Organismus an drei Stellen des Wochentrainings zwingen, sich auf neue Anforderungen einzustellen:

HALBMARATHON

- Der zügige Abschnitt während des Fahrtspiels (zehn bis zwölf Kilometer) wird auf ein Zwei-Minuten-Intervall (sechs bis acht Mal) erhöht.
- Der schnelle Dauerlauf (geplantes Halbmarathon-Tempo) sollte etwa 15 Kilometer erreicht haben. Nach einer Pause von gut zehn bis 15 Minuten ist es günstig, einen kürzeren Lauf von zwei bis fünf Kilometern mit einem leicht höheren Tempo zusätzlich zu realisieren. Das stellt physisch und psychisch ein völlig neues Niveau dar.
- Der längste Lauf der Woche (Sonntag) ist auf 25 bis 30 Kilometer sicher zu entwickeln. Des Weiteren sollte auch in der Athletik das Prinzip der permanenten Belastungserhöhung angewandt werden. Neben einer weiteren technischen Verbesserung der Übungen ist die Serienzahl um ein bis zwei Serien zu erhöhen. Um Verspannungen zu reduzieren, ist nach der Athletik generell eine ruhige und korrekt ausgeführte Dehnungs- und Lockerungsgymnastik angezeigt.

	6. Woche	7. Woche	8. Woche Sauerstoffwoche	9. Woche	10. Woche Ruhe
Mo	Sauna/Athletik	Sauna/Athletik	Sauna/Athletik	Sauna/Athletik	Sauna/Athletik
Di	Fahrtspiel 10 – 12 km mit 6 – 8 x 2 Min schnell	Fahrtspiel 10 – 15 km mit 8 – 10 x 2 Min schnell	lockerer Dauerlauf 15 – 20 km	Fahrtspiel 12 – 15 km mit 8 – 10 x 2 Min schnell	lockerer Dauerlauf 10 km
Mi					
Do	lockerer Dauerlauf 15 km Athletik	lockerer Dauerlauf 15 km Athletik	lockerer Dauerlauf 15 – 20 km Athletik	lockerer Dauerlauf 15 km Athletik	lockerer Dauerlauf 10 km Athletik
Fr					
Sa	schneller Dauerlauf 15 km + 2 km	schneller Dauerlauf 15 km + 3 km	mittlerer Dauerlauf 15 km	schneller Dauerlauf 15 km + 5 km	lockerer Dauerlauf 15 km
So	lockerer Dauerlauf 25 km	lockerer Dauerlauf 25 km	lockerer Dauerlauf 30 km	lockerer Dauerlauf 30 km	lockerer Dauerlauf 20 km

Halbmarathon 6. – 10. Woche

11. bis 15. Woche

Mit dem letzten Trainingszyklus (6. bis 10. Woche) ist der »Löwenanteil« des Trainings zur Halbmarathon-Vorbereitung bewältigt worden. Die Ruhewoche (10. Woche) leitete den Abschnitt der direkten Wettkampfvorbereitung ein. Nun heißt es, die Nerven bewahren und allen Versuchungen, die Form im Training zu testen, zu widerstehen. Das, was bisher im Training an Anpassung erzielt wurde, kann durch eine gut gestaltete Endphase in eine akzeptable Wettkampfleistung umgemünzt werden. Das gelingt aber nur, wenn mit Hilfe der Ruhewoche noch einmal richtig »Luft geholt« wird.

In den beiden letzten Wochen kommt es hauptsächlich darauf an, eine physische Spritzigkeit und psychische Lockerheit zu erlangen. Der Körper wird durch eine geänderte Trainingsmethodik angepasst. Beim Fahrtspiel werden die schnellen Abschnitte auf etwa eine Minute reduziert. Das Tempo kann dabei gesteigert werden. Die Gesamteinheit muss sehr kontrolliert gelaufen werden.

Wichtig: Der Läufer beherrscht die Geschwindigkeit, nicht umgekehrt!

Der schnelle Dauerlauf beinhaltet zwei Strecken und ist Kräfte sparend angelegt. Das Tempo darf nicht überzogen werden. Einem vertrauensbildenden Endspurt über etwa 500 Meter nach der zweiten Teilstrecke steht nichts im Wege.

In Form kommen

In der Endphase der Halbmarathonvorbereitung ist es ratsam, die lockeren Dauerlaufeinheiten im Schnitt nicht über 20 bis 25 Kilometer zu laufen, sonst ermüdet man unnötig schnell. Da die Gesamtkilometerleistung pro Einheit und Woche gesenkt wird, kommt der Läufer schneller in Form.

Dieses Prinzip gilt vor allem für die Wettkampfwoche. Der lockere (!) Dauerlauf wird auf Streckenmittel herabgesetzt (acht bis 15 Kilometer) und dient ausschließlich der Auflockerung. Am dritten Tag vor dem Halbmarathon hat sich ein sehr kontrolliert gestaltetes Fahrtspiel bewährt. Es ist »flüssig« und »spritzig« und muss gebremst gelaufen werden. Es führt noch einmal zu einer Muskeltonuserhöhung, die vom Läufer als angenehm und vertrauensstärkend empfunden wird. Der lockere Dauerlauf am Folgetag dient nur noch zur Auffrischung und kann mit einigen leichten Steigerungen abgeschlossen werden. Am Wettkampfvortag ist frei.

Wenn diese Ratschläge beachtet werden, dann schließt sich an dieser Stelle der Kreis, und neben der physischen »Spritzigkeit« ist die psychische Lockerheit entwickelt worden. Der Formanstieg ist spürbar, und damit kommt das Selbstvertrauen.

HALBMARATHON

Damit am Wettkampftag alles bestens läuft, folgender Tipp:

Ab ins Gelände
Mit solider Leistungsfähigkeit über die Halbmarathondistanz kann jetzt der etwa der jährlich im Mai stattfindende Rennsteiglauf (oder jeder andere Gelände-Cross) über 21,1 Kilometer angegangen werden. Das Geländeprofil sollte bei der Vorbereitung unbedingt beachtet werden.

	11. Woche	12. Woche	13. Woche Ruhe	14. Woche	15. Woche
Mo	Sauna/Athletik	schneller Dauerlauf 8 – 10 km Sauna	Sauna/Athletik	Sauna/Athletik	Sauna/Athletik
Di	Fahrtspiel 10 km mit 8 – 10 x 1 Min schnell	lockerer Dauerlauf 15 km	lockerer Dauerlauf 10 km	Fahrtspiel 15 km mit 8 x 2 Min schnell	Fahrtspiel 15 km mit 8 x 3 Min schnell
Mi					
Do	lockerer Dauerlauf 15 km + 5 km Athletik	Fahrtspiel 10 km mit 8 x 1 Min schnell	lockerer Dauerlauf 10 km Athletik	lockerer Dauerlauf 15 – 20 km Athletik	lockerer Dauerlauf 10 – 20 km Athletik
Fr		lockerer (!) Dauerlauf 8 – 10 km			
Sa	lockerer Dauerlauf 25 km		lockerer Dauerlauf 15 km	schneller Dauerlauf im Gelände 15 km + 5 km (flach)	lockerer Dauerlauf im Gelände 15 km + 5 km (flach)
So	lockerer Dauerlauf 15 km	Halbmarathon oder 20-km-Wettkampf	lockerer Dauerlauf im Gelände 30 km	lockerer Dauerlauf im Gelände 25 km	lockerer Dauerlauf im Gelände 20 km

Beginn Wettkampfvorbereitung Geländelauf über Halbmarathondistanz

Halbmarathon 11. – 15. Woche

Es gibt auch hier viele Trainingsmöglichkeiten, ich schlage folgende Lösung vor:
- Grundsätzlich werden alle bekannten Trainingseinheiten der ersten zwölf Wochen in ihrer Reihenfolge weitergeführt
- Modifizierung einiger (nicht aller!) Einheiten im Sinne der neuen Wettkampfzielstellung – langer Cross.

Diese »sanfte« Einführung des Geländetrainings hat den Vorteil, dass nicht zu viele Faktoren im Training verändert werden, was sonst schädliches Übertraining zur Folge haben könnte. Eigene Erfahrungen wie die Einheiten zueinander im Wochenverlauf beider Phasen wirken, helfen die Belastung individuell auszusteuern.

Die 13. Woche ist das Ende der »Flach-« und der Anfang der »Profilphase«, wobei die Regeneration bis einschließlich Freitag im Mittelpunkt des Trainings steht. Samstag und Sonntag kann der Dauerlauf gemächlich im leicht profilierten Gelände als Auftakt genutzt werden. Ab der 14. Woche sollten die einzelnen Einheiten folgendermaßen umgesetzt werden:

Fahrtspiel: Die Gesamtstrecke wird auf 15 Kilometer erhöht. Das Gelände ist profiliert mit wechselndem Untergrund. Die schnellen Abschnitte werden auf drei Minuten erweitert. Dabei sollten die Anteile des schnellen Bergauf- und -ablaufens ausgewogen sein.

Schneller Dauerlauf: Hier muss das Profil des Geländes so gewählt werden, dass das Lauftempo in etwa dem des Halbmarathons (flach) entsprechen kann. Nach einer Pause von 15 bis 20 Minuten sollte man den kurzen Dauerlauf auf flachem Kurs laufen, um die Qualität der Trainingseinheit zu sichern.

Lockerer Dauerlauf: Die Donnerstagseinheit sollte, wie gewohnt, auf ebenem Untergrund gelaufen werden. Wenn die Woche insgesamt gut verkraftet wurde, ist es Sonntags möglich, im leicht profilierten Gelände zu trainieren. Kurze, langsame Schritte sorgen bergauf für mehr Ökonomie beim Laufen.

Bergab kann das Gegenstemmen (Bremsstoß) vermindert werden, indem im Kniegelenk mehr nachgegeben wird.

16. bis 18. Woche

An den ersten Cross-Trainingskomplex schließt sich eine »Sauerstoffwoche« an. Die Gesamtkilometer sind zwar höher als in den beiden vorhergehenden Wochen, aber die Trainingsintensität ist reduziert. Durch diese Woche soll eine gewisse Entlastung erzielt werden, ohne dass eine tatsächliche Ruhewoche durchgeführt wird. Somit bleibt die aufgebaute »Trainingsspannung« erhalten.

HALBMARATHON

Die 17. Woche läuft vom Prinzip her ähnlich wie die 14. bzw. 15. Woche ab. Lediglich das Fahrtspiel (mittlerer Dauerlauf im profilierten Gelände mit selbstständig gewählten Tempoerhöhungen) wird in den schnellen Abschnitten wieder auf zwei Minuten verkürzt. Dafür kann das Tempo kontrolliert gesteigert werden. Auch der schnelle Dauerlauf (15 Kilometer) wird in leicht profiliertem Gelände umgesetzt, damit der Cross-Akzent beibehalten wird und trotzdem das Renntempo nicht zu weit vom Halbmarathonni-

	16. Woche Sauerstoffwoche	17. Woche	18. Woche	19. Woche Ruhe	20. Woche
Mo	Sauna/Athletik	Sauna/Athletik	lockerer Dauerlauf 8 – 10 km Sauna	• lockerer Dauerlauf nach Lust und Laune • Schwimmen, Radfahren, Wandern • Sauna • Athletik • Gymnastik	
Di	lockerer Dauerlauf 10 – 20 km	Fahrtspiel 15 km 10 x 2 Min schnell			lockerer Dauerlauf + 10 x 100 m STL
Mi			Fahrtspiel (flach) 10 km mit 8 x 1 Min schnell		
Do	lockerer Dauerlauf 15 – 20 km	lockerer Dauerlauf 15 km Athletik	lockerer Dauerlauf 8 – 10 km		10 km mit 8 x 1 Min schnell/ Antraining mit leichtem Fahrtspiel
Fr					lockerer Dauerlauf 10 km
Sa	mittlerer schneller Dauerlauf 15 km	schneller lockerer Dauerlauf im Profil 15 km + 5 km (flach)	**Halbmarathon-Wettkampf Gelände (z. B. Rennsteiglauf)**		
So	lockerer Dauerlauf 30 km	lockerer Dauerlauf im Gelände	lockerer Dauerlauf 8 – 10 km		Wettkampfmöglichkeit 8 – 10 km

Halbmarathon 16. – 20. Woche

veau entfernt ist. Der nach 15 Minuten Pause gelaufene Fünf-Kilometer-Abschnitt (flach) ist die letzte »harte« Trainingseinheit vor dem langen Cross-Wettkampf. Schon die lockeren 20 Kilometer am Sonntag stehen unter der Zielstellung, die vier Belastungswochen (14. bis 17. Woche) zu verarbeiten.

Es hat sich im Langstreckenbereich noch nie bewährt, das Training vor dem Saisonhöhepunkt locker zu gestalten.

In der Wettkampfwoche werden die Gesamtkilometer stark reduziert. Mehr als zehn Kilometer pro Einheit sind nicht nötig. Wer an die beiden Dauerläufe einige leichte Steigerungsläufe (sechs bis zehn Mal 100 Meter) hängt, hält den Muskeltonus trotz Gesamtentlastung relativ hoch. Außerdem gibt ein Abschluss der Trainingseinheit mit schnelleren Läufen Selbstvertrauen. Am dritten Tag vor dem Cross-Lauf sollte noch einmal ein Fahrtspiel über zehn Kilometer realisiert werden. Die weiter verkürzten schnellen Abschnitte (maximal eine Minute) sind kurzweilig und machen Spaß. Aber Vorsicht: Nicht alles Pulver bei dieser Einheit verschießen, erst drei Tage später kommt der Saisonhöhepunkt.

Der Gelände-Cross
Wer das Training wie beschrieben umgesetzt hat, ist in der Lage, einen guten Halbmarathon im Gelände zu laufen. Wichtig am Wettkampftag selbst ist die Einkalkulierung der äußeren Bedingungen und die möglichst genaue Kenntnis des Streckenprofils. Davon und vom Trainingsniveau wird die Renntaktik bestimmt.

Die Woche danach
Nach einem Kräfte zehrenden Gelände-Cross müssen mehrere Tage zur aktiven Regeneration eingeplant und auch umgesetzt (!) werden. Es hat keinen Sinn zu versuchen, das Trainingsniveau nahtlos weiterzuführen. Wenn sich ein Sportler über mehrere Wochen hinweg auf einen Wettkampf konzentriert hat, ist nach dem Ereignis normalerweise die Luft raus. Egal, in welcher Qualität der Lauf umgesetzt wurde. Nach der physisch und psychisch gezielten Vorbereitung des Wettkampfhöhepunkts ist eine Pause zwingend nötig. Insofern stellt die 19. Woche eine echte Entlastung dar. In dieser Zeit sollte mehr denn je nach Lust und Laune trainiert werden. So wird der lockere Dauerlauf maximal über zehn Kilometer flüssig gestaltet. Schwimmen, Radfahren oder Wandern können ergänzt werden. In dieser Zeit kommen Sauna, Athletik und verstärkt Gymnastik zum Einsatz. Selbst passive Maßnahmen wie Wechselduschen, Bürstenmassagen und Fußbäder sollten mehr als in den Wochen zuvor angewendet werden. In solchen Ru-

hephasen atmet der Organismus durch Die bis zum Wettkampf aufgebaute Spannung bricht zusammen, und man fühlt sich trotz einer deutlichen körperlichen Entlastung einfach nur »grau«. Das ist eine vollkommen normale Erscheinung. Sie zeugt einerseits von der guten Qualität der vorherigen Trainingswochen und andererseits von der Notwendigkeit der Erholung.

Das zweite Formhoch

Am Ende der 20. Woche ist es bereits wieder möglich, einen guten Wettkampf über fünf bis zehn Kilometer zu laufen. Diese Variante hat sich oft bewährt. Allerdings sind, um dieses zweite Formhoch zu erlangen, ein bis zwei spezielle Trainingseinheiten nötig. Sie setzen motorische Akzente, die die vorhandene Müdigkeit »herauslaufen«. Gut geeignet dafür sind Steigerungsläufe über 100 bis 120 Meter im Anschluss an einen Dauerlauf (siehe Dienstag). Oder ein Fahrtspiel mit schnellen Abschnitten, die maximal bis zu einer Minute ausgedehnt werden sollten. Dieses Fahrtspiel wird wie vor dem Gelände-Cross am dritten Tag vor dem Wettkampf gelaufen.
Der Wettkampf kann dann mit vollem Tempo-Risiko angegangen werden. Die konditionelle Grundlage ist innerhalb von zwei Wochen nicht verloren gegangen – im Gegenteil; aber diese Erfahrung kann jeder selbst genießen.

Zusätzliches Trainingsangebot – Halbmarathon-Debütplan für Jogger

Im Gegensatz zum obigen Trainingsplan, der eher den Ansprüchen des leistungsorientiert trainierenden Läufers entspricht, bietet der Halbmarathon-Debütplan allen Joggern die Möglichkeit, nach einem zehnwöchigen Training erstmalig die Distanz des Halbmarathons (21,1 Kilometer) zu bewältigen.

Im Mittelpunkt des Trainings steht die von Woche zu Woche zu erhöhende Laufleistung innerhalb der einzelnen Einheit. Drei Grundeinheiten werden angewandt:
- kurzer, lockerer Dauerlauf zur Stabilisierung des Dauerlauftempos
- kurzer, schneller Dauerlauf zur Erhöhung der Flexibilität des Organismus
- langer, lockerer Dauerlauf zur Entwicklung der Dauerleistung bis zur Halbmarathon-Strecke.

Bei allen drei Trainingseinheiten geht es um ein sicheres und gezieltes Umsetzen der Aufgaben. Ein übertriebenes, tempoorientiertes Laufen ist fehl am Platz. Das bewusste Laufen muss auch beim Halbmarathon praktiziert werden.

FORTGESCHRITTENE

Das Tempo der langen, lockeren Läufe ist ein Maßstab für den Wettkampf. Wichtig: Lassen Sie sich nicht von der Euphorie des Wettkampfgetümmels zu einem zu schnellen Start verleiten! Bleiben Sie von Anfang an bei Ihrem Trainingstempo.

Viel Spaß beim Training und viel Erfolg beim ersten Halbmarathon!

	drei Belastungswochen	Ruhewoche	drei Belastungswochen	Ruhewoche	zwei Belastungswochen
Mo					
Di	lockerer Dauerlauf 6 – 10 km	lockerer Dauerlauf 6 – 10 km	lockerer Dauerlauf 8 – 12 km	lockerer Dauerlauf 6 – 10 km	lockerer Dauerlauf 10 – 15 km
Mi					
Do	schneller Dauerlauf 4 – 6 km	schneller Dauerlauf 6 – 8 km	schneller Dauerlauf 6 – 8 km	schneller Dauerlauf 6 – 10 km	schneller Dauerlauf 6 – 8 km
Fr					
Sa	langer Dauerlauf 12 – 15 km	langer, lockerer Dauerlauf 15 km	langer, lockerer Dauerlauf 15 – 20 km	langer, lockerer Dauerlauf 15 km	Ruhe
So					9. Woche: 20 km locker 10. Woche: Halbmarathon

Nach jeder Einheit 15 Min Gymnastik
Bei der Donnerstag-Einheit lockeres Ein- und Auslaufen beachten

In zehn Wochen zum Halbmarathon

Wenig Zeit? Marathon 3 x 3: In drei Monaten mit drei Mal Training pro Woche zum Marathon

Vorbemerkung
Die Zeit, die einem neben alltäglicher Verpflichtungen für das Marathontraining bleibt, ist oft sehr knapp bemessen. Dennoch besteht bei vielen Läufern der Wunsch, einmal den »Mythos Marathon« zu erlaufen. Die Trainingsmethodik beschreibt bestimmte Grundvoraussetzungen für ein sinnvolles Marathontraining: regelmäßiges, gezieltes Training und ein Mindestumfang an Kilometern in der direkten Marathonvorbereitungszeit.

Nachfolgend ist ein Marathonplan über 13 Wochen dargestellt, der von mehreren Läuferinnen und Läufern bei Frühjahrs- und Herbstmarathonläufen sehr erfolgreich umgesetzt wurde. So ließen sich bei fast allen Teilnehmern in einem Marathonbereich von 2:55 bis 4:20 Stunden Steigerungsraten der Wettkampfleistung zwischen vier und 21 Minuten erzielen. Es hat sich nicht nur die absolute Leistung in Stunden und Minuten klar verbessert, sondern auch das Laufgefühl während des Wettkampfes und die Regenerationszeit nach dem Lauf. Voraussetzung dafür war, dass die durchschnittlich drei Trainingseinheiten pro Woche in der entsprechenden Qualität und ohne gesundheitliche Störungen (Verletzungen, Erkältung ...) umgesetzt werden konnten.

Trainingsmittel
GA_1-Training: aerobes, also sauerstoffreiches Fettstoffwechseltraining, Pulswerte in der Regel zwischen 120 bis 150 Schlägen pro Minute, Laufen im flachen und bei gutem Trainingszustand auch profilierten Gelände, relativ gleichmäßiges Tempo.

GA_2-Training: Training im aeroben/anaeroben Übergangsbereich, die Laufleistung wird über Kohlenhydrate und Fette gleichermaßen gesichert, Pulswerte liegen zwischen 150 und 170 Schlägen pro Minute. Das Tempo entspricht der geplanten Marathongeschwindigkeit, flaches bis welliges Gelände, Tempovariationen ± fünf Sekunden pro Kilometer sind in der biologischen Schwankungsbreite (Tagesform) normal.

GA_1–FS: Grundlagenausdauer 1–Fahrtspiel, Belastungswechsel zwischen der aeroben und anaeroben Stoffwechselsituation, zum Beispiel bedeutet »5 : 1« fünf Minuten im klassischen GA_1-Bereich und eine Minute im anaeroben Bereich (Puls größer als 170 Schläge pro Minute) laufen. Dabei sollte das schnelle Intervall (eine Minute) nicht maximal, sondern kontrolliert schnell gelaufen werden. Der Belastungspuls muss nach dem langsa-

men GA₁-Intervall (fünf Minuten) wieder unter 150 Schlägen pro Minute liegen. Erst wenn das »Spiel« mit der Geschwindigkeit beherrscht wird, kann das Gelände stärker profiliert sein.

Hinweise:
- Nach jeder Laufeinheit sollten 15 Minuten Dehnung und Lockerung folgen.
- Der Wechsel zwischen Be- und Entlastung im Wochen- und Mehrwochenverlauf ist unbedingt einzuhalten.
- Genügend Flüssigkeit zuführen: Bei Temperaturen von 15 bis 22 Grad alle 20 Minuten etwa 0,3 bis 0,4 Liter trinken. Vor und nach der Belastung gut hydrieren.
- Die angegebenen Pulsbereiche sind Durchschnittswerte, besser ist es, eine individuelle Bestimmung der Bereiche vornehmen zu lassen.

1. bis 7. Woche
Die oben beschriebenen Grundtrainingsmittel finden sich in allen Belastungswochen wieder. Sie sind aus Erfahrung heraus in bestimmter Reihenfolge im Wochenverlauf angeordnet. Sicherlich können die Trainingseinheiten aufgrund von organisatorischen Problemen auch an anderen Tagen durchgeführt werden, aber zwei Dinge sind zu beachten:

	1. – 2. Woche	3. Woche Ruhewoche	4. – 6. Woche	7. Woche Ruhewoche
Montag	GA₁ – FS 60 – 75 Min 5:30 Sek	GA₁ 60 – 90 Min	GA₁ – FS 75 – 90 Min 5:45 Sek	GA₁ 60 – 90 Min
Dienstag				
Mittwoch				
Donnerstag	GA₁ 20 Min GA₂ 45 – 60 Min GA₁ 10 Min	GA₁ 60 – 90 Min	GA₁ 20 Min GA₂ 60 – 75 Min GA₁ 10 Min	GA₁ 60 – 90 Min
Freitag				
Samstag	GA₁ lang 2 – 2,5 h	GA₁ lang 1,5 – 2 h	GA₁ lang 2,5 – 3 h	GA₁ lang 2 h
Sonntag				

Marathon 3 x 3 / 1. – 7. Woche

- zwischen den Trainingstagen sollte mindestens ein Entlastungstag liegen,
- die Reihenfolge der Trainingseinheiten ist einzuhalten.

Vor dem GA_1–FS- und vor dem GA_2-Training hat sich eine gründliche Erwärmung (mindestens 15 Minuten Einlaufen, zehn Minuten Lauf-Abc (→ *Seite 87 ff.)*) bewährt. Danach ist ein Auslaufen von mindestens zehn Minuten zum Abklingen des Trainings und zu Hause eine Lockerungsgymnastik angezeigt.

Der erste Trainingszyklus hat zwei fast identische Be- bzw. Entlastungsblöcke. Nach zwei Wochen Belastung wie angegeben folgt eine »Ruhewoche«. In der Ruhewoche braucht keiner ein schlechtes Gewissen zu haben, dass eventuell zu wenig und nicht schnell genug trainiert wurde. Sie ist ebenso wichtig wie der Belastungsblock vorab. In dieser lockeren Woche werden alle Wettkampf- und höheren Geschwindigkeiten (GA_2/GA_1 FS) gestrichen. Selbst der Gesamtumfang pro Woche kann je nach Befinden weiter reduziert werden. In dieser Woche hat der Körper eine echte Chance, das wachsen zu lassen, was vorher trainiert wurde. Regeneration ist angesagt: Pause ist Training!

Das Prinzip der stetigen Belastungssteigerung ist im Marathontraining sehr wirkungsvoll.

Zu beachten ist die Entwicklung der einzelnen Trainingseinheiten von Belastungsblock zu Belastungsblock.

8. bis 11. Woche

Mittlerweile hat sich der Körper an die drei Trainingseinheiten pro Woche bei steigenden Belastungsanforderungen angepasst. Das GA_1-Fahrtspiel läuft immer besser. Aber Vorsicht: Der Rhythmuswechsel zwischen dem langsamen Laufen (HF < 150 Schläge pro Minute) und dem schnellen Intervall (HF > 170 Schläge pro Minute) darf mit der Lauf- und Trainingseuphorie nicht »verwischen«! Die Herzfrequenz muss immer wieder in den aeroben Bereich gedrückt werden, bevor das nächste schnelle Intervall beginnt. Gegebenenfalls sollte das langsame Intervall gestreckt werden.

Beim GA_2-Training geht es weiterhin darum, die Marathonlaufgeschwindigkeit zu schulen. Das GA_2-Tempo wird daher auf immer längere Strecken übertragen. Die Erhöhung der Laufgeschwindigkeit spielt eine sekundäre Rolle. Eine zu große Steigerung der GA_2-Geschwindigkeit wäre sogar falsch!

Das Prinzip der konsequenten Belastungserhöhung wird auch im »GA_1-lang-Training« umgesetzt. Hier steht die Ökonomisierung des Fettstoffwechsels, die stabile Anpassung des Fettstoffwechsels, im Mittelpunkt. Ein gut funktionierender Grundstoffwechsel ist das tägliche Brot der Leistung im Marathonlauf. Zudem sollte man diesen Supersauerstofflauf ab und zu allein bewältigen.

Die Einsamkeit des Langstreckenläufers zu spüren, hilft in schwierigen Momenten, sich selbst besser auszusteuern.

Wer ausschließlich mit Pulsmesser läuft, verlernt auf Dauer den subjektiven Umgang mit seinem Körper unter verschiedenen, belastungsabhängigen Zuständen. Das Laufen im Einklang mit der Natur, das Spüren des eigenen Laufrhythmus und das Hören der Atmung im Gleichklang der Schritte sind Eigenschaften, die auch ein moderner Mensch nicht missen sollte. Diese Homogenität verhilft am Ende zu einer stabileren Laufleistung, unabhängig vom absoluten Leistungsniveau.

Die Gipfelwoche
Der Belastungszyklus achte bis zehnte Woche schließt mit einer Gipfelbelastung ab. Die Grundelemente des wöchentlichen Trainings bleiben hier erhalten, nur der absolute Gesamtumfang pro Woche bzw. pro Trainingseinheit wird erhöht. Damit soll eine nochmalige Störung der Homöostase (körperliches Gleichgewicht) erzielt und der Körper zur Anpassung ge-

	8. – 9. Woche	10. Woche Gipfelwoche	11. Woche Ruhewoche
Montag	GA_1 – FS 90 Min 5:1 Min	GA_1 – FS 90 Min 5:1:30 Min	GA_1 60 – 90 Min
Dienstag			
Mittwoch			
Donnerstag	GA_1 20 Min GA_2 60 – 90 Min GA_1 10 Min	GA_1 20 Min GA_2 2 x 60 Min P 10 Min GA_1 10 Min	GA_1 60 – 90 Min
Freitag			
Samstag	GA_1 lang 3 – 3:15 h	Trainingswettkampf 10 km	GA_1 lang 2 h
Sonntag		GA_1 lang 3:30 h	

Marathon 3 x 3: 8. – 11. Woche

zwungen werden. Vier Wochen vor dem Marathon beginnt damit Ausprägung der Form.

Eine mentale Schlüsselstellung hat dabei die Kombination von zwei Mal 60 Minuten GA_2-Training mit dem Trainingswettkampf. Sowohl das GA_2-Training als auch der Wettkampf sind »stur« im real geplanten Marathontempo zu laufen. Die Marathonzielgeschwindigkeit muss »im Schlaf« beherrscht werden. Außerdem wird das Anfangstempo auch unter Wettkampfbedingungen geschult. Bitte nicht von der Starteuphorie anstecken lassen und zu schnell laufen! Sonst wird womöglich das gesamte Konzept in Frage gestellt.

Mit 3:30 h GA1-Training wird die längste Trainingseinheit der Vorbereitung »eingefahren«. Am Ende dieser Trainingswoche stehen Stolz und Zuversicht. Denn: Wer dieses Programm geschafft hat, der bewältigt den Marathon sicher und wird auch regenerativ keine Schwierigkeiten haben.

Das Finale

Das Gros der Marathonvorbereitung ist abgeschlossen. Die beiden letzten Wochen stehen an. Alles, was unter den gegebenen Voraussetzungen getan werden musste, ist getan. Nun heißt es: Ruhe bewahren!

Jetzt kann nichts mehr antrainiert werden!

Einschließlich der »Ruhewoche« aus dem letzten Belastungsblock werden drei Wochen genutzt, um die Trainingsreize der vergangenen Wochen umzusetzen. Das Training des Abschlussplans muss konzentriert, aber freudbetont ablaufen. Die Laufbelastungen der einzelnen Trainingsbereiche sind »flüssig« zu halten, so dass das Training eher an der unteren Grenze der einzelnen Herzfrequenzgrenzen durchgeführt werden sollte.

Der letzte lange Lauf findet etwa am zehnten Tag vor dem Marathon statt. Damit wird die Müdigkeit nicht in die Wettkampfwoche übertragen. Die GA_2-Einheiten dienen weniger als Training zur weiteren körperlichen Anpassung des Herz-Kreislauf-, Stoffwechsel- oder Atmungssystems, sondern dazu das Zieltempo in Fleisch und Blut übergehen zu lassen.

Der Läufer beherrscht das Tempo und nicht umgekehrt!

Beim Fahrtspiel am Montag der Wettkampfwoche wird der Organismus noch einmal wach gerüttelt. Das Spiel mit der Geschwindigkeit hat oberste Priorität: Der Läufer beherrscht das Tempo und nicht umgekehrt!

Am Donnerstag folgt ein leichtes Leerlaufen. So wird in der Phase der Formausprägung (Gesamtumfang reduzieren, untere Belastungsgrenzen wählen) der Zyklus der Superkompensation eingeleitet. Sie darf nicht durch zusätzliches oder gar zu intensives Training zerstört wer-

FORTGESCHRITTENE

den. Nur dann kann eine optimale physische und psychische Ausgangssituation für den Marathonlauf geschaffen werden.

Der Marathon

Vor dem Marathontag sollte das Training analysiert werden. Wenn die Haupttrainingsmittel in ihrer Qualität und Quantität umgesetzt und das Be- bzw. Entlastungssystem eingehalten wurde, dann kann der »Marschplan« für den Marathon festgelegt werden.

Die Durchschnittsgeschwindigkeit aller GA_2-Laufkilometer bietet einen sicheren Anhaltspunkt für die zu wählenden Kilometerleistungen. Für relativ unerfahrene Läufer ist diese Berechnung eine gute Möglichkeit, bis 30 Kilometer einen realistischen Fahrplan zu erstellen. Sich nach und nach im Marathon zu steigern ist besser als vom ersten Meter an volle Leistung zu laufen. Ab dem letzten Drittel des Marathons kann jeder individuell prüfen, ob eine Geschwindigkeitserhöhung möglich ist oder vorerst das Tempo beibehalten werden

Die Durchschnittsgeschwindigkeit aller GA_2-Kilometer bietet sich als Marathontempo an.

	12. Woche	13. Woche Wettkampfwoche	14. – 15. Woche Regeneration
Montag	GA_1 – FS 60 Min	GA_1 – FS 60 Min 5 Min : 30 Sek	GA_1 60 Min
Dienstag			
Mittwoch		GA_1 15 Min GA_2 60 Min GA_1 15 Min	
Donnerstag	GA_1 lang 2:30 h	GA_1 90 Min	GA_1 60 Min
Freitag			
Samstag	GA_1 15 Min GA_2 75 Min GA_1 15 Min		GA_1 60 – 90 Min
Sonntag		**Marathon**	

Marathon 3 x 3: 12. – 15. Woche

sollte. Mit Köpfchen laufen und nicht von der allgemeinen Starteuphorie verleiten lassen, zu schnell heranzugehen! Zeigen Sie das im Wettkampf, was Sie im Training wochenlang vorbereitet haben! Nicht mehr und nicht weniger!

Regeneration nach der Marathonphase
Je nachdem wie der Marathon bewältigt wurde, sollten zwei bis drei Wochen konsequente Erholung eingeplant werden. Das hat sich jeder Läufer verdient. Mit zwei bis drei lockeren Dauerläufen kann man gut regenerieren. Günstig sind auch andere Sportarten wie Schwimmen, Skating und/oder Radfahren. Diese Sportarten müssen unbedingt im kompensatorischen Bereich ablaufen, sonst besteht die akute Gefahr einer Überbelastung. Übertraining, Verletzungsgefahr und Krankheit lauern im Hintergrund. Wenn ich meinem Körper nicht die Chance einräume, sich zu erholen, nimmt er sich die »Freiheit« zu streiken – in welcher Form auch immer! Pause ist Training!

Marathon-Jahrestrainingsplan 4:00 Stunden

Ich möchte den »Marathon-Jahrestrainingsplan 4:00 Stunden« zum Anlass nehmen, um auf eine Frage einzugehen, die jeden Freizeitläufer beschäftigt: Wie und in welcher Belastungsreihenfolge trainiere ich, um zum selbst gewählten Wettkampfhöhepunkt in meiner persönlichen Bestform zu sein?

Was trainiere ich, wenn nicht gerade der persönliche Wettkampfhöhepunkt ins Haus steht? Wie sieht eine Periode zur Verbesserung der Unterdistanzleistung über zehn Kilometer aus? Diese und weitere Gedanken stehen plötzlich im Raum, wenn die Jahresplanung so gestaltet werden soll, dass man die Freude und kostbare Zeit, die man in sein Hobby investiert, effektiv einsetzt.

Diese Trainingsplanung darf man nicht mit Verbissenheit oder Perfektionismus verwechseln. Vielmehr soll Trainingsmethodik jedem ein rationelles Training ermöglichen. Selbst Läufer, die ihr Training bereits im Jahresverlauf dynamisch und vielseitig gestalteten, können hier sicher weitere Impulse für ihre Laufzukunft entnehmen.

Ausgangspunkt

Der Einstiegstrainingsplan sollte sich noch gar nicht so gezielt mit der Frage auseinandersetzen, wie man den Marathon in 4:00 Stunden schaffen kann. Es ist wichtiger, zur vorherigen Trainings- und Wettkampfperiode einen gewissen Abstand zu gewinnen. Ein neuer Trainingsabschnitt beginnt immer mit der Analyse des Bisherigen. Das funktioniert nur mit Ruhe und Besonnenheit und nicht unter dem Einfluss emotionaler Wechselbäder bzw. Höhenflüge. Die folgenden fünf Wochen sollten zum »Durchatmen« genutzt werden.

1. bis 5. Woche: Übergangs- und Aufbauphase

Unmittelbar nach dem jährlichen Marathonhöhepunkt im Herbst sollten konsequent zwei Wochen regeneratives Training nach folgenden Kriterien eingeplant und umgesetzt (!) werden:
- Reduzierung des Gesamtumfanges um 20 Prozent
- völliger Verzicht auf intensive Belastungen
- keine Teilnahme an Wettkämpfen
- lockeres Joggen nach Lust und Laune, jedoch nicht bis zur völligen Ermüdung (45–75 Minuten)
- Nutzung alternativer Sportarten, die einem vertraut sein sollten, damit

der Erholungseffekt nicht gefährdet wird (Rad, Schwimmen, Wandern, Walking, Skiroller, Ergometer)
- verstärkter Einsatz von prophylaktischen Maßnahmen (Sauna, Wechselduschen, Massagen, Stretching ...)

Nun setzt das aufbauende Training ein. Auf spielerische Weise wird vom ermüdenden Umfangstraining in der Marathonphase Abschied genommen. Im Mittelpunkt stehen ganz lockere und mittlere Dauerläufe bis maximal 20 Kilometer, deren Geschwindigkeit entsprechend der Tagesform sehr gefühlvoll ausgesteuert werden muss.

Das Tempo soll eher niedriger als zu hoch sein.

Der zweite Schwerpunkt ist das Wachrütteln der Motorik. Sie hat beim überwiegenden Teil der Läufer während der Marathonphase gelitten. Das ist aber normal: Je höher der Trainingsumfang ist, umso komplizierter wird es, die Motorik (im Sinne von Spritzigkeit) zu trainieren.

	1. Woche	2. Woche	3. Woche	4. Woche	5. Woche
Mo	Sauna	Sauna	Sauna	Sauna	Sauna
Di	5 km Einlaufen 10 Min Gym 3 km Profil 2 km Auslaufen	5 km Einlaufen 10 Min Gym 3 km Profil 2 km Auslaufen	5 km Einlaufen 10 Min Gym 3 km Profil 2 km Auslaufen	8 km Einlaufen 10 Min Gym 3 km Profil 2 km Auslaufen	8 km Einlaufen 10 Min Gym 3 km Profil 2 km Auslaufen
Mi					
Do	8 – 12 km Dauerlauf 5 x 200 m STL	8 – 12 km Dauerlauf 5 x 200 m STL	10 – 12 km Dauerlauf 5 x 200 m STL	10 – 12 km Dauerlauf 5 x 200 m STL	10 – 12 km Dauerlauf 5 x 200 m STL
Fr					
Sa	mittlerer Dauerlauf 6 – 8 km	mittlerer Dauerlauf 6 – 8 km	mittlerer Dauerlauf 8 – 10 km	mittlerer Dauerlauf 8 – 10 km	mittlerer Dauerlauf 8 – 10 km
So	lockerer Dauerlauf 15 – 20 km	lockerer Dauerlauf 15 – 20 km	lockerer Dauerlauf 15 – 20 km	lockerer Dauerlauf 20 km	lockerer Dauerlauf 20 km

Marathon in 4 Std: 1. – 5. Woche

Es ist wichtig, dass sich jeder Läufer diese Geschwindigkeitsreserve erhält. Sie ist der Startpunkt zur Entwicklung einer besseren Zehn-Kilometer-Leistung und damit in der Perspektive die Voraussetzung für eine stabilere bzw. zeitlich bessere Marathonleistung. Aus diesem Grund wurden ein relativ kurzer Drei-Kilometer-Geländelauf (welliges Profil/erhöhtes Tempo) und »flüssige« 200-Meter-Steigerungsläufe eingebaut. Diese Einheiten sind kurzweilig und führen schnell zu der nötigen motorischen »Frische«. Das Beiwerk in verschiedenen Variationen hat in dieser Trainingsphase einen besonderen Stellenwert. So ist die regelmäßige Lockerungs- und Dehnungsgymnastik nach dem Training Pflicht. Alternative Sportarten werden je nach Können eingeplant. Aber Vorsicht: Sie dürfen sich nicht negativ aufs Laufen auswirken. Zweimal wöchentlich sollten einige athletische Grundübungen zur Entwicklung und Stabilisierung der allgemeinen muskulären Voraussetzung durchgeführt werden. Dadurch wird die Verletzungsgefahr aufgrund von muskulären Schwächen reduziert. Sonst ist der Wochenrhythmus so wie angegeben einzuhalten. Den Saunatag und die Freitage können Sie genießen. Das Training wird dadurch abwechslungsreicher und macht viel mehr Spaß.

Der persönliche Wettkampfhöhepunkt ist vorbei. Und dann?

Sieben Wochen nach dem Marathon ist der Trainingsalltag wieder eingezogen. Wer sich die ersten beiden Wochen nach dem Wettkampf gut erholt und die darauf folgende Einstiegsphase (fünf Wochen) nicht übertrieben hat, der ist nun für eine Steigerung der Trainingsanforderungen gerüstet.

Ziel der folgenden Periode ist es, das vorhandene Trainingspensum auf einer höheren Umfangsebene fortzusetzen. Darunter darf die Qualität des Trainingsniveaus keinesfalls leiden. Wenn nach dem Dauerlauf von acht bis zwölf Kilometer statt fünf nun acht bis zehn Mal 200-Meter-Steigerungsläufe abgefordert werden, dann dürfen diese Läufe nicht langsamer werden. Durch die Erhöhung des Umfangs wird der Körper »gezwungen«, sich an diese Anforderungen anzupassen.

6. bis 10. Woche

Der Wochenablauf wird nicht verändert. Jeder Läufer hat sich gerade an den neuen Rhythmus des Wochentrainings gewöhnt und kann sich nun auf die Erhöhung der Belastungsumfänge in einigen Einheiten konzentrieren. Außerdem weiß nun jeder, was ihn in der jeweiligen Einheit erwartet.

Die erste Änderung betrifft den Drei-Kilometer-Geländelauf. Das bis zum jetzigen Zeitpunkt erreichte Lauftempo wird auf eine längere Strecke übertragen. Ob auf Anhieb gleich fünf Kilometer möglich sind, muss ausprobiert werden. Eventuell kann als Zwischenstufe ein Vier-Kilometer-Geländelauf dienen. Entscheidend ist, dass das Lauftempo nicht »abrutscht«. Darin liegt auch der Effekt der Trainingsperiode: Nicht das Tempo maximieren, sondern auf längere Strecken übertragen, um im jeweiligen Anpassungsbereich eine Ökonomisierung zu erzielen.

Bei der Donnerstagseinheit wird die Anzahl der Steigerungsläufe nach dem Dauerlauf erhöht. Die acht bis zehn Wiederholungen werden im gleichen oder leicht gesteigerten Tempo, im Vergleich zur ersten Periode gelaufen. Hier wird über eine höhere Anzahl der Steigerungsläufe ebenfalls eine Ökonomisierung der bis dahin erarbeiteten Motorik angestrebt.

Auch beim mittleren und lockeren Dauerlauf ist das Prinzip der Ökonomisierung eingeplant worden. Wer Bedenken hat, die angegebenen Änderungen gleichzeitig zu bewältigen, der beschränkt sich zuerst auf den Ausbau der Dienstags- bzw. Donnerstagseinheiten.

	6. Woche	7. Woche	8. Woche Ruhe	9. Woche	10. Woche
Mo	Sauna/Athletik	Sauna/Athletik	Sauna/Athletik	Sauna/Athletik	Sauna/Athletik
Di	5 km Einlaufen 10 Minuten Gym 5 km Profil 2 km Auslaufen	5 km Einlaufen 10 Minuten Gym 5 km Profil 2 km Auslaufen	5 km Einlaufen 10 Minuten Gym 5 km Profil 2 km Auslaufen	5 km Einlaufen 10 Minuten Gym 5 km Profil 2 km Auslaufen	5 km Einlaufen 10 Minuten Gym 5 km Profil 2 km Auslaufen
Mi					
Do	8–12 km Dauerlauf 5 x 200 m STL	8–12 km Dauerlauf 5 x 200 m STL	8–10 km lockerer Dauerlauf	10–12 km Dauerlauf 8–10 x 200 m STL	10–12 km Dauerlauf 8–10 x 200 m STL
Fr					
Sa	mittlerer Dauerlauf 10–12 km	mittlerer Dauerlauf 10–12 km	mittlerer Dauerlauf 15 km	mittlerer Dauerlauf 10–12 km	mittlerer Dauerlauf 10–12 km
So	lockerer Dauerlauf 18–25 km	lockerer Dauerlauf 18–25 km	lockerer Dauerlauf 20 km	lockerer Dauerlauf 18–25 km	lockerer Dauerlauf 18–25 km

Marathon in 4 Std: 6. – 10. Woche

Da das Training im Vergleich zum ersten Trainingsblock akzentuiert wird und höhere Belastungsanforderungen stellt, ist der Zeitpunkt gekommen, eine »Ruhewoche« (8. Woche) einzuplanen. Sie dient, zur besseren Belastungsverarbeitung des vorhergehenden Trainings und damit zur körperlichen und geistigen Vorbereitung auf die kommenden Belastungswochen. Auch wenn man glaubt noch keine »Ruhewoche« zu brauchen, ist die Einhaltung des Be- und Entlastungsrhythmus die beste Garantie, nicht in einen Übertrainingszustand zu geraten. In vielen Fällen wird die Form gerade in der Entlastungswoche deutlich schlechter. Das ist ein sicheres Zeichen dafür, dass anspruchsvoll trainiert wurde und der Körper im »Nachatmen« der Belastungswochen eine Pause braucht. Deshalb nicht nervös werden. Die zweite »härtere« Trainingseinheit in der folgenden Woche zeigt wieder das normale Niveau.

Mögliche Ergänzungen zum Trainingsplan
Der Grundplan, der nur zur Orientierung dient, kann natürlich je nach Erfahrung, Neigung und Zeit ergänzt werden. Folgende Möglichkeiten sind denkbar:
- Statt des Ein- bzw. Auslaufens kann auch das Fahrrad genutzt werden (20 bis 30 Minuten).
- Als Auflockerung nach dem Training ist ruhiges Schwimmen möglich.
- 10 bis 15 Minuten Lockerungs- und Dehnungsgymnastik nach intensiven Belastungen sind Pflicht (möglichst täglich).
- Zwei Athletikeinheiten zur Entwicklung und Stabilisierung der grundlegenden muskulären Voraussetzungen sollten eingeplant werden.

Wichtig: Die Ergänzungen zum Trainingsplan sollten auch als solche behandelt werden. Die Zielstellung der jeweiligen Trainingsperiode darf durch übertrieben gestaltetes »Beiwerk« nicht gefährdet werden.

Trendwechsel
Der Trainingsumfang wurde über einen Zeitraum von zehn Wochen niedriger gehalten als in einer Marathonphase, um schwerpunktmäßig die Motorik (Lauf in höheren Geschwindigkeitsbereichen) wach zu rütteln. Jetzt wenden wir uns wieder dem ununterbrochenen Dauerlauf und seinen Variationen zu.

Die beiden bisherigen Trainingszyklen dürften ausreichend gewesen sein, um den Lauf in einem höheren Geschwindigkeitsbereich und die damit zusammenhängenden körpereigenen Prozesse gezielt anzusprechen. Auch wenn am Anfang das Drei-Kilometer-Profillaufen und die Steigerungsläufe möglicherweise zu Muskelverspannungen oder gar zum Muskelkater führten, so sind diese Begleiterscheinungen doch Ausdruck einer bestimmten Qualität des Trainings. Der Körper wurde gezwungen, sich auf neue Belastungsanforderungen einzustellen. In unserem Fall sollte das bisherige Training, das in einer Marathonphase natürlich den Dauerlauf betont, durch das Laufen kürzerer und kraftorientierter (Profil-)Strecken ersetzt werden. Der an den ersten Zyklus angeschlossene zweite Trainingskomplex dient ausschließlich zur Stabilisierung des ersten Trainingsziels. Mit Sicherheit wird die Reaktion der einzelnen Läufer auf das realisierte Training sehr unterschiedlich sein. Folgende Varianten sind denkbar:

· *Ich habe das Training gut verkraftet.*
In diesem Fall kann der dritte Trainingszyklus bedenkenlos in Angriff genommen werden.

· *Ich fühle mich unterfordert.*
Hier kann ein Übertraining mit hoher Wahrscheinlichkeit ausgeschlossen werden. Nach der ersten Woche mit Rhythmusanpassung an die neuen Trainingseinheiten, sollte an der oberen Grenze der Trainingsempfehlungen trainiert werden. Aber Vorsicht! Gutes Trainingsbefinden nicht mit Euphorie verwechseln. Wenn es besonders gut läuft, kann dies auch eine labile Frühform sein. Dann besteht die Gefahr des Übertrainings.

· *Ich fühle mich überfordert.*
In diesem Fall sollte die elfte Woche konsequent als Ruhewoche gestaltet werden. Die darauf folgende Woche dient zum Kennenlernen der neuen Trainingseinheiten und soll langsam angegangen werden. Ab der 13. Woche wird planmäßig trainiert, so dass vorher genügend Zeit blieb, um ein eventuelles Trainingstief auszugleichen. Betrachten Sie den Trainingsplan bitte nicht als Dogma und versuchen womöglich ihn mit Gewalt zu erfüllen. Das verschleppt nur die schlechte Form über mehrere Wochen weiter. Das Ergebnis ist mehr Trainingsausfall, als bei einer konsequenten Belastungsreduzierung (so wie vorgeschlagen) über zwei bis drei Wochen.

Es hat sich gezeigt, dass alle zehn Wochen neue, entscheidende Impulse im Training gegeben werden sollten, damit keine Monotonie und damit möglicherweise Leistungsstagnation eintritt. Deshalb gewinnt jetzt der ununterbrochene Dauerlauf in verschiedenen Formen an Bedeutung.

Alle zehn Wochen sollten im Training neue, entscheidende Impulse gegeben werden.

11. bis 15. Woche

Im Mittelpunkt der nächsten beiden Trainingsphasen wird die Entwicklung des Ausdauer-Niveaus stehen, das für die Wettkampfleistung im Marathon notwendig ist. Das Zieltempo des geplanten Marathonlaufes soll sehr zeitig im Jahresverlauf trainiert und Distanzen permanent vergrößert werden. Dadurch wird eine stabilere Anpassung des Körpers an die erforderliche Leistung erzielt. Es gibt viele Möglichkeiten, dieses Ziel umzusetzen. Eine der wirkungsvollsten ist das Realisieren von Fahrtspieleinheiten unterschiedlicher Gestaltung. Wichtig ist beim Fahrtspiel, dass kontinuierlich weitergelaufen wird (auch nach dem schnellen Abschnitt).

Jetzt gehen wir vom Wiederholungslauf, etwa dem Fünf-Mal-200-Meter-Steigerungslauf, zum ununterbrochenen Lauf mit Tempovariation über. Dieses Training ist mental sehr anspruchsvoll und äußerst stoffwechselintensiv. Wer dieses Trainingsmittel beherrschen lernt, der ist im Wettkampf fast jeder Taktik gewachsen.

	11. Woche	12. Woche	13. Woche	14. Woche	15. Woche
Mo	Sauna	Sauna	Sauna	Sauna	Sauna
Di	Fahrtspiel kurz 8 km mit 8 x 200 m Gymnastik allg. Athletik	Fahrtspiel kurz 8 km mit 8 x 200 m Gymnastik allg. Athletik	lockerer Dauerlauf 10 – 12 km	Fahrtspiel kurz 8 km mit 8 x 200 m Gymnastik allg. Athletik	Fahrtspiel kurz 8 km mit 8 x 200 m Gymnastik allg. Athletik
Mi					
Do	Fahrtspiel lang 10 – 12 km mit 5 – 6 x 2 Min schnell	Fahrtspiel lang 10 – 12 km mit 5 – 6 x 2 Min schnell	lockerer Dauerlauf 10 – 12 km	Fahrtspiel lang 10 – 12 km mit 6 – 7 x 2 Min schnell	Fahrtspiel lang 10 – 12 km mit 6 – 7 x 2 Min schnell
Fr					
Sa	schneller Dauerlauf od. Wettkampf 8 – 15 km Gymnastik	schneller Dauerlauf od. Wettkampf 8 – 15 km Gymnastik	mittlerer Dauerlauf 8 – 10 km Gymnastik	schneller Dauerlauf od. Wettkampf 8 – 15 km Gymnastik	schneller Dauerlauf od. Wettkampf 8 – 15 km Gymnastik
So	Dauerlauf 25 km	Dauerlauf 25 km	lockerer Sauerstofflauf 20 km	Dauerlauf 25 km	Dauerlauf 25 km

Marathon in 4 Std: 11. – 15. Woche

In unserem Fall werden das Fahrtspiel »kurz« (schnelle Abschnitte von 40 bis 50 Sekunden werden innerhalb von acht Kilometer eingebaut) und das Fahrtspiel »lang« (mehrere Zwei-Minuten-Abschnitte) empfohlen. Das Lauftempo bei den kurzen Abschnitten sollte etwas höher sein als beim Zwei-Minuten-Intervall.

Der als dritte Einheit am Samstag angebotene schnelle Dauerlauf erreicht das Tempo der geplanten vier Stunden im Marathon (etwa 5:43 Minuten pro Kilometer). Eine Schwankungsbreite von 5:40 bis 5:50 Minuten pro Kilometer ist entsprechend der Tagesform oder den äußeren Bedingungen normal. Abgerundet wird das Wochentraining mit einer am Sonntag geplanten »Sauerstoffdusche«, einem gemütlichen und langen Dauerlauf.

Ein- und Auslaufen, Ein- und Ausrollen, allgemeine Athletik und Gymnastik sollten das Wochentraining sinnvoll ergänzen.

16. bis 20. Woche

Die Wochen elf bis 15 dienten der Entwicklung des Ausdauer-Niveaus. Die intensiven Fahrtspieleinheiten und die erhöhte Anzahl von Wettkämpfen bzw. die Streckenverlängerung im schnellen Dauerlauf stellten sehr hohe körperliche und psychische Anforderungen. Die Umstellung von dem vorwiegend motorisch orientierten Training der ersten zehn Wochen auf die Verstärkung der Grundlagen- und Wettkampftempo–Belastungen sind eingeleitet. Jetzt sollten die neuen Reize, die in den beiden Zwei-Wochen-Zyklen (11./12.; 14./15. Woche) gesetzt worden sind, gefestigt werden.

Die »Sauerstoffdusche«
Damit eine Überbelastung ausgeschlossen wird, sind die Wochen 16 und 17 als »Sauerstoffwochen« ausgeschrieben. Dennoch ist die Wirkung der reinen Dauerläufe ohne »Einlagen« nicht zu unterschätzen. Die Belastungsdauer (nicht die Geschwindigkeit) wird zum ermüdenden Faktor. Grundlegende, vor allem im Fettstoffwechselbereich ablaufende Körperfunktionen werden geschult. Auch psychologisch sind diese Trainingswochen wichtig. Das monotone Laufen bringt insofern wettkampfnahe Bedingungen, als Belastungen zwischen 60 Minuten und 3,5 Stunden ohne Unterbrechung und gleichmäßig abgefordert werden. Auch das will gelernt sein! Wettkampfabstinenz ist angebracht, da ein solches Training die psychische und physische »Frische« entzieht. Lauftrainingsbegleitende Aktionen wie allgemeine Athletik, Gymnastik und prophylaktische Maßnahmen sind verstärkt einzusetzen.

In den beiden folgenden Trainingswochen (18./19. Woche) ist ein »Ausbau« der Fahrtspieleinheiten vorgesehen. Hauptanliegen ist es, nur die

Dauer der schnellen Abschnitte innerhalb von acht bis zwölf Kilometern zu erhöhen. Damit wird ein Qualitätszuwachs durch die Geschwindigkeitsübertragung der Intervalle auf eine längere Strecke erzielt. Zudem sind die Dauerlaufabschnitte etwas kürzer.

Der schnelle, im Bereich des geplanten Marathon-Wettkampftempos zu gestaltende Dauerlauf am Samstag kann wieder innerhalb eines Trainingswettkampfes durchgeführt werden. Die Streckenlänge ist in Richtung 15 bis 20 Kilometer auszubauen. Achtung! Bis zwei Drittel der Strecke muss das Tempo sicher kontrolliert werden. Wenn es gut läuft, kann das Tempo über die restlichen fünf bis sieben Kilometer leicht gesteigert werden. Gegen einen Endspurt von 500 bis 800 Metern hat keiner etwas einzuwenden. Der Zyklus wird mit einer deutlich gestalteten »Ruhewoche« abgerundet. Diese ist unbedingt erholsam zu halten, damit eine Verarbeitung des bisherigen Trainings und eine gute Vorbereitung der nachfolgenden Wochen garantiert ist.

	16. Woche	17. Woche	18. Woche	19. Woche	20. Woche
Mo	Sauna	Sauna	Sauna	Sauna	Sauna
Di	lockerer Dauerlauf 15 km allg. Athletik	lockerer Dauerlauf 15 km allg. Athletik	Fahrtspiel kurz 8 km mit 6 x 400 m	lockerer Dauerlauf 15 km allg. Athletik	lockerer Dauerlauf 15 km allg. Athletik
Mi					
Do	lockerer Dauerlauf 15 km allg. Athletik	lockerer Dauerlauf 15 km allg. Athletik	Fahrtspiel lang 10 – 12 km mit 2 x 2 Min und 2 x 3 Min	Fahrtspiel lang 10 – 12 km mit 2 x 2 Min und 2 x 3 Min	lockerer Dauerlauf 10 km
Fr					
Sa	schneller Dauerlauf 10 – 15 km Gymnastik	schneller Dauerlauf 10 – 15 km Gymnastik	schneller Dauerlauf od. Wettkampf 10 – 20 km Gymnastik	schneller Dauerlauf od. Wettkampf 10 – 20 km Gymnastik	mittlerer Dauerlauf (kein Wettkampf) 8 – 10 km
So	lockerer Dauerlauf 25 – 30 km	lockerer Dauerlauf 25 – 30 km	lockerer Dauerlauf 25 km	lockerer Dauerlauf 25 km	lockerer Dauerlauf 20 km

Marathon in 4 Std: 16. – 20. Woche

Trainingsprotokoll
Das Trainingstagebuch enthält eine Fülle von Detailinformationen für den Läufer und liest sich »wie ein guter Krimi«. Ein mögliches Problem: Die Schwerpunkte des Trainings, also die für die Wettkampfleistung entscheidenden Trainingsmittel, werden in ihrer mehrwöchigen Entwicklung und in Bezug auf die Zielleistung unklar dargestellt. Um das zu vermeiden, dient eine Trainingsgrafik (→ *Seite 152 f.*), die klar und nüchtern das tatsächlich realisierte Training über einen längeren Zeitraum und in Relation zur geplanten (deshalb vorher Ziellinie markieren!) Marathonzielgeschwindigkeit darlegt. Zusammen mit dem Trainingstagebuch und in Kenntnis aller sonstigen Bedingungen (Wetter, Gesundheit, Berufsbelastung ...) kann das Training frühzeitig korrigiert werden. Des Weiteren kann vor dem Marathon ein präziser »Marschplan« erstellt werden, der sich aus den nüchternen Fakten von Tagebuch und Grafik ableiten lässt. Am Ende zählen nur Fakten. Eine Marathonwunschzeit, die nicht vorbereitet wurde, bringt Verdruss.

21. bis 25. Woche – noch 10 Wochen bis zum Marathon
Nun beginnt die direkte Marathonvorbereitung. Die Trainingseinheiten werden ganz gezielt zur Ökonomisierung und Erhöhung des Grundlagenausdauerniveaus bzw. der Wettkampfausdauer eingesetzt. Die vier Einheiten pro Woche haben folgende Funktion:
- Lockerer Dauerlauf zehn bis 20 Kilometer: Ökonomisierung des Grundlagenausdauerniveaus mit zum Teil regenerativer Wirkung (Belastungsverarbeitung der Fahrtspieleinheit)
- Lockerer Dauerlauf 25 Kilometer und mehr: weitere Verbesserung des Ausdauerniveaus über die Streckenverlängerung (Fundamentierung des Fettstoffwechsels)
- Fahrtspiel: Erhöhung der Variabilität des Stoffwechselsystems und der motorischen Eigenschaften, Geschwindigkeitsreserve
- Schneller Dauerlauf: permanente Schulung des geplanten Marathonzieltempos bei zunehmender Streckenlänge unter Berücksichtigung individuellen Merkmale (Tagesform, Trainingswettkampf ...)

Die trainingsfreien Tage (Mittwoch, Freitag) sollten beibehalten werden, damit sich der Körper erholen kann. Die Verdichtung der Trainingseinheiten kann Überbelastung zur Folge haben. Ebenfalls ist es wichtig, dass der Inhalt der Einheiten gewährleistet wird. Ein Überziehen oder zu lockeres Gestalten der Tage bzw. ein spontanes Verlassen und Wiederaufnehmen der begonnenen Methodik hat zwangsläufig eine andere Belastungswirkung und letztlich eine andere Leistungsentwicklung zur Folge.

Im Mehrwochenverlauf wird der 2:1-Belastungsrhythmus beibehalten: Die 23. Woche ist damit als »Ruhewoche« gekennzeichnet und auch als solche beizubehalten. Auch wenn die bisherige Belastung gut verarbeitet wurde, ist die Entlastung konsequent durchzuführen.

Soll-Ist-Vergleich
Wer die bisherigen Wochen wie in einer Trainingsgrafik (→ *Seite 152 f.*) skizziert hat, wird festgestellt haben, dass sich die schnellen Dauerlaufeinheiten wie ein Band um die Marathonzielgeschwindigkeit (Ziellinie) schlängeln. Wenn dazu noch eine Streckenverlängerung (so wie im Plan vorgegeben) erkennbar ist, dann ist das Leistungsziel real gewählt worden.

Was ist aber zu tun, falls dies nicht der Fall ist?
· Das mittlere Trainingsniveau des schnellen Dauerlaufs liegt deutlich über der Ziellinie: Eine Plankorrektur hin zu einer besseren Marathonzielzeit ist möglich. Auf keinen Fall das Lauftempo weiter erhöhen, son-

Marathon in 4 Std: 21.–25. Woche

	21. Woche	22. Woche	23. Woche Ruhe	24. Woche	25. Woche
Mo	Sauna	Sauna	Sauna	Sauna	Sauna
Di	Fahrtspiel lang 10 – 12 km mit 4 x 3 Min	Fahrtspiel lang 10 – 12 km mit 4 x 3 Min	lockerer Dauerlauf 10 km	Fahrtspiel lang 10 – 12 km mit 5 x 3 Min	Fahrtspiel lang 10 – 12 km mit 5 x 3 Min
Mi					
Do	lockerer Dauerlauf 15 km	lockerer Dauerlauf 20 km	lockerer Dauerlauf 10 km	lockerer Dauerlauf 15 km	lockerer Dauerlauf 20 km
Fr					
Sa	schneller Dauerlauf 15 – 20 km (oder 20-km-Wettkampf)	schneller Dauerlauf 15 – 20 km (oder 20-km-Wettkampf)	mittlerer Dauerlauf (kein Wettkampf) 8 – 10 km	schneller Dauerlauf 15 km (od. Wettkampf)	schneller Dauerlauf 15 km (od. Wettkampf)
So	lockerer Dauerlauf 25 – 30 km	lockerer Dauerlauf 30 km	lockerer Dauerlauf 20 km	lockerer Dauerlauf 20 km	lockerer Dauerlauf 30 km

dern das Wettkampftempo über den weiteren Streckenausbau stabilisieren. Vorsicht bei Trainingswettkämpfen! Das gewonnene Selbstvertrauen kann zu einer Wettkampfeuphorie führen und diese wiederum zum frühzeitigen Erreichen der Wettkampfform (Frühform).

· Das mittlere Trainingsniveau des schnellen Dauerlaufs liegt deutlich unter der Ziellinie: Die geplante Marathonzielzeit ist aus welchen Gründen auch immer zur Zeit noch unrealistisch. Auf keinen Fall versuchen, mit der Brechstange in den ursprünglich geplanten Zielbereich einzudringen. Vielleicht war die geplante Marathonleistung im Vergleich zum Vorjahr zu hoch angesetzt worden? Oder ließen äußere Umstände (Arbeitsstress, Wetter, Familienprobleme, Gesundheit …) ein wirksames Umsetzen der Trainingsleistung nicht zu? In diesem Fall ist es besser, den Tatsachen ins Auge zu schauen und das bisher erreichte Niveau zu festigen.

Oft kann eine im Vorjahr erzielte Marathonleistung nur mit höherem Aufwand nochmals erreicht werden. Eine ständige Leistungsentwicklung ist sehr selten.

Oft kann eine im Vorjahr erzielte Marathonleistung nur mit höherem Aufwand bestätigt werden. Eine ständige Leistungsentwicklung ist in der Praxis sehr selten.

Entwicklung der Programme

Das Fahrtspiel bleibt in seiner Streckenlänge relativ konstant. Durch die Erhöhung von Anzahl bzw. Dauer der schnellen Intervalle wird eine höhere Gesamtbelastung erreicht.

Beim lockeren, langen Dauerlauf steht die Stabilisierung der Streckenlängen um 30 Kilometer im Mittelpunkt der Entwicklung. Es ist bei gutem Befinden durchaus möglich, diese Distanzen auch im mittleren Dauerlauftempo zu bewältigen. Diese Entscheidung hängt von der Verarbeitung der Gesamtbelastung ab. Vor der Erhöhung der Laufgeschwindigkeit steht zuerst die Bewältigung der Streckenlänge im Vordergrund.

Der schnelle Dauerlauf sollte nach wie vor im Bereich der Marathonzielgeschwindigkeit realisiert werden. Auch hier wird Wert auf die Übertragung der Geschwindigkeit auf eine längere Strecke gelegt. Am Beispiel des Vorgabeplanes wird die Trainingsstrecke in Richtung 15 Kilometer entwickelt. Wenn es gut läuft, kann auch ein Trainingswettkampf über 20 Kilometer eingebaut werden. Die Kombination aus schnellem Dauerlauf (Samstag) und langem, lockeren Dauerlauf (Sonntag) ist in der Marathonvorbereitung (unter den genannten Voraussetzungen) sehr leistungswirksam.

Kurzanalyse
Hinter den meisten Läuferinnen und Läufern liegt ein Trainingsabschnitt mit sehr hohen persönlichen Anforderungen. Das betrifft sowohl die körperlichen Anstrengungen, die das Training mit sich gebracht hat, als auch die Einordnung der Marathonvorbereitung in den Alltag. 25 Wochen lang sind die Trainingsvorgaben individuell und konzentriert umgesetzt worden. So manche Zweifel sind aufgekommen, ob das Projekt überhaupt realistisch ist. Dann gab es Momente, in denen fast jeder schon psychisch und physisch für den Marathon bereit war. Dieses ständige Wechseln der Form ist auf jeden Fall ein Zeichen dafür, dass sich der Körper auf neue Belastungsumstände einstellen musste. Dies spürte jeder, der die Planvorgabe gut angepasst hat, vor allem in den Ruhewochen. Aufgrund der Belastungsreduzierung hatte der Körper einmal Gelegenheit, richtig durchzuatmen. Leider war das Laufgefühl in dieser Zeit oftmals schlechter als in den Belastungswochen. Dies ist aber eine Gesetzmäßigkeit, die auf das im Training so wichtige Spiel mit Be- und Entlastung hinweist. Pause ist Training! Dieser Satz gewinnt um so mehr an Bedeutung, je höher das Leistungsniveau ist. Die Kunst des Trainierens liegt nicht im stupiden Abarbeiten von Trainingsplänen.

Entscheidend ist das inhaltliche Durchdringen einer Methode. Gesetzmäßigkeiten anzupassen, darin liegt das Geheimnis des Erfolges.

26. bis 30. Woche

Die Umstellung des Trainings auf eine gezielte Grundlagen- und Wettkampf-Ausdauerentwicklung für den Marathonlauf ist in vollem Gange. Zuletzt erfolgte dies über zwei Belastungsblöcke (21./22. Woche und 24./25. Woche).

Der letzte Trainingsabschnitt wird mit einer Ruhewoche eingeleitet. Von Montag bis Freitag ist eine konsequente Erholung zu gewährleisten. Lockere Dauerläufe (sehr freudbetont) zwischen acht und 15 Kilometer, viel Gymnastik und passive Prophylaxe (Wechselduschen, Sauna, Schlaf ...) sind angezeigt. Am Samstag kann ein mittlerer Dauerlauf gemacht werden, dessen Tempo aber nicht in die Bereiche der geplanten Marathon-Wettkampfgeschwindigkeit gerät. Gegen einen ordentlichen Endspurt von 500 Metern ist nichts einzuwenden.

Mit einem langen Dauerlauf am Sonntag wird der abschließende Belastungsblock eingeleitet. Der Ablauf der Woche 27 ist jedem aus den vergangenen Zyklen vertraut. Am Samstag ist auch die Teilnahme an einem Wettkampf möglich. Hier sollte kein Rekord erzwungen werden. Der eigentliche trainingsmäßige Höhepunkt in dieser Marathonvorbereitung ist für die

28. Woche geplant. Diese Belastungsspitze in der dritten Woche vor dem Marathon hat sich bei vielen Läufern bewährt. Sowohl der Wochengesamtumfang als auch der einfache Dauerlauf am Sonntag erreichen Spitzenwerte. Dem liegt das Prinzip der progressiven Belastungsgestaltung bei einer mehrwöchigen Wettkampfvorbereitung zugrunde. Diese »Gipfelwoche« stellt den vorläufigen Abschluss der Marathonvorbereitung dar.

Wettkampf-Lust
In den letzten beiden Wochen geht es ausschließlich darum, die Belastungen der Wochen 26 bis 28 zu kompensieren. Über eine gezielte Reduzierung von Umfang und Intensität soll nun eine psychische und physische Belastungsbereitschaft hergestellt werden. Die abschließende marathonspezifische Trainingseinheit wird am zehnten Tag vor dem Wettkampf durchgeführt. Dieser 30-Kilometer-Lauf ist auf jeden Fall in seiner vollen Länge umzusetzen. Die für den Marathonlauf so wichtigen Fettstoffwechselprozesse werden noch einmal aktiviert. Nach dieser Einheit heißt es »nur noch« Ruhe bewahren! Für diesen Wettkampf kann nichts mehr antrainiert werden.

	26. Woche	27. Woche	28. Woche	29. Woche	30. Woche
Mo	Sauna	Sauna	lockerer	Sauna	Sauna
Di	lockerer Dauerlauf 15 km	lockerer Dauerlauf 15 km	lockerer Dauerlauf 20 km	Fahrtspiel lang 10 – 12 km mit 5 x 3 Min	8 – 12 km mittlerer Dauerlauf bis Wettkampftempo
Mi					
Do	lockerer Dauerlauf 8 – 10 km	Fahrtspiel lang 10 – 12 km mit 5 x 3 Min	Fahrtspiel lang 10 – 12 km mit 5 x 3 Min	lockerer Dauerlauf 30 km	lockerer Dauerlauf 5 – 10 km
Fr					
Sa	mittlerer Dauerlauf 10 – 15 km	schneller Dauerlauf 15 km (od. Wettkampf)	schneller Dauerlauf 15 km	kein Training	kein Training
So	lockerer Dauerlauf 30 km	lockerer Dauerlauf 30 km	lockerer Dauerlauf 35 km	lockerer Dauerlauf 20 km	**Marathon**

Marathon in 4 Std: 26. – 30. Woche

Nun gilt es, das bisher Trainierte nüchtern zu analysieren und den »Marschplan« für den Wettkampfhöhepunkt festzulegen. Hier zählt nur, was tatsächlich in der Grafik bzw. im Trainingsheft steht. Wenn kontinuierlich und ohne wesentliche Ausfälle trainiert und der Plan ungefähr eingehalten wurde, dann sollten die ersten 30 Kilometer des Marathons im Durchschnittstempo aller schnellen Läufe (einschließlich der Wettkämpfe über zehn bis 20 Kilometer) aus den ersten 28 Wochen angegangen werden. In der kritischen Phase jenseits der 30-Kilometer-Marke fällt dann je nach Tagesform die Entscheidung, ob das Tempo erhöht werden kann oder nicht. Diese Verfahrensweise zählt nur bei guten äußeren Bedingungen (Wetter, Streckenverlauf ...). Sonst sind auf jeden Fall Abstriche bei der Zielleistung zu machen.

Den Marathon nachbereiten
Ein Marathonlauf ist immer eine außergewöhnliche Belastung. Unabhängig davon, wie er in Bezug auf den aktuellen Trainingszustand, die äußeren Wettkampfbedingungen oder die individuelle Renntaktik absolviert wurde, ist es zur schnelleren Regeneration zwingend notwendig die Protein-, Kohlenhydrat-, Mineral- und Vitaminreserven wieder aufzufüllen. Hier ist auf eine ausgewogene Nahrungszufuhr zu achten. Unmittelbar nach dem Lauf kann feste, leicht verdauliche Nahrung aufgenommen werden. Beim Trinken nicht zum »Fass ohne Boden« werden; lieber häufiger und wenig als literweise Flüssigkeit aufnehmen. Hochkonzentrierte isotonische Getränke meiden, da sie nach einer Marathon-Belastung zu Übelkeit führen können. Säfte oder verdünnte »Fitmacher« sind zu bevorzugen. Die Dehnung nach dem Wettkampf sollte leicht und sehr sensibel sein. Eine Überstrapazierung der sowieso schon stark beanspruchten Muskeln, Muskelansätze und Sehnen ist nicht zu empfehlen. Am folgenden Tag kann konsequenter gearbeitet werden. Nach dem Zieleinlauf ist es mitunter angenehmer die Beine hoch zu legen oder die Waden auszustreichen. Statt sich auszulaufen, können Schwimmen oder Radfahren sinnvollere Alternativen sein. Hier spielen die persönlichen Erfahrungswerte und Neigungen eine Rolle. Viele Läufer empfinden eine psychische und physische Entspannung in der Sauna als angenehm. Die Sauna sollte nach einem Marathonlauf mehr im Sinne eines Aufwärmraumes angesehen werden, um den Flüssigkeitsverlust nicht unnötig zu steigern.

Nicht zu unterschätzen ist der Erfahrungsaustausch nach dem Wettkampf. Er ist ein Teil des allgemeinen Regenerationsprozesses.

Wer die Möglichkeit hat, kann sich auch einige Minuten hinlegen und ruhen oder schlafen, bevor er auf die Heimreise oder zur Abschlussfeier geht. Das Training nach dem Marathonlauf muss primär kompensatorischen Charakter haben. Der Hauptteil des Trainings wird über Laufen, Radfahren, Schwimmen, Aqua-Jogging oder ähnliche Belastungen im aeroben Bereich umgesetzt. Athletik und Gymnastik spielen eine wichtige Rolle. Ergänzt werden diese Trainingsmittel durch motorische Reize in Form von Steigerungen oder leichtem Fahrtspiel. Diese Phase des Trainings sollte zwei bis drei Wochen dauern. In dieser Zeit ist die individuelle Tagesform besonders stark zu beachten. Physiotherapeutische Maßnahmen (Bäder, Massagen ...) haben entscheidenden Einfluss auf die Regeneration.

Unabhängig davon, ob der Marathonlauf ein Erfolgs- oder Misserfolgserlebnis war, steht in den Tagen nach dem Wettkampf in aller Ruhe eine Analyse des Trainings an. Nur in der nüchternen Auswertung der tatsächlich trainierten und erreichten Werte können die Ursachen für die jeweilige Leistung bestimmt werden. Das ist nicht einfach, da eine Wettkampfleistung immer die Summe von ungezählten Zubringerleistungen ist. Die Wertigkeit dieser Faktoren und ihr Einfluss auf die Wettkampfleistung müssen sehr genau abgewogen werden. Trainingstagebuch, Grafik und andere Aufzeichnungen sind gute Hilfen. Derjenige, der gelernt hat, mit diesen Dingen umzugehen, hat mit Hilfe der Objektivierung des Trainings bessere Aussichten, sein Leistungspotenzial auszuschöpfen.

Fette für den Rennsteig –
Halbmarathon, Marathon, Supermarathon

Auftakt zum 20-Wochen-Plan
Der Deal
Ist es nicht ein interessanter Deal, Fette und damit Pfunde abzubauen, um die drei langen Strecken beim Rennsteiglauf gut zu schaffen? Was steckt hinter diesem Angebot? Fakt ist, dass sich in den letzten Jahren beim Lauftraining eine Unsitte breitgemacht hat. Die meisten Läuferinnen und Läufer trainieren viel zu intensiv.

> Die meisten Läuferinnen und Läufer trainieren viel zu intensiv.

Sicherlich stimmt es, dass ein hohes Lauftempo auch durch schnelles Laufen erzielt wird, aber das Ganze funktioniert nur, wenn die Basis, das Lauffundament, solide ist. Mit Lauffundament meine ich die so wesentliche Grundlagenausdauer. Wenn diese Ausdauerform fest »wie ein Fels in der Brandung« steht, dann bestehen zwei entscheidende Vorteile:

- Die Langstreckenwettkampfleistung ist besser, da die Energiebereitstellung ökonomischer ist und eine solide Grundlage mehr Handlungsspielraum garantiert.
- Die Verarbeitung der Gesamttrainings- und Wettkampfbelastung sowie einzelner Belastungsspitzen ist besser (höhere Wiederherstellungsfähigkeit). Dies wirkt sich auch positiv auf die Verminderung des Verletzungs- und Krankheitsrisikos aus.

Es können im Training und Wettkampf also bessere Leistungen erbracht werden, die dann auch noch schneller verarbeitet werden. Oder anders herum gesagt: Wer zu intensiv trainiert und dabei die Grundlagenausdauer aus den Augen verliert, der wird bald ausbrennen.

In den folgenden Grafiken sind diese beiden Extreme an zwei Läufern dargestellt. Sportler 1 (siehe Grafik auf Seite 130) ist seit mehr als zehn Jahren im regelmäßigen Training. Er hat sich eine solide Grundlagenausdauer zugelegt, indem er einerseits die langen, lockeren Läufe («Supersauerstoffläufe«) gepflegt hat und trotzdem andererseits bestimmte schnelle Einheiten im Marathonzieltempo realisierte. Er untermauerte seine stabile Grundlage beim Vier-Mal-15-Minuten-Stufentest (13 bis 16 Kilometer pro Stunde). Der Laktatanstieg (untere Kurve) ist im getesteten Tempobereich relativ gering. Die Herzfrequenzkurve steigt stetig an.

Im Gegensatz dazu verläuft sowohl die Herzfrequenz- als auch die Laktatkurve des Hobbyläufers (Sportler 2 mit weniger als zehn Jahren Training; siehe Grafik auf Seite 130) trotz geringerem Testtempo (acht bis 14 Kilometer pro Stunde) und geringerer Stufendauer (vier Mal drei Minuten) deutlich ungünstiger. Der Grund: Er hat relativ wenig Zeit in das Training investiert, um es »schneller« zu nutzen. Der Effekt: Die Energiebereitstellung bei Ausdauerleistungen erfolgt primär über den ständig zu verbessernden Fettstoffwechsel. Je länger man im Fettstoffwechsel läuft oder je höher das Tempo ist, bei dem man die Fette vorwiegend nutzen kann, umso leistungsfähiger ist man.

Fazit: Das Ziel des »Profis« und des Hobbyläufers muss sein, das Grundlagenausdauerniveau als läuferische Grundvoraussetzung zu verbessern. Erfahrungsgemäß kann sie durch lockere Läufe im Pulsbereich von 130 bis

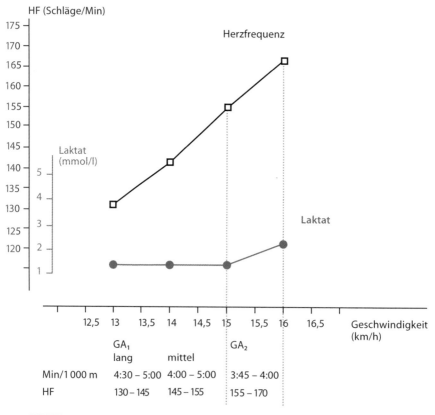

Stabile Grundlagenausdauer im getesteten Laufbereich zwischen 13 und 16 km/h

150 Schlägen pro Minute (Ausnahmen gibt es mehrere!) gesichert werden. Dabei ist Wert auf die Belastungsdauer zu legen. Wenn der Spitzenmann glaubt, sein Tempo liege bei vier Minuten pro Kilometer, dann irrt er gewaltig. Auch gut trainierte Läuferinnen und Läufer müssen zwischen 4:50 und 5:30 Minuten pro Kilometer laufen, um tatsächlich Fettstoffwechseltraining zu machen.

Auch gut trainierte Läuferinnen und Läufer müssen zwischen 4:50 und 5:30 Minuten pro Kilometer laufen, um tatsächlich Fettstoffwechseltraining zu machen.

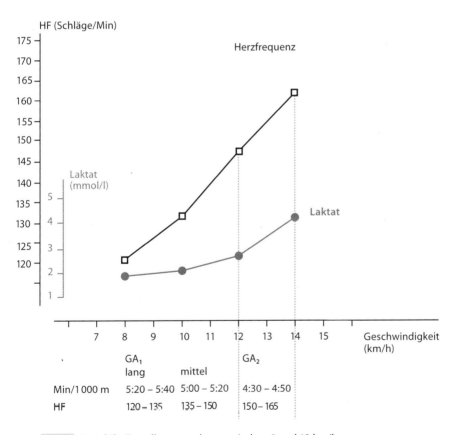

Instabile Grundlagenausdauer zwischen 8 und 12 km/h – Notwendigkeit eines verstärkten GA_1-Trainings

Andererseits neigen Laufanfänger, Läufer mit wenig Zeit und Überehrgeizige dazu, über ihre Verhältnisse zu laufen. Die Folgen sind Seitenstechen, hohe Atmung, schwere Beine oder das Training wird bis in die Abendstunden hinein nicht verdaut. Zu viel anaerobe Power (Laktat wird als Zeichen einer Sauerstoffmangelsituation im Muskel gebildet) geht zu Lasten der Grundlage. Außerdem verlieren Laufanfänger dann meist die Lust am Laufen. Die Pfunde an Problemzonen verschwinden nur scheinbar (mehr Wasser- als Substanzverlust), weil die Fette bei zu hohem Tempo nicht die primären Energielieferant sind.

Der Rennsteiglauf
Beim Rennsteiglauf (jährlich im Mai stattfindend) sollen 75, 42,2 oder 21,1 Kilometer bewältigt werden. Diese Leistung wird vorwiegend über einen gut funktionierenden Fettstoffwechsel abgesichert. Wer diese Strecken zu schnell anläuft und die ersten Kilometer über seine Verhältnisse lebt, der wird nach einigen Kilometern nur unter einer deutlichen Geschwindigkeitseinbuße weiterlaufen können. Der menschliche Organismus ist kein Auto, das man bei Bedarf einen Gang herunterschalten kann. Somit sind zwei Dinge bei der Ausgangsüberlegung zur Rennsteiglaufvorbereitung wichtig: Zum einem muss ich das Ziel betrachten (Geländelauf, Streckenlänge, Zeitpunkt ...), und zum anderen muss ich mir überlegen, mit welchen Trainingsmitteln (aerobes Training, aerob-anaerobe Belastungen, Tempotraining ...) die günstigste Vorbereitung zu gestalten ist.

Basistraining ist der erste Schritt!
Hinweis: Herzfrequenzempfehlungen
GA_1 = lockerer Dauerlauf (aerob), in der Regel mit Pulswerten bis maximal 150 Schlägen pro Minute
GA_2 = Dauerlauf im geplanten Wettkampftempo über eine der drei Rennsteigstrecken (± zehn Sekunden), Puls 150 bis 160 Schläge pro Minute
FS = GA_1-Dauerlauf im profilierten Gelände mit unterschiedlich gesetzten Intervallen (anaerob) zwischen zehn Sekunden und drei Minuten, Puls > 160 Schläge pro Minute

Bei einer Leistungsdiagnostik auf dem Laufband werden die individuellen Herzfrequenzbereiche gezielter bestimmt. Die angegebenen Pulsbereiche sind nur als Orientierung zu verstehen.

Gemeinsamkeit der Strecken

Alle drei angebotenen Strecken sind typische Ausdauerdistanzen. Die Leistung muss primär über einen gut funktionierenden Fettstoffwechsel erbracht werden. Das Training und die Wettkampfleistung müssen zum großen Teil im aeroben Bereich ablaufen. Es darf keine zu hohe Sauerstoffmangelsituation in der Muskulatur entstehen (Laktat > 1,5 mmol/l). Dies erfolgt weitestgehend über eine GA_1-Grundkilometerleistung pro Woche und lange, lockere Läufe – »Supersauerstoffläufe«. Nur beim aeroben Lauftempo werden die körperlichen Prozesse trainiert und Strukturen gebildet, die für das Basistraining notwendig sind. Ziel des GA_1-Trainings muss es sein, immer länger im stabilen aeroben Bereich laufen zu können. Damit aber auch die Laufgeschwindigkeit verbessert werden kann, wird einmal wöchentlich das GA_2-Training eingeplant. Hier handelt es sich um einen Trainingsbereich, der sowohl die Kohlenhydrate als auch die Fette als Energiequelle fordert (Mischstoffwechsel).

Durch das gezielte Training in diesem Bereich (nicht zu schnell und nicht zu langsam) werden Voranpassungen für ein ökonomisches Laufen im höheren Tempobereich erlangt. Ziel des Trainings im aerob-anaeroben Übergangsbereich (GA_2) ist es, diesen so zu trainieren, dass das momentan instabile Lauftempo nach einigen Monaten aerob erbracht werden kann. Am Ende kann dann im höheren Lauftempo ausdauernder gelaufen werden bzw. verschiebt sich die anaerobe Schwelle in höhere Tempobereiche.

Der Trainingsplan ist nur eine Empfehlung. Trainingstage und Belastungsreihenfolge können verschoben werden. Entscheidend ist das Trainingsprinzip!

Je höher das Grundlagenausdauerniveau ist, umso besser ist die Wettkampfleistung im Halbmarathon, Marathon oder Supermarathon.

Diese Aussage schließt ein Training im anaeroben Bereich nicht aus (wie Intervalle, Fahrtspieltraining, Cross-Wettkämpfe, Tempowechseltraining ...). Aber die Trainingsproportionen müssen stimmen: Zu intensives Training bei mangelnder Basis bringt nichts. Das darf in der Vorbereitung zu drei Rennsteigstrecken nicht passieren.

Trainiert werden muss auch das Streckenprofil bzw. der Untergrund im Gelände. Es ist genau darauf zu achten, dass das Ziel jeder Einheit nicht verfehlt wird. So sollten die langen Dauerläufe eher im leicht hügeligen Gelände gehalten, das Fahrtspiel hingegen kann im anspruchsvollen Gelände gelaufen werden.

Der Trainingsplan

Im Trainingsplan sind Angaben für den Halbmarathon, Marathon und den Supermarathon gegeben. Es wird vorausgesetzt, dass mindestens zwei bis drei Jahre ein regelmäßiges drei- bis sechsmaliges Lauftraining pro Woche absolviert wurde und eine Wettkampferfahrung von 10- bis 15-Kilometer-Läufen (Halbmarathon) oder Marathon (Marathon, Supermarathon) vorhanden ist. Für die einzelnen Strecken wurden vier, fünf bzw. sechs Trainingseinheiten pro Woche veranschlagt. Pro Disziplin sind in der linken Spalte der folgenden Trainingspläne die drei Belastungswochen und in der rechten Spalte die Ruhewoche klar gekennzeichnet.

Die Vorbereitung des Rennsteiglaufs beginnt im Winter, um über 20 Wochen hinweg eine solide körperliche Anpassung zu erreichen.

1. bis 4. Woche

Für alle drei Strecken gilt das Prinzip: Basistraining vor Tempotraining! Der Anteil des GA_1-/GA_2-Trainings muss deutlich höher sein als der Anteil des Fahrtspieltrainings. Die absoluten Kilometerangaben wurden entsprechend der am Ende zu erbringenden Wettkampfleistung differenziert.

	Halbmarathon 1.–3. Woche	4. Woche Ruhe	Marathon 1.–3. Woche	4. Woche Ruhe	Supermarathon 1.–3. Woche	4. Woche Ruhe
Mo						
Di	GA_1 – FS 10 km mit 8 x 40 Sek	GA_1 10 km	GA_1 – FS 15 km mit 10 x 60 Sek	GA_1 10 km	GA_1 – FS 15 km mit 10 x 60 Sek	GA_1 10 km
Mi						
Do	GA_1 15 km	GA_1 10 km	GA_1 15 km	GA_1 10 km	GA_{1-2} 20 km	GA_1 10 km
Fr					GA_1 15 – 20 km	
Sa	GA_2 6 – 8 km EL/AL je 3 km	GA_1 10 km GA 1	GA_2 10 – 12 km EL/AL je 3 km	GA_1 10 km	GA_2 15 – 20 km EL/AL je 3 km	GA_1 20 km
So	GA_1 20 km	GA_1 20 km	GA_1 25 km	GA_1 25 km	GA_1 30 km	GA_1 30 km

Rennsteig 1.–4. Woche

Auch die Trainingshäufigkeit von Halbmarathon bis Supermarathon ist unterschiedlich. Die Programme werden im Verlauf der Trainingswochen weiter ausgebaut bzw. verändert.

Innerhalb der Belastungswochen sollte eine klare Be- und Entlastungsdynamik bestehen. So wird zwischen höheren und niedrigeren Belastungen oft gewechselt. Auch im Mehrwochenverlauf gilt das Prinzip: Pause ist Training!

Nach einem dreiwöchigen Belastungsblock ist eine Ruhewoche angezeigt. Sie sollte unbedingt eingehalten werden, dient zur Belastungsverarbeitung der vorhergehenden Trainingsphase und bereitet körperlich und geistig den folgenden Belastungsblock vor.

Zusatztraining

Im ersten winterlichen Belastungsblock kann auch ein Skilanglauflager (ein bis zwei Wochen) mit ähnlichen Akzenten gestaltet werden. Ebenso ist es möglich, per Langlaufski in der Ruhewoche aktiv zu regenerieren.

Zwei bis drei Gymnastik- und Kräftigungsprogram-

Die Zusatzübungen gehören zum Laufen wie das tägliche Zähneputzen zum Leben.

	Halbmarathon 5.–7. Woche	**Halbmarathon** 8. Woche Ruhe	**Marathon** 5.–7. Woche	**Marathon** 8. Woche Ruhe	**Supermarathon** 5.–7. Woche	**Supermarathon** 8. Woche Ruhe
Mo			GA_1 10–15 km		GA_1 20 km	
Di	GA_1 – FS 10 km mit 8 x 1 Min	GA_1 10 km	GA_1 – FS 15 km mit 10 x 75 Sek	GA_1 10 km	GA_1 – FS 20 km mit 15 x 60 Sek	GA_1 10 km
Mi						
Do	GA_1 15 km	GA_1 10 km	GA_1 15 km	GA_1 10 km	GA_{1-2} 20 km	GA_1 10 km
Fr					GA_1 15–20 km	
Sa	GA_2 8–10 km EL/AL je 3 km	GA_1 10 km	GA_2 15 km EL/AL je 3 km	GA_1 20 km	GA_2 20 km EL/AL je 3 km	GA_1 20 km
So	GA_1 20–25 km	GA_1 20 km	GA_1 25–30 km	GA_1 25 km	GA_1 30–35 km	GA_1 30 km

Rennsteig 5.–8. Woche

me pro Woche sind Standard. Ein Saunatag (zum Beispiel Dienstag oder Samstag) dient auch zur besseren Wiederherstellung nach intensiveren Belastungen.

5. bis 8. Woche
Durch den Ausbau des GA_2-Trainings und der Gesamtkilometer pro Woche wird die Grundlage im weiteren Trainingsverlauf stabilisiert.

Progressiver Belastungsaufbau
Progressiver Belastungsaufbau bedeutet, dass sowohl der Gesamtumfang pro Woche als auch die Entwicklung einzelner Programme im Mehrwochenverlauf vorangetrieben werden. Damit wird eine ständig geänderte Belastungssituation gesichert, die den Körper zwingt, sich fortwährend neu anzupassen. Wichtig ist, die Art und Weise der Anpassung zu kanalisieren und die Trainingsinhalte nach dem Wettkampf zu richten.

Wichtig sind außerdem:
- Dehnung der verkürzten Muskulatur (wie Beinbeuger, Hüftbeuger, Oberschenkel, Wadenmuskel)
- Kräftigung der abgeschwächten Muskulatur (wie Bauch, Gesäß, Schienbein)
- Regeneration über Schwimmen, Radfahren, Skifahren, Aqua-Jogging, Walking ...
- passive regenerative Maßnahmen (Sauna, Massage, Bäder, Schüttelungen der Beine ...)
- Lauf-Abc (→ *Seite 87 ff.*) als wirksame Erwärmung

Leider werden diese Zusatzübungen neben dem Laufen meist vernachlässigt. Sie sind aber nötig, um Verletzungen und Erkrankungen vorzubeugen. Während der Zeit des Wintertrainings kann eine Woche oder ein Wochenende Skifahren eingeplant werden. Die GA_1/GA_2-Belastungen sind auch im Schnee gut zu realisieren. Der Tapetenwechsel tut gut!

9. bis 12. Woche
Im Frühjahr, wenn die Lauflust steigt, wird die erste »Supersauerstoffwoche« eingeleitet.

Die »Umfangsspitze«
Mit Beginn der günstigeren Laufbedingungen werden im März die höchsten Laufumfänge zur Vorbereitung der drei Wettkampfstrecken erreicht.

FORTGESCHRITTENE

Der prinzipielle Belastungsaufbau ist so gegliedert, dass bei allen drei Strecken zuerst ein dreiwöchiger Belastungsblock absolviert wird. Anschließend ist die Ruhewoche geplant. Im Zeitraum von März/April findet eine Supersauerstoffwoche statt. Sie besteht ausschließlich aus GA_1-Belastungen. So wird noch einmal ein deutlicher Impuls im Fettstoffwechselbereich gegeben. In den meisten Fällen hilft das »Leerlaufen«, sich physisch und psychisch zu sammeln.

Halbmarathon
Das Fahrtspieltraining wird auf 1:30 Minuten im schnellen Intervall angehoben. Bei dieser Einheit sollte durchaus schweres, bergiges Gelände genutzt werden. Dabei sind die Intervalle in allen Geländesituationen zu laufen (auch bergauf).

Der Donnerstag trägt eher kompensatorischen Charakter. Der Dauerlauf über 15 Kilometer ist flach und regenerativ zu gestalten. Wer sich in

	Halbmarathon 9.–11. Woche	12. Ruhe 13. Sauerstoffwoche	Marathon 9.–11. Woche	12. Ruhe 13. Sauerstoffwoche	Supermarathon 9.–11. Woche	12. Ruhe 13. Sauerstoffwoche
Mo					GA_1 10–15 km	GA_1 20 km
Di	GA_1 – FS 10 km mit 6 x 1:30 Min	GA_1 10–15 km	GA_1 – FS 15 km mit 6 x 2 Min	GA_1 15 km	GA_{1-2} TW 20 km mit 3 x 3 km	GA_1 25 km
Mi		GA_1 20 km				
Do	GA_1 15–20 km	GA_1 10–15 km	GA_1 20 km	GA_1 25 km	GA_{1-2} 25 km	GA_1 30 km
Fr					GA_1 20–25 km	GA_1 20 km
Sa	GA_2 10–12 km EL/AL je 3 km	GA_1 10–15 km	GA_2 15 km EL/AL je 5 km	GA_1 15–20 km	GA_2 2 x 15 km EL/AL je 5 km	GA_1 25 km
So	GA_1 25 km	GA_1 30 km	GA_1 30 km	GA_1 35 km	GA_1 35–40 km	GA_1 45 km

Rennsteig 9.–13. Woche

diesem Belastungsblock unterfordert fühlt, der kann am Montag eine zweite GA_1-Einheit (zehn bis 15 Kilometer) hinzunehmen.

Am Samstag steht die Laufqualität im GA_2-Bereich im Mittelpunkt. Nur wer das geplante Wettkampftempo sicher beherrscht, der kann dieses Training im leicht hügeligen Gelände durchführen. Der erste Schritt ist immer, das Lauftempo auf eine längere Strecke zu übertragen (zehn bis 12 Kilometer, eventuell 15 Kilometer). Erst in zweiter Linie wird das Streckenprofil erschwert.

Der Sonntag ist der klassische Ausdauertag. Das bisher erreichte Fettstoffwechselniveau wird über die Erhöhung der Belastungszeit (auf 25 Kilometer) weiter ökonomisiert.

Marathon

Auch bei der Vorbereitung des Rennsteigmarathons wird die Intervallzeit des Fahrtspieltrainings deutlich erhöht (auf zwei Minuten). Diese Einheit sollte in bergiges Gelände verlegt werden, damit der beim Wettkampf zu erwartende Rhythmuswechsel gezielter trainiert werden kann.

Montags und Donnerstags steht die Regeneration im Mittelpunkt des Laufes. Hier ist eher ein einfaches und flaches Gelände zu bevorzugen.

Das Niveau der GA_2-Belastungen am Samstag soll weiter stabilisiert werden. Wer bereits das geplante Wettkampftempo beherrscht, der sollte zuerst nach der 15-Kilometer-Strecke eine fünf bis zehn Kilometer lange Strecke im gleichen Tempo dranhängen (Pause zehn Minuten) und erst danach ein schwierigeres Gelände aussuchen.

Mit höherem Belastungsumfang und höheren Außentemperaturen ist unbedingt auf ausreichende Flüssigkeitszufuhr zu achten!

Die Sonntagseinheit dient zur weiteren Ökonomisierung des Fettstoffwechsels. Ein 30-Kilometer-Lauf darf kein Problem darstellen. In der Gipfelwoche werden sogar 35 Kilometer erwartet.

Supermarathon

Vom freien Fahrtspiel geht es über zum Tempowechseltraining (TW). Hier wird unabhängig vom Befinden relativ starr ein Belastungsrhythmus abgearbeitet. Die Gesamtstrecke beträgt 20 Kilometer. Nach drei Kilometern Einlaufen wird ein Belastungswechsel von drei Kilometern schneller GA_2 und zwei Kilometern GA_1 (3/2/3/2/3 Kilometer) vorgegeben. Die letzten vier Kilometer werden im GA_1-Tempo gelaufen. Die gesamten 20 Kilometer sind ohne Unterbrechung zu laufen. Das Geländeprofil ist wellig.

Der Montag ist Regenerationstag mit vorzugsweise flachen, einfachen Strecken. Freitag und Sonntag sind Trainingstage zur Verbesserung des

Fettstoffwechsel. Mit langen, gleichmäßig gestalteten Läufen wird auch die »Einsamkeit des Langstreckenläufers« geschult. Dieses Prinzip erreicht in der Supersauerstoffwoche seinen Höhepunkt. Die Donnerstageinheit ist im profilierten Gelände zu absolvieren. Die Mischung zwischen GA_1 und GA_2 ergibt sich durch das Geländeprofil.

Sehr hohe Erwartungen werden in das GA_2-Training am Samstag gesetzt. Zwei Mal 15 Kilometer im geplanten Wettkampftempo und teilweise etwas schneller sind auch mental anspruchsvoll. Die Pause beträgt zehn bis 15 Minuten. Diese Einheit muss gut ausgesteuert werden, da sonst die Gefahr eines Übertrainings besteht.

14. bis 17. Woche – Ausblick auf das April-Training

Nun werden gezielt Wettkämpfe eingeplant, um die Rennsteigform zu entwickeln.

	Halbmarathon		Marathon		Supermarathon	
	14. Woche Ruhe	15.–17. Woche	14. Woche Ruhe	15.–17. Woche	14. Woche Ruhe	15.–17. Woche
Mo				GA_1 15 km	GA_1 25 km	GA_1 25 km
Di	GA_1 10 km	GA_1 – FS 12 km mit 6 x 2 Min	GA 10 km	GA_1 – FS 15 km mit 5 x 3–4 Min	GA_1 15 km	GA_{1-2} TW 20 km mit 3 x 4 km
Mi						
Do	GA_1 10 km	GA_1 20 km	GA_1 10 km	GA_1 20–25 km	GA_1 10 km	GA_{1-2} 30 km
Fr						
Sa	GA_1 10 km	GA_2 15 km od. TWK 8–15 km	GA_1 20 km	GA_2 15 + 5 km od. TWK 15–21,1 km	GA_1 20 km	GA_1 20 + 10 km od. TWK 15–30 km
So	GA_1 20 km	GA_1 25–30 km	GA_1 25 km	GA_1 30–35 km	GA_1 30 km	GA_1 35–45 km

Rennsteig 14.–17. Woche

Trainingswettkämpfe
Im April gibt es viele breitensportliche Laufveranstaltungen. Einige von ihnen könnten hervorragend als Trainingswettkämpfe (TWK) genutzt werden. Einerseits wird durch die Teilnahme am Volkslauf das permanente Trainieren unterbrochen, und mit »alten« Lauffreunden zu »quatschen« ist immer interessant. Andererseits lässt sich eine GA_2-Belastung im Rahmen eines Trainingswettkampfes leichter realisieren. Zudem werden noch weitere Wettkampferfahrungen gesammelt (Laufschuhe, Renneinteilung, Wettkampfbekleidung, Getränke u. v. m.). Ziel des Trainingswettkampfes muss es sein, die GA_2-Belastung gut zu erbringen.

Im Wettkampf sollte man also flüssig mitlaufen, aber den individuellen GA_2-Bereich nicht verlassen! Lediglich die letzten zwei bis drei Kilometer können schneller gelaufen werden. Dieses Ziel einzuhalten, ist mitunter sehr schwer. Da ist die Wettkampfmotivation, die eventuell zum Verführer wird, oder da ist der direkte sportliche Gegner, der eigentlich immer bezwungen wurde, in unmittelbarer Nähe. Was wird er wohl denken, wenn ich nicht schneller laufe? Am Ende soll beim Rennsteiglauf eine solide Leistung abgegeben werden, und somit sind alle Elemente des Trainings (auch Trainingswettkämpfe) entsprechend einzuordnen. Also, nur Mut zum Taktieren!

Training
Nach den umfangreichen Märztagen folgt nun im April zum Auftakt eine Ruhewoche. Im Mittelpunkt stehen die GA_1-Belastungen. Den Körper aktiv mit Sauerstoff zu durchfluten, hilft zur besseren Verarbeitung des bis dahin absolvierten Trainings und bereitet auch mental den folgenden Belastungsblock vor.

Die einzelnen Trainingseinheiten werden im dreiwöchigen Belastungszyklus weiter ausgebaut. Am Samstag besteht generell die Wahl zwischen Training und Teilnahme am Trainingswettkampf. In Einzelfällen können auch Samstag und Sonntag getauscht werden. Die jeweils angegebenen Streckenlängen für die Trainingswettkämpfe sollten beachtet werden. Für die Vorbereitung des Supermarathons kann auch ein Marathonlauf genutzt werden.

Der Ultraläufer lebt beim Wettkampf von der Eigenschaft, ökonomisch zu laufen.

Halbmarathon
Das Prinzip des Fahrtspieltrainings wird weiter fortgesetzt. Das Intervalltempo von 1:30 Minuten sollte auf zwei Minuten Intervallzeit übertragen werden. Dabei sind wieder die Geländegegebenheiten auszunutzen, um in

der Laufrhythmik flexibel zu bleiben.
Die GA_1-Einheiten am Donnerstag bzw. Sonntag sind als Fettstoffwechselläufe zu gestalten, also langsam und locker.
Die GA_2-Einheiten können auch als Trainingswettkampf gelaufen werden. Nun ist es durchaus möglich, ein anspruchsvolleres Gelände zu nutzen. Wenn Ihre GA_2-Leistung noch instabil ist, sollten Sie im flachen Gelände bleiben.

Marathon
Die Intervallzeit beim Fahrtspiel wird auch hier verlängert. Dabei sollte das Intervalltempo nicht zu sehr abfallen. Krafteinsatz und Rhythmuswechsel werden weiterhin im bergigen Gelände geschult.
Die Sauerstoffduschen sind am Donnerstag und Sonntag eingeplant. Hier geht es wirklich nur um das Schaffen der Kilometer. Das Lauftempo muss aerob sein! Die Trainingswettkämpfe können bis zum Halbmarathon (auf Straße oder im Gelände) genutzt werden. Bitte bremsen und den Bereich einhalten! Falls ein GA_2-Training absolviert wird, ist eine Pause von fünf bis zehn Minuten zwischen 15 und fünf Kilometern zu wählen. Die fünf Kilometer können am oberen (schnelleren) GA_2-Bereich gelaufen werden.

Supermarathon
Alle GA_1-Einheiten sind als Fettstoffwechseltraining zu gestalten. Der Ultraläufer lebt beim Wettkampf von der Eigenschaft, ökonomisch zu laufen.

Den Hauptwettkampf nie aus einer Ruhephase heraus laufen!

Die Verbesserung dieser Leistung wird auch über die GA_2-Einheiten erzielt (nur wenn GA_1 stabil ist!). In der Gesamtvorbereitung zum Rennsteiglauf werden im Belastungsblock die höchsten GA_2-Anforderungen gestellt. Insofern ist das Bewältigen dieses Trainings innerhalb ausgesuchter Wettkämpfe psychologisch einfacher. Nach einer Pause von fünf bis zehn Minuten (Trinken, Trikotwechsel!) ist die Zehn-Kilometer-Strecke separat zu laufen.
Die Tempowechselintervalle (Dienstag) werden auf vier Kilometer erhöht. Vorsicht, nicht zu schnell werden!

18. bis 20. Woche – Ausblick auf das Maitraining
Der Rennsteig ruft! Nur noch drei Wochen. Jetzt heißt es Geduld üben, Umfang reduzieren und Lockerheit erzielen.

RENNSTEIG – HALBMARATHON, MARATHON, SUPERMARATHON

Das Training »wachsen lassen«

So manch alter Hase kennt die Bedeutung der Worte: »das Training wachsen lassen«. Im richtigen Moment die Bremse ziehen und das bisher erreichte Trainingsniveau stabilisieren. Die dafür notwendigen Zeiträume hängen von vielen Faktoren ab. Ein Abstand von drei Wochen vor dem Hauptwettkampf hat sich bewährt, um den Trainingsumfang zu reduzieren und das Lauftempo in einigen Bereichen anzuheben. Die Verminderung des Laufumfanges bewirkt eine Entlastung für den Läufer, die wiederum zu einer körperlichen Frische führt. Parallel dazu wird in einigen Trainingseinheiten die Laufgeschwindigkeit erhöht, um höhere motorische Reize zu setzen. Der Muskeltonus steigt und mit dem besseren Laufgefühl auch das Selbstvertrauen. Wichtig ist, dass der Hauptwettkampf nie aus einer Ruhephase heraus gelaufen wird. Ein positiver Belastungsstress muss sein, damit eine gute »Arbeitsbereitschaft« gegeben ist.

Bei Wettkämpfen ist es immer besser, ein »Rennen der zweiten Hälfte« zu machen.

	Halbmarathon 18. Woche Ruhe	19.–20. Woche	**Marathon** 18. Woche Ruhe	19.–20. Woche	**Supermarathon** 18. Woche Ruhe	19.–20. Woche
Mo				GA_1 10 km	GA_1 25 km	GA_1 20 km
Di	GA_1 10 km	GA_2 8–10 km	GA 10 km	GA_2 10–12 km	GA_1 15 km	GA_2 2 x 10 k
Mi						
Do	GA_1 10 km	GA_1 10 km letzter km schnell (95 %)	GA_1 10 km	GA_1 10–15 km letzter km schnell (95 %)	GA_1 10 km	GA_1 25 km
Fr						
Sa	GA_1 10 km	TWK 10–15 km bzw. Halbmarathon	GA_1 20 km	GA_2 15 + 5 km bzw. Marathon	GA_1 20 km	GA_1 2 x 15 km bzw. Supermarathon
So	GA_1 20 km	GA_1 15–20 km	GA_1 25 km	GA_1 15–20 km	GA_1 30 km	GA_1 15–20 km

Rennsteig 18.–20. Woche

Der letzte Trainingszyklus zur Vorbereitung des Rennsteiglaufs wird mit einer Ruhewoche eingeleitet. Es kann möglich sein, dass in der lockeren Woche die körperliche Müdigkeit mehr zu spüren ist als unter Belastungsbedingungen. Dies ist ein sicheres Zeichen dafür, dass der Körper eine Pause braucht. Die Entlastung sollte genutzt werden, um sich für den letzten Trainingsabschnitt zu sammeln.

In den beiden Abschlusswochen wird der Belastungsumfang reduziert und das Lauftempo in einigen Einheiten gesteigert. Der Samstagwettkampf kann schneller als das geplante Zieltempo des Rennsteiglaufes gestaltet werden (nicht maximal).

Beim Wettkampf selbst ist unbedingt auf das richtige Starttempo zu achten. Wer es zu schnell angeht, der setzt die gesamte Vorbereitungszeit in den Sand. Gut ist man beraten, wenn das GA_2-Tempo, das man sicher beherrscht, als Starttempo gewählt wird. Auch im Wettkampf kann die Pulskontrolle eine wertvolle Hilfe sein.

Hüten Sie sich vor der Starteuphorie!

Halbmarathon/Marathon

Der sonntägliche GA_1-Lauf dient nur noch zum Halten der Ausdauergrundlage. Kontrolliert schnell muss der GA_2-Lauf am Dienstag (eventuell Samstag) absolviert werden. Der Läufer beherrscht das Tempo und nicht umgekehrt! Dies gilt auch für die Endbeschleunigung von einem Kilometer beim Donnerstagslauf. Bei Wettkämpfen ist es immer besser, ein »Rennen der zweiten Hälfte« zu machen.

Wer mit seinen Kräften richtig haushält, läuft am Ende noch etwas Zeit heraus. Leider sieht die Praxis etwas anders aus.

Supermarathon

Nach einer kilometerreichen Ruhewoche ist nun auch eine Reduzierung der Kilometer angesagt. Die GA_2-Einheiten sollten kontrolliert schnell gelaufen werden. Wer sich dabei gut fühlt, der kann jeweils die letzten 1 000 Meter deutlich schneller (aber nicht maximal) laufen. Das GA_1-Training dient hier nur zum Erhalten der Grundlagenausdauer.

Tipp:

Die Rennsteigwettkämpfe sind ein echtes Erlebnis. Aber wer sich selbst vor lauter Starteuphorie überschätzt, erlebt ein böses Erwachen. Nur Mut: Wer den angegebenen Trainingsplan weitgehend realisiert hat, der wird gut durchkommen. Respekt sollte man dem Vorhaben »einmal am Rennsteig« zollen.

Pause ist Training!

Kennen Sie das Gegenteil von Training? Haben Sie jetzt spontan an Pause gedacht? Leider falsch. Denn auch Pause ist Training!

Diese Aussage scheint widersinnig. Doch wie oft sind in Unkenntnis der Bedeutung dieses Sachverhaltes viele Vorstellungen von einer konkreten Wettkampfleistung geplatzt. Unzufriedenheit über die gelaufene Zeit, den Rennverlauf und vieles mehr sind dann Folgeerscheinungen. Mehrere solcher Erlebnisse führen nicht selten zu ablehnenden Haltungen gegenüber dem Laufen, ja dem Sport an sich. Sicherlich gibt es eine Vielzahl von Ursachen dafür. An dieser Stelle soll auf Probleme der Be- und Entlastungsrhythmik im Training hingewiesen werden.

Viele Sportsfreunde setzen sehr hohe Umfangs- und Intensitätsakzente im Training. Das ist notwendig, um eine entsprechende Leistung vorzubereiten. Aber wer überprüft genau so konsequent die Pausengestaltung in einer Trainingseinheit, im Wochen- bzw. Monatsverlauf? Der menschliche Organismus braucht Zeit, um sich an einen äußeren Reiz anzupassen. Mitunter gehören mehrere Wochen oder Jahre dazu, ein erarbeitetes Leistungsniveau zu stabilisieren. Die Pause als aktive Entlastung, Wiederherstellung bzw. Umsetzung des vorher Trainierten in eine stabilere und höhere Leistung ist tatsächlich als Trainingsmittel anzusehen.

Wer den Zusammenhang von Be- und Entlastung in einer Richtung überbewertet, wird wenig Freude am Lauftraining haben.

Innerhalb einer Trainingseinheit

Die reinen Dauerlaufeinheiten werden normalerweise ohne Pausen absolviert. Es kommt jedoch oft vor, dass während eines Dauerlaufs ein »Festwerden« auftritt. Dieser Erscheinung begegnet man am besten wie folgt:
- eine Gehpause mit Lockerungs- und leichter Dehnungsgymnastik von etwa zehn Minuten einlegen oder
- zum Zeitpunkt des »Festwerdens« zwei bis vier mittlere Steigerungsläufe über 100 bis 120 Meter (mit 300 bis 400 Meter Trabpause) aus dem Dauerlauf heraus absolvieren.

Bei Trainingseinheiten mit Intervallcharakter hängt die Pausengestaltung vom aktuellen Leistungsniveau der Sportler und von der Zielstellung des Trainings ab. Bewährt haben sich folgende Be- und Entlastungsrhythmen:
- Tempoläufe im Wettkampftempo sollten mit erholsamen Pausen (acht bis 15 Minuten) gehend bzw. trabend gestaltet werden, zum Beispiel fünf

bis sieben Mal 1 000 Meter (110 bis 115 Prozent des 15-Kilometer-Zieltempos) mit zehn Minuten kombinierter Geh-Trabpause.
- Tempoläufe zur Erhöhung der Grundlagenausdauer werden mit kürzeren Pausen (drei bis acht Minuten) durchgeführt. Das Lauftempo liegt etwa bei 80 bis 90 Prozent der geplanten Zielgeschwindigkeit, zum Beispiel sieben Mal 800 Meter (90 Prozent des 15-Kilometer-Zieltempos) mit vier Minuten Trabpause oder drei mal drei Kilometer (80 Prozent des 15-Kilometer-Zieltempos) mit fünf bis acht Minuten Gehpause.
- Läufe zur Erhöhung der Schnelligkeitsausdauer (für Zwischen- und Endspurt notwendig) sollten mit erholsamen Pausen realisiert werden, zum Beispiel vier Mal 150 Meter maximal mit sechs bis acht Minuten Geh-Trabpause oder sechs Mal 200 Meter (115 bis 125 Prozent des 15-Kilometer-Zieltempos) mit acht Minuten Gehpause.

An dieser Stelle ein praktischer Hinweis zur Optimierung der Belastungs- bzw. Entlastungssteuerung: Eine erste Messung der Herzschlagfrequenz sollte sofort nach der Belastung (zehn Sekunden lang) durchgeführt werden, eine zweite nach der ersten Ruheminute (ebenfalls zehn Sekunden lang). Wenn die Differenz zwischen den gemessenen Werten acht bis zehn Schläge beträgt, so ist der Grad der Belastung richtig gewählt worden. Ist die Differenz wesentlich geringer, so sollte die Pause verlängert werden bzw. der gewählte Belastungsbereich entspricht nicht dem aktuellen Leistungsniveau.

Praktischer Hinweis zur Optimierung der Be- und Entlastungssteuerung

Im Wochen- und Mehrwochenverlauf

Die Be- und Entlastungsrhythmik muss auch in der Folge der Trainingseinheiten über einen festgelegten Zeitraum eingehalten werden (→ *Seite 91 ff.*). Innerhalb einer Trainingswoche ist es im Breitensportbereich nicht notwendig, zwei bis drei harte Trainingstage hintereinander durchzuführen. Viel effektiver ist der ständige Wechsel von lockeren Trainingseinheiten (psychische und physische »Entkrampfung«) und solchen, die zur Vorbereitung eines Wettkampftempos, des Endspurtes bzw. der Erhöhung der Basisleistung dienen. Damit wird aktiv zur Belastungsverarbeitung des vorhergehenden Trainings beigetragen. Es kann ausgeruhter und frischer an die folgenden Trainingseinheiten gegangen werden. Wesentlich ist dabei die strenge Kontrolle der Intensität der Belastung. So sollte ein lockeres Dauerlauftraining mit kurzem Streckenmittel (fünf bis acht Kilometer) und mit einer Geschwindigkeit von 60 bis 75 Prozent der 15-Kilometer-Zielgeschwindigkeit auf flacher oder leicht profilierter Strecke gelaufen werden, damit ein Kompensationseffekt zustande kommt. Werden die lockeren Trainingseinheiten überzogen, summiert sich die Belastung, und es tritt als Negativ-Effekt ein Übertrainingszustand ein.

Im Mehrwochenverlauf haben sich zwei Be- und Entlastungsrhythmen bewährt. In grundlegenden Trainingsphasen können drei Wochen trainiert werden, die vierte Woche aber muss als »Ruhewoche« gestaltet werden. In Trainingsphasen mit hoher Wettkampftätigkeit bzw. sechs bis acht Wochen vor dem Hauptwettkampf sollte dann zum 2:1-Verhältnis übergegangen werden. Wie sieht eine »echte Ruhewoche« im breitensportlichen Training aus? Das Training umfasst nur 60 bis 80 Prozent der Kilometer der vorhergehenden Belastungswochen. Lockere Dauerläufe (fünf bis zehn Kilometer) dienen der Kompensation. Wettkampfspezifische Belastungen werden vermieden. Das schließt nicht aus, zum Beispiel eine Trainingseinheit mit acht bis zehn Mal 100-Meter-Steigerungslauf (nicht maximal) durchzuführen. Die Anzahl der Trainingseinheiten muss nicht unbedingt verringert werden, wenn der Grundcharakter der Ruhewoche eingehalten wird.

Die Grundsätze zur effektiven Gestaltung der Be- und Entlastungsdynamik im Lauftraining sind ein wichtiger Ansatzpunkt für Breitensportläufer, ein zielstrebiges, freudbetonteres und gesundheitsförderndes Training zu absolvieren.

Marathon in 2:25 bis 3:30 Stunden – Trainingsprogramm für Fortgeschrittene

Viele Wege führen nach Rom und eben so viele nach »Marathon«. Hier ist einer davon: ein 25-Wochen-Plan zur Vorbereitung eines Herbst-Marathon-Laufes. Bei aller Unterschiedlichkeit hinsichtlich Alter, Geschlecht und Disziplin ist dieser Plan eine Möglichkeit, im Rahmen eines zeitökonomischen Trainings (fünf bis sieben Trainingseinheiten pro Woche), Leistungen von 2:25 bis 3:30 Stunden vorbereiten zu helfen. Das Charakteristische der vorgestellten Trainingsmethoden ist die Konzentration auf die langfristige Entwicklung von fünf wesentlichen Trainingsmitteln und die genaue Beachtung der Be- und Entlastungsdynamik.

Vorgehensweise
- Jeder Läufer setzt den Zeitpunkt des Marathonlaufes fest und muss ein reales Leistungsziel bestimmen, zum Beispiel »Berlin-Marathon, Ziel: 3:00 Stunden«. Dieses Zieltempo entspricht 100 Prozent.
- Von der Wettkampfwoche an werden 25 Wochen zurückgerechnet. Belastungs- und Entlastungswochen werden gekennzeichnet und interessante Trainingswettkämpfe festgelegt.

Trainingsmittel:
- *DL* = Dauerlauf (kurz/mittel/lang) 8 bis 35 Kilometer/GA_1
 Ziel: Entwicklung des Grundlagenausdauerniveaus (Fettstoffwechselschulung) mit teilweise kompensatorischer Wirkung (Montag/ Freitag).
- *WKT* = Wettkampftempo zwei bis drei Kilometer/8 bis 20 Kilometer, auch Halbmarathon/GA_2
 Ziel: Entwicklung der Jahreszielgeschwindigkeit im Marathonlauf auf permanent zu verlängernder Strecke (Jahresanfang acht bis zwölf Kilometer WKT, Jahresende 15 bis 25 Kilometer WKT)
- *FS* = Fahrtspiel 10 bis 15 Kilometer (im Profil und flach)
 Ziel: Entwicklung der Motorik und Kraftausdauerfähigkeiten
- *a. T.* = allgemeines Training (Athletik, Spiel, Schwimmen ...)
 Ziel: Entwicklung eines Grundniveaus allgemeiner muskulärer Voraussetzungen
- *Gym* = Gymnastik
 Ziel: Entwicklung von Entspannungsfähigkeit und Geschmeidigkeit

Trainingsmittelbereiche:
- Fahrtspiel (FS) (schnelle Abschnitte) 105 bis 130 Prozent

- WKT 100 Prozent ± fünf Prozent
- DL weniger als 95 Prozent (Prozentzahlen in Bezug auf das Marathonzieltempo). Besser ist es, den Grundlagenausdauerbereich entsprechend der aeroben individuell bekannten Herzfrequenzen zu steuern.

Hinweis: Im Wettkampftempo werden die Zwei- bis Drei-Kilometer-Programme an der oberen Grenze (105 Prozent vom Ziel) des Trainingsbereiches und die 8- bis 12-Kilometer-Programme an der unteren Grenze (95 bis 100 Prozent des Zielbereiches) gelaufen.

Variationen des Trainingsplans
- *2:25 Stunden:* Diese Läufer sollten ergänzende Trainingsmittel wie Radtraining als Auftakteinheit (40 bis 120 Minuten) hinzuziehen. Samstags kann eine zweite Dauerlaufeinheit von 15 bis 20 Kilometern eingeschoben werden. Die Ruhewochen werden nicht verändert. Alle zusätzlichen Laufkilometer werden im GA_1-Bereich gehalten.

- *3:30 Stunden:* Fünf Trainingseinheiten reichen in der Regel aus. Das Wettkampftempo mit kurzen Läufen (zwei bis drei Kilometer) kann gestrichen werden. Statt der Trainingseinheit am Montag genügt Sauna. In den Ruhewochen können drei bis vier lockere Radeinheiten (60 bis 90 Minuten) hinzukommen.

1. bis 7. Woche

Die günstige Ausgangssituation schafft, wer vor dem Einstieg in den Marathon-Plan eine oder auch mehrere Entlastungswochen durchführt (siehe Tabelle 1.–7. Woche). Der anschließend folgende Trainingszyklus (Woche zwei und drei) ist durch eine deutliche Be- und Entlastungsdynamik im Wochenverlauf gekennzeichnet. Achten Sie darauf, damit die Fahrtspiel- und Wettkampftempo-Einheiten in der entsprechenden Qualität gelaufen werden können. Am Sonntag findet der längste Lauf der Woche statt (Sauerstofflauf). Die vier mal zwei Kilometer (fünf Minuten Gehpause) sollten mit 105 Prozent des Marathonzieltempos realisiert werden. Hier bitte nicht über das Ziel hinausschießen. Lieber ein bis zwei Wiederholungen mehr absolvieren statt zu schnell zu laufen. Es müssen die körperlichen Funktionen an der oberen Grenze des Wettkampftempobereichs geschult werden!

Das Fahrtspiel im Gelände ist gut geeignet, neben Kraftausdauer und Motorik auch die Willenskraft zu schulen. Wenn die ersten drei Wochen bewältigt sind, dann wird dieser Zyklus noch einmal wiederholt (Wochen vier bis sieben). Dies ist nötig, um immer wieder bestimmte sportliche Reize zu wiederholen, damit die damit erzielten Anpassungen »eingeschliffen« werden können. Wettkämpfe in dieser Periode sind nicht Erfolg versprechend. Das Training mit einem gewissen Ermüdungseffekt steht im Vordergrund.

Die ersten Trainingswochen sind absolviert. Im Mittelpunkt der vergangenen Phase stand der Übergang zu einem kontinuierlichen Training mit folgenden Akzenten:
- klarer Wechsel von Be- und Entlastung im Wochenverlauf
- gezielte Anwendung differenzierter Trainingsmittel zur Verbesserung der Grundlagenausdauer und des Wettkampftempos
- regelmäßige Gestaltung von Athletik-, Gymnastik- und Radtrainingseinheiten

	1. Woche Ruhe	2. Woche	3. Woche	4. Woche Ruhe	5. – 7. Woche
Mo		DL 10 km a.T.	DL 10 km a.T.		DL 10 km a.T.
Di	5 – 7 x pro Woche	Motorik/Kraft 8 – 10 km FS im Profil mit 15 x 20 Sek	Motorik/Kraft 8 – 10 km FS im Profil mit 15 x 20 Sek	5 – 7 x pro Woche	Motorik/Kraft 10 – 12 km FS im Profil mit 20 x 20 Sek
Mi	40 – 60 Min	DL 15 km a.T.	DL 15 km a.T.	40 – 60 Min	DL 15 km a.T.
Do	lockerer	WKT 4 – 5 x 2 km Pause 5 Min	WKT 4 – 5 x 2 km Pause 5 Min	lockerer	WKT 4 – 5 x 2 km Pause 5 Min
Fr	Dauerlauf	DL 10 km	DL 10 km	Dauerlauf	DL 10 km
Sa		WKT 8 – 12 km	WKT 8 – 12 km		WKT 12 – 15 km
So		DL 20 km	DL 20 km		DL 20 – 25 km

a.T. zwei Serien
Di/Do/Sa Dehnungsgymnastik, sonst Lockerung
Rad zum Ein- und Ausrollen ist möglich.

Marathon – Fortgeschrittene: 1. – 7. Woche

Nach der Ruhewoche als Ausgangssituation folgte ein Zwei-Wochen-Komplex »Belastung« mit dem Ziel, wesentliche Trainingsmittel (Fahrtspiel: größer 120 Prozent: schnelle Abschnitte; Wettkampftempo kurz: 105 Prozent; Wettkampftempo mittel: 95 bis 100 Prozent) kennen zu lernen. Das Lauftempo orientiert sich immer an der Marathonzielgeschwindigkeit (= 100 Prozent). Nach einer weiteren Ruhewoche (Woche 4) wird dieses Training noch einmal wiederholt (fünfte bis siebte Woche). Lediglich der längste Lauf der Woche am Sonntag wird im Streckenmittel erhöht (20 bis 25 Kilometer). Ziel dieses Trainings ist es, die eingeleiteten Anpassungsprozesse zu stabilisieren.

8. bis 13. Woche

Die 8. Woche dient dazu, die vorhergehende Trainingsphase zu verarbeiten und zwar mit lockeren Dauerläufen zwischen 40 bis 80 Minuten. Als Alternative können auch Rad- und/oder Schwimmeinheiten mit der gleichen Zielstellung absolviert werden. Diese Trainingsmittel bitte nur einsetzen, wenn das aerobe Radfahren oder Schwimmen beherrscht werden. Sonst ist der wichtige Kompensationseffekt ausgeschlossen!

Der Belastungskomplex neunte bis elfte Woche ist durch eine Umfangserhöhung in den Schwerpunkttrainingseinheiten gekennzeichnet. So wird beim Fahrtspiel der schnelle Abschnitt von 20 Sekunden auf 35 Sekunden erhöht. Dabei darf das bisherige Lauftempo nicht geringer werden. So kommt bei gleicher Gesamtstrecke des Laufes und Wiederholungsanzahl der schnellen Abschnitte eine bessere Gesamtzeit zustande. Auch im Wettkampftempobereich werden die Teilstrecken verlängert. Statt vier bis fünf mal zwei Kilometer werden nun drei mal drei Kilometer mit fünf Minuten Pause gelaufen. Auch im 95- bis 100-Prozent-Bereich der Zielgeschwindigkeit ist eine Verlängerung der Laufstrecke von acht bis zehn Kilometer auf zehn bis 15 Kilometer vorgesehen. Sonntags sind jetzt 25 Kilometer für den Fettstoffwechsel geplant.

In der elften Woche kann, wenn das bisherige Training ohne entscheidende Ausfälle gestaltet wurde, ein 15-Kilometer- bis Halbmarathonwettkampf gelaufen werden. Dieser dient als Überprüfung des Niveaus im Marathonzielbereich. Die ersten zwei Drittel der Wettkampfstrecke sollten im durchschnittlichen WKT-Trainingstempo gelaufen werden. Im letzten Drittel ist das Rennen »offen«.

Die zwölfte Woche dient zur Kompensation der Belastungswochen.

Neben dem Tagebuchprotokoll ist die Trainingsgrafik (→ *Seite 152 f.*) eine wirksame Möglichkeit, das tatsächlich realisierte Training optisch gut in Szene zu setzen. Dabei können die Belastungen ganz klar in Bezug auf die Marathonzielleistung betrachtet werden. Es ist schnell feststellbar, ob der Dauerlauf zu zügig oder der Wettkampfbereich zu langsam trainiert wurde. Daraus lassen sich für die folgenden Trainingseinheiten Korrekturen ableiten und der rote Faden wird beibehalten.

Für Ihre eigenen Eintragungen: Blanko Trainingsgrafik auf Seite 153 auf A4 vergrößert kopieren (141 %).

Am Ende der Marathonvorbereitung sollte sich das Training im Zielbereich wie ein Band (mit individueller Spielbreite) über die Grafik ziehen. Auch die Absicherung der Leistung im höheren motorischen und grundlegenden Trainingsbereich muss deutlich erkennbar sein.

Wer sein bisheriges Training in dieser Art und Weise darstellt, wird erstaunt sein, dass so manche Wettkampfleistung plötzlich erklärbar erscheint. Jeder wird schwarz auf weiß mit folgender Tatsache konfrontiert werden: Ich kann nur das im Wettkampf zeigen, was auch im Training vorbereitet wurde!

	8. Woche Ruhe	9. Woche	10. Woche	11. Woche	12. Woche Ruhe	13. Woche
Mo	DL 10 km	DL 10 km a.T.	DL 10 km a.T.	DL 10 km a.T.		DL 10 km a.T.
Di	5 – 7 x pro Woche 40 – 80 Min lockerer Dauerlauf	Motorik/Kraft 10 – 12 km FS im Profil mit 20 x 35 Sek	Motorik/Kraft 10 – 12 km FS im Profil mit 20 x 35 Sek		5 – 7 x pro Woche 40 – 80 Min lockerer Dauerlauf	Motorik/Kraft 10 – 12 km FS im Profil mit 10 x 60 Sek
Mi		DL 15 km a.T.	DL 15 km a.T.	DL 15 km a.T.		DL 15 km a.T.
Do		WKT 3 x 3 km Pause 5 Min	WKT 3 x 3 km Pause 5 Min	WKT 2 x 3 km Pause 5 Min		WKT 8 x 1000 m Trabpause 3 Min
Fr		DL 15 km	DL 15 km	DL 10 km		DL 15 km
Sa		WKT 12 – 15 km	WKT 12 – 15 km	Trainingswettkampf 15 – 20 km		WKT 15 km
So		DL 25 km	DL 25 km	DL 25 km		DL 20 – 25 km

a.T. drei Serien
Di/Do/Sa Dehnungsgymnastik, sonst Lockerung
Rad zum Ein- und Ausrollen ist möglich.

Marathon – Fortgeschrittene: 8. – 13. Woche

MARATHON IN 2:25 – 3:30 STUNDEN

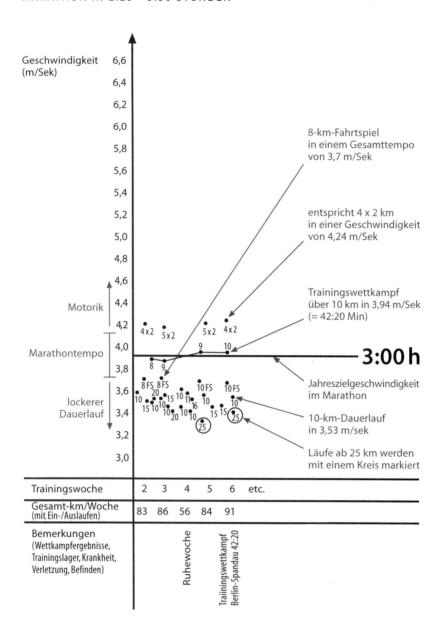

Muster für Trainingsgrafik mit Beispiel-Einträgen –
Bezug: Marathonzeit von 3:00 Stunden

km/h																																																				
27																																																				
26																																																				
25																																																				
24																																																				
23																																																				
22																																																				
21																																																				
20																																																				
19																																																				
18																																																				
17																																																				
16																																																				
15																																																				
14																																																				
13																																																				
12																																																				
11																																																				
10																																																				
9																																																				
8																																																				
7																																																				
6																																																				
Trainingswoche	1	2	3	4	5	6	7	8	9	10	11	12	13	14	15	16	17	18	19	20	21	22	23	24	25	26	27	28	29	30	31	32	33	34	35	36	37	38	39	40	41	42	43	44	45	46	47	48	49	50	51	52
Gesamt-km/Woche (mit Ein-/Auslaufen)																																																				

rkungen

Die Bilanz
Jeder hat seine persönlichen Erfahrungen mit dem vorgestellten Trainingsplan gesammelt, und es ist an der Zeit, Zwischenbilanz zu ziehen. Achten Sie darauf, dass sich das bisher absolvierte Training am Leistungsziel orientiert. Die geplanten Streckenlängen, Geschwindigkeiten, Wiederholungszahlen der einzelnen Einheiten und der Belastungsaufbau im Wochen- bzw. Mehrwochenverlauf müssen aus einem methodischen Guss sein. Zu viele Veränderungen im Training bewirken andere physische und psychische Anpassungsprozesse und damit eine differenzierte Leistungsentwicklung. Falls man feststellt, dass einige Trainingsmittelbereiche zu sehr (im Mittelwert) von der Vorgabe abweichen, dann ist im folgenden Trainingszyklus noch Zeit, dies zu korrigieren. Mit der Trainingsgrafik kann das real absolvierte Training gut überprüft werden. Weitere dazu notwendige Informationen stehen im Trainingstagebuch.

Beispiel-Korrekturen:
- Die Dauerlaufeinheiten sind stereotyp im gleichen Laufniveau;
Korrektur: Die individuelle Tagesform im Rahmen des vorgegebenen Trainingsmittelbereiches mehr zum Tragen bringen; variabler im Lauftempo werden.
- Harte Fahrtspieleinheiten wirken zu lange nach;
Korrektur: Das Fahrtspiel mehr als flüssiges Spiel mit der Geschwindigkeit ansehen, auf keinen Fall permanent bis zum Anschlag laufen; eventuell kann statt im Profil auch im flachen Gelände gelaufen werden.
- Das Wettkampftempo wird über die langen schnellen Dauerläufe sicher realisiert;
Korrektur: Statt 10 bis 15 Kilometer können 12 bis 18 Kilometer im Wettkampftempo gelaufen werden. Im umgekehrten Fall sollte das Streckenmittel etwas verkürzt bzw. bei gravierenden Problemen die Marathonzielstellung überprüft werden.
- Muskelverspannung;
Korrektur: Verstärkte Dehnung und Lockerung, Kontrolle des Vitamin-, Mineral- und Ballaststoffhaushaltes, Massagen oder gegebenenfalls einen Laufsportarzt aufsuchen.

Wenn die Bilanz gezogen wurde, dann sollte der nachfolgende Trainingszyklus (14. bis 20. Woche) unter diesen Gesichtspunkten auf seine Realisierbarkeit überprüft werden.

14. bis 20. Woche

Kennzeichnend für das marathonspezifische Training im dritten Zyklus sind die Verlängerungen mehrerer Dauerläufe auf 15 bis 20 Kilometer, die Erhöhung des Streckenmittels im Wettkampftempo (langer Dauerlauf) auf 15 bis 20 Kilometer mit kurzem Wiederholungslauf (fünf Kilometer) und der konsequente Übergang zu Trainingsläufen über 30 Kilometer. Um das Wettkampftempo einfacher laufen zu können, sollten Samstags Trainingswettkämpfe eingebunden werden.

Aber Vorsicht! Der Zielgeschwindigkeitsbereich darf nicht verlassen werden. Kontrolliertes Laufen nach Marschplan ist angeraten. Sonst besteht die Gefahr, dass ein zu harter Wettkampf die Qualität der Folgeein-

Trainingswettkämpfe: Kontrolliertes Laufen nach Marschplan ist angeraten.

	14. Woche	15. Woche	16. Woche Ruhe	17. Woche	18. Woche	19. Woche	20. Woche Ruhe
Mo	DL 10 km a.T.	DL 10 km a.T.		DL 10 km a.T.	DL 10 km a.T.	DL 10 km a.T.	
Di	Motorik/Kraft 10–12 km FS im Profil mit 10 x 60	Motorik/Kraft 10–12 km FS im Profil mit 10 x 60	5–7 x pro Woche 40–80 Min	Motorik/Kraft 15 km flach mit 10–12 x 60 Sek	Motorik/Kraft 15 km flach mit 10–12 x 60 Sek	Motorik/Kraft 15 km flach mit 10–12 x 60 Sek	5–7 x pro Woche 40–80 Min
Mi	DL 15 km a.T.	DL 15 km a.T.		DL 20 km a.T.	DL 20 km a.T.	DL 20 km a.T.	
Do	WKT 8 x 1000 m Trabpause 3 Min	WKT 6–8 x 1000 m Trabpause 3 Min		WKT 4 x 2000 m Trabpause 3 Min	WKT 4 x 2000 m Trabpause 3 Min	WKT 4 x 2000 m Trabpause 3 Min	
Fr	DL 15 km	DL 10 km	lockerer Dauerlauf	DL 10 km	DL 10 km	DL 10 km	lockerer Dauerlauf
Sa	WKT 15 km	WKT 20 km od. Wettkampf		WKT 15 km 10 Min Pause 5 km	WKT 15 km 10 Min Pause 5 km	WKT 15 km 10 Min Pause 5 km	
So	DL 25 km	DL 30 km		DL 30 km	DL 30 km	DL 30 km	

a.T. 3–4 Serien
Di/Do/Sa Dehngymnastik, sonst Lockerung
Rad zum Ein und Ausrollen ist möglich.

Marathon – Fortgeschrittene: 14.–20. Woche

heiten vermindert. Die Trainingswettkämpfe werden dem Ziel, das Marathontempo unter Wettkampfbedingungen zu stabilisieren, untergeordnet.

Das Training im Sommer sollte nicht ausschließlich unter Hitzebedingungen stattfinden; Flüssigkeitshaushalt beachten.

Um die körperlichen Anpassungsprozesse an der oberen Grenze des Wettkampftempo-Bereiches weiter voranzutreiben, werden 1000-Meter-, später 2000-Meter-Programme eingesetzt (Erarbeiten einer Geschwindigkeitsreserve). Im Fahrtspieltraining das Tempo etwas herausnehmen. Mit der Tempointervallverlängerung auf 60 Sekunden wird jedoch dieses Trainingsmittel weiter effektiv entwickelt.

Der »Belastungszwang«

Das marathonspezifische Training ist in vollem Gange. In den vergangenen 20 Wochen wurden die Belastungsanforderungen laufend erhöht. Das führte zu einer variablen körperlichen Anpassung. Der menschliche Organismus war immer wieder gezwungen worden, sich auf neue Belastungsumstände einzustellen. Diese ständige Veränderung im Training bewirkte eine bessere physische und psychische Verfassung. Die Leistungen, vor allem im Wettkampftempo, werden immer relevanter für den Marathon. Auch wenn es anfangs sehr schwer fiel, nach den 15-Kilometer-Läufen im Renntempo noch etwas schnellere fünf Kilometer zu laufen, so gaben diese Einheiten doch ein enormes Selbstvertrauen. In Kombination mit den langen Dauerläufen (30 bis 35 Kilometer) stellte das Training ein marathonspezifisches Wochenende dar. Außerdem blieb noch Zeit für eine ausführliche und in Ruhe realisierte Dehnungs- und Lockerungsgymnastik.

21. bis 25. Woche

In den letzten fünf Wochen muss das der »Belastungszwang« konsequent fortgesetzt werden. Deshalb werden in den beiden Wettkampftempoeinheiten (kurz/lang) noch einmal Streckenverlängerungen vorgenommen, also statt der vier Mal zwei Kilometer werden im gleichen Tempobereich drei Mal drei Kilometer gelaufen. Die langen schnellen Dauerläufe (um 20 Kilometer) sollten in Form von Trainingswettkämpfen umgesetzt werden. Die Motorikeinheit darf nicht überzogen werden. Sie dient ausschließlich zur Stabilisierung der Tempovariabilität und sollte kontrolliert gelaufen werden.

Auch hier gilt das Prinzip: Der Läufer beherrscht die Geschwindigkeit und nicht umgekehrt!

Eine sehr wichtige Bedeutung hat die 23. Woche – also die dritte Woche vor dem Marathonlauf. Mit ihr wird der Schlusspunkt hinter das Marathontraining gesetzt. Das Hauptaugenmerk liegt in dieser Woche auf dem Wettkampftempo. Mit drei Trainingseinheiten wird eine Gipfelbelastung erzielt. Zudem liegen die Gesamtlaufkilometer pro Woche über dem bisherigen Wochendurchschnitt.

Der Belastungsblock (21.–23. Woche) klingt mit zwei bis drei lockeren Dauerlauftagen (in der 24. Woche) aus.

Der Countdown
In den letzten elf Tagen steht das Lockerwerden im Mittelpunkt. Die zu realisierenden Einheiten sind betont kontrolliert zu laufen. Der Anteil an Lockerungs- und Dehnungsgymnastik kann auch erhöht werden.

Eine Marathon-Diät ist nicht zwingend nötig. Das absolvierte Training ist der Garant für eine gute Leistungsfähigkeit im angegebenen Wettkampfniveau.

	21. Woche	22. Woche	23. Woche	24. Woche	25. Woche
Mo	DL 10 km	DL 10 km	DL 10 km	DL 10 km locker	DL 10 km
Di	DL 10 km	Motorik/Kraft 10 – 12 km FS flach mit 15 x 30 Sek	WKT 10 km (15 km)	DL 10 km locker	WKT 10 km
Mi	WKT 3 x 3 km Trabpause 5 Min	DL 20 – 25 km	DL 25 km	frei	DL 15 km
Do	DL 15 – 20 km	WKT 3 x 3 km Trabpause 5 Min	WKT 3 x 3 km Trabpause 5 Min	Motorik 10 – 12 km mit 15 x 30 Sek	frei
Fr	DL 10 km	DL 10 km	DL 15 km	DL 10 km	frei
Sa	WKT 20 km (WK bis 25 km)	WKT 20 km (WK bis 25 km)	WKT 10 km 10 Min Pause 10 km	WKT 15 km	Einlaufen Laufschule Auslaufen
So	DL 30 km	DL 30 km	DL 35 km	DL 25 – 30 km	**Marathon**

ab 23. Woche keine Athletik mehr
Erhöhung des Anteils an Dehnungs- und Lockerungsgymnastik
23. Woche = Gipfelwoche (Woche mit höchstem Gesamtumfang)

Marathon – Fortgeschrittene: 21.–25. Woche

Die letzten Tage sind durch lockeres Traben, leichte Laufschule, kohlenhydratreiche Kost und natürlich viel Geduld gekennzeichnet.

Die Nachbereitung des Marathonlaufes
Ein Marathonlauf stellt immer eine außergewöhnliche Belastung dar. Unabhängig davon, wie er in Bezug auf den aktuellen Trainingszustand, die äußeren Wettkampfbedingungen oder die individuelle Renntaktik absolviert wurde: Zur schnellen Regeneration des Körpers von der Wettkampfbelastung müssen jetzt die Protein-, Kohlenhydrat-, Mineral- und Vitamindepots wieder aufgefüllt werden. Die Nahrung muss ausgewogen sein. Unmittelbar nach dem Lauf kann feste, leicht verdauliche Nahrung zugeführt werden. Beim Trinken nicht zum »Fass ohne Boden« werden: Lieber häufiger und Schlückchen- als literweise Flüssigkeit zu sich nehmen. Hochkonzentrierte isotonische Getränke meiden (Gefahr des Erbrechens). Säfte oder verdünnte »Fitmacher« sind zu bevorzugen.

Die Dehnung nach dem Wettkampf sollte leicht und sehr sensibel realisiert werden. Eine Überstrapazierung der sowieso schon stark beanspruchten Muskeln, Muskelansätze und Sehnengewebe ist nicht zu empfehlen. Am folgenden Tag kann konsequenter gearbeitet werden. Nach dem Zieleinlauf ist ein Hochlegen der Beine bzw. ein Ausstreichen der Waden mitunter angenehmer.

Statt Auslaufen können, je nach Möglichkeit, Schwimmen oder Radfahren sinnvollere Alternativen darstellen. Hier spielen die persönlichen Erfahrungswerte und Neigungen eine große Rolle.

Als sehr angenehm wird von vielen Läufern eine physische und psychische Entspannung in der Sauna empfunden. Die Sauna sollte nach einem Marathonlauf mehr im Sinne eines Aufwärmraumes angesehen werden, um den Flüssigkeitsverlust nicht unnötig zu erhöhen.

Nicht zu unterschätzen ist der Erfahrungsaustausch nach dem Wettkampf. Er ist auch ein Teil des allgemeinen Regenerationsprozesses.

Wer die Möglichkeit hat, kann sich auch einige Minuten hinlegen und ruhen oder schlafen, bevor es auf die Heimreise oder zur Abschlussfeier geht.

Das Training nach dem Marathonlauf muss primär kompensatorischen Charakter besitzen. Der Hauptteil des Trainings wird über Laufen, Radfahren, Schwimmen, Aqua-Jogging und/oder ähnliche Belastungen im aeroben Bereich umgesetzt. Athletik und Gymnastik spielen eine wichtige Rolle. Ergänzt werden können diese Trainingsmittel durch höhere motorische Reize in Form von Steigerungen oder leichtem Fahrtspiel. Diese Phase des Trainings sollte zwei bis drei Wochen andauern. Achten Sie in dieser Zeit besonders stark auf die individuelle Tagesform. Physiotherapeutische Maßnahmen beeinflussen die Regeneration entscheidend.

Jahresgrafik Marathon

Zur besseren Veranschaulichung der in den Texten beschriebenen trainingsmethodischen Prinzipien soll auf den folgenden Seiten eine Originalgrafik des Trainings von Dr. Klaus Goldammer (mehrfacher Sieger internationaler Marathons, letzter DDR-Meister im Marathon/Leipzig, erfolgreicher internationaler Mastersläufer) vorgestellt werden.

Folgende Aussagen lassen sich ablesen:
- Im gesamten Trainingsjahr ist eine klare Differenzierung zwischen den einzelnen Trainingsbereichen erkennbar.
- Die Periodisierung im Verlaufe des Trainingsjahres ist gut nachvollziehbar: Hallen-, Cross-, Straßenlauf- und Marathonvorbereitung sowie Ruhe- und Übergangsphasen.
- Das Training in der Marathonzielgeschwindigkeit wird ganzjährig, entsprechend des jeweiligen Saisonzieles, betrieben.
- In der Entwicklung der Grundlagenausdauer spielen regelmäßig eingesetzte Sauerstoffläufe eine wichtige Rolle.
- In bestimmten Trainingsphasen wird die Entwicklung der Unterdistanzfähigkeit (Geschwindigkeitsreserve) gezielt forciert.
- Be- und Entlastungsphasen sind deutlich erkennbar (auch bei Verletzung).
- Die Wettkämpfe im Jahresverlauf sind weitestgehend den beiden Hauptwettkämpfen (Frühjahrs- und Herbstmarathon) untergeordnet.

JAHRESGRAFIK MARATHON

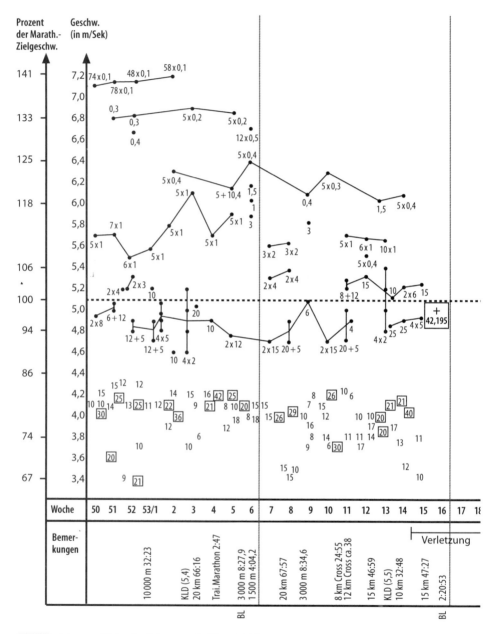

Jahresgrafik Lauftraining von Dr. Klaus Goldammer
in Bezug zur geplanten Marathonzeit von 2:18 Stunden

FORTGESCHRITTENE

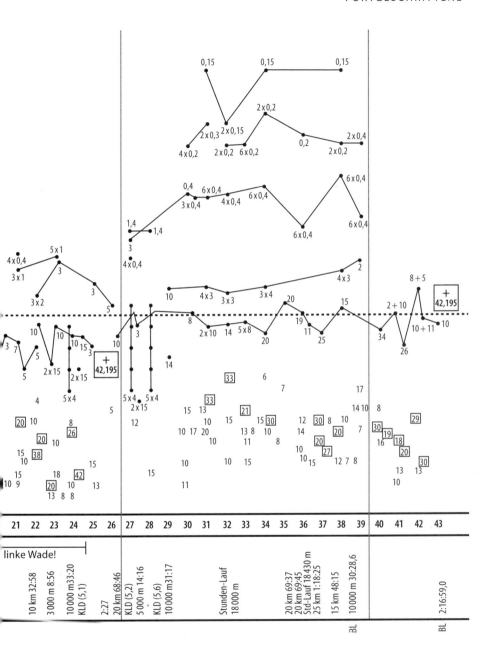

Hinweise: Angaben in der Grafik in km; 30 = langer, lockerer Dauerlauf über 20 km
BL = Bestleistung; KLD = komplexe Leistungsdiagnostik

Alternatives Winter-Lauf-Training

Lauf/Skilanglauf-Kombination

Jeder Läufer hat auch Neigungen zu anderen Sportarten. Oft findet man die Kombination mit Spielsportarten wie Tennis, Badminton oder Volleyball, häufiger mit Radsport, Schwimmen, Skilanglauf oder Inlineskaten. Sportliche Vielfalt ist immer ratsam, ohne dabei das Laufen aus dem Auge zu verlieren. Der Winter reizt die Läuferschar zum Gang in den verschneiten Wald: Fünf Zentimeter Pulverschnee und stahlblauer Himmel – was will das Läuferherz mehr!

Der nachfolgende Abschnitt soll eine Möglichkeit aufzeigen, wie Laufen und Skilanglauf günstig kombiniert werden können. Dabei wird von fünf Trainingseinheiten pro Woche ausgegangen. Das Wochenende eignet sich sehr gut für das Skitraining. Unter der Woche sind Lauftraining, Athletik und Dehnung eingeplant.

	1.–3. Woche	4. Woche Ruhe	5.–7. Woche	8. Woche Ruhe	9.–11. Woche	12. Woche
Mo	Athletik Dehnung Sauna	Athletik Dehnung	Athletik Dehnung Sauna	Athletik Dehnung	Athletik Dehnung	Athletik Dehnung
Di	GA_1 – FS 60 Min 5 Min/ 1 Min	GA_1 60 Min	GA_1 – FS 75 Min 5 Min/ 1 Min	GA_1 60 Min	GA_1 – FS 90 Min 5 Min/ 1,5 Min	GA_1 60 Min
Mi						
Do	GA_1 90 Min Athletik Dehnung	GA_1 60 Min Dehnung	GA_1 90 Min Athletik Dehnung	GA_1 60 Min Dehnung	GA_1 90 Min Athletik Dehnung	GA_1 60 Min Dehnung
Fr						
Sa	Ski GA_2 2 x 30 Min Pause 5 Min	Ski GA_1 90 Min	Ski GA_2 3 x 30 Min Pause 5 Min	Ski GA_1 90 Min	Ski GA_2 2 x 45 Min Pause 5 Min	Ski GA_1 90 Min
So	Ski GA_1 2–3 h	Ski GA_1 90 Min	Ski GA_1 3–4 h	Ski GA_1 90 Min	Ski GA_1 4 h	Ski GA_1 90 Min

Winter-Training: Laufen und Skilanglauf

Zum Wochenverlauf

Nach dem umfangreichen Wochenendtraining bietet sich der Montag als Schontag an. Eine Athletikeinheit unter läuferspezifischen Gesichtspunkten trägt zur Verbesserung der allgemeinen muskulären Situation bei. Der Schwerpunkt sollte auf der Entwicklung der Kraftausdauer liegen: wenig Gewicht auflegen, viele Wiederholungen und kurze Pausen (zum Beispiel 5 x 20 WH mit 30 Sekunden Pause pro 15 Kilo). Die Übungen müssen sauber ausgeführt werden, um Fehlbelastungen und Verletzungen vorzubeugen.

Das anschließende Dehnungsprogramm trägt zur besseren Belastungsverarbeitung, zur Verletzungsprophylaxe und zum gesteigerten Wohlbefinden bei. Lassen Sie sich dazu viel Zeit und dehnen stark verkürzte Muskelgruppen ausgiebig. Der Saunagang rundet die Trainingseinheit ab. Körper und Geist laufen im Gleichklang. So wird nicht nur körperlich, sondern auch geistig regeneriert. Dienstag ist der Tag der höheren Laufmotorik. Ein Fahrtspieltraining bietet sich in der kalten Jahreszeit an. Ohne Pause (Erkältungsgefahr!) wird eine Stunde lang mit dem Lauftempo gespielt. Fünf Minuten werden im GA_1-Tempo absolviert. Danach wird das Tempo eine Minute kontrolliert in den anaeroben Bereich (Herzfrequenz > 160 Schläge pro Minute) angehoben. Anschließend muss wieder im aeroben Bereich (HF < 150 Schläge pro Minute) gelaufen werden. Wenn sich Herz, Kreislauf, Stoffwechsel und Atmung wieder beruhigt haben, wird das nächste Intervall gestartet.

Nach einem Ruhetag steht am Donnerstag der klassische, lockere Dauerlauf im Mittelpunkt des Trainings. Hier geht es um eine Sauerstoffdusche für den Körper. Über langsames Laufen (aerob) wird insbesondere der Fettstoffwechsel angeregt. Nur wer eine gute Grundlage hat, ist belastungsverträglicher und leistungsfähiger. Am Wochenende wird klassisch oder im Freistil Ski gelaufen. Über GA_1/GA_2-Belastungen soll die Grundlagenausdauer ökonomisiert und verbessert werden. In der Regel finden die GA_2-Belastungen in einem Pulsbereich zwischen 150 und 170 Schlägen pro Minute statt. Zuvor und danach sollten mindestens 15 bis 20 Minuten GA_1-Belastungen durchgeführt werden. Am Sonntag hat sich eine Skiwanderung bewährt. Der Puls ist etwa zwischen 130 und 140 Schlägen pro Minute zu halten.

Mehrwochenverlauf

Der oben beschriebene Wochenablauf ist über drei Wochen einzuhalten. Dann folgt die Entlastung mit der Ruhewoche. Sie läuft ohne intensive (Fahrtspiel/Athletik) und lang andauernde Belastungen ab. Das Fahrtspieltraining wird über die Gesamtbelastungszeit und die Verlängerung der Intervallzeit stetig entwickelt. Auch die GA_2-Belastung wird aufgebaut. Nur das ständige, gezielte Fordern des Körpers bringt die entsprechenden Anpassungen mit sich.

Die Straße ruft – mit dem Frühjahr kommt die Sonne

Endlich ist die graue Laufjahreszeit vorbei. Das Frühjahr und die Lust, schneller zu laufen und an Wettkämpfen teilzunehmen, kündigen sich an. Aber wie stelle ich mein Training um? Die Umstellung hängt vom aktuellen Trainingszustand ab. Nachfolgend werden zwei Grundsituationen beschrieben:
• das Training nach einer gut gestalteten Winterperiode ohne Ausfälle,
• das Training nach verletzungs- oder krankheitsbedingtem Ausfall

Beide Situationen erfordern eine vollkommen unterschiedliche Herangehensweise an die Trainingsplanung.

Gutes Wintertraining ohne Ausfälle

Zu vielseitigem Wintertraining gehören lange, lockere Dauerläufe, Skifahren, Schlittschuhfahren, der Besuch im Fitnessstudio zur allgemeinen Kräftigung der Muskulatur oder eventuell auch das Winter-Biking. Kurzum: Das Training im aeroben Bereich mit einigen wenigen höheren motorischen Komponenten (wie Steigerungsläufe, Fahrtspieltraining) lief ohne wesentliche Ausfälle drei Monate lang problemlos ab. Es wurde genug Sauerstoff getankt, um nun auf einer soliden Ausdauergrundlage die Frühjahrswettkämpfe vorzubereiten.

Unter diesen Voraussetzungen kann das Training ab März in Hinblick auf die Straßenwettkämpfe von acht Kilometern angefangen bis hin zum Halbmarathon intensiviert werden. Der nachfolgende Trainingsvorschlag führt zur Erhöhung der Grundlagenausdauer und zur Verbesserung der wettkampfspezifischen Laufleistung.

Farbe im Training!
Drei Grundbereiche müssen im Training klar unterschieden werden:
• *Grundlagenausdauer 1 (GA1)*
Es wird der Grundstoffwechsel (Fettstoffwechsel) ökonomisiert. Er dient als Grundlage für das gesamte Training. Ein gut funktionierender Fettstoffwechsel hilft einerseits, intensivere Belastungen besser wegzu-

stecken (erhöhte Wiederherstellungsfähigkeit) und lässt andererseits absolut »härtere« Belastung zu.
60 bis 70 Prozent des Gesamttrainingsumfanges müssen in diesem Bereich absolviert werden. »Supersauerstoffläufe« und lockere Dauerläufe von 60 bis 90 Minuten sind das entsprechende Trainingskonzept. Lieber langsamer und länger laufen! Oft liegt der Kilometerschnitt bei 5:00 bis 6:00 Minuten. In diesem Bereich empfiehlt sich das Training nach Pulsvorgabe. Wer seinen Pulsbereich nicht kennt, der sollte ihn bestimmen lassen. Die Herzschlagfrequenz sollte beim lockeren Dauerlauf unter 150 Schlägen pro Minute liegen. Und nebenbei gesagt: Hier werden tatsächlich Fette abgebaut!

- *Grundlagenausdauer 2 (GA$_2$)*
Dieser Bereich dient zur Erhöhung des Grundlagenniveaus. Er wird auch als aerober-anaerober Übergangsbereich bezeichnet, der den Mischstoffwechsel und damit Fette und Kohlenhydraten zur Energiegewinnung nutzt. So wird mehr Sauerstoff benötigt als pro Zeiteinheit zur Muskulatur transportiert werden kann. Das führt dann zum Ansäuern im Muskel (Laktatbildung, Beine werden schwer). Ein regelmäßiges, dosiertes Training in diesem Bereich »zwingt« den Körper, Anpassungen zu schaffen, die letztlich zu einer ökonomischeren Arbeitsweise bei gleichem Tempo führen.
Streckenlängen von acht bis 15 Kilometer sind gut geeignet, um den GA$_2$-Bereich über einen konstant schnellen Dauerlauf zu treffen. Die Herzschlagfrequenzen liegen bei den meisten Sportlern zwischen 160 und 170 Schlägen pro Minute. Aber es wurden auch schon Sportler getestet, die einen Pulsbereich im GA$_2$-Training von 170 bis 180 Schlägen bzw. von 150 bis 160 Schlägen pro Minute hatten.

- *Training in höherer Laufmotorik*
Durch dieses stoffwechselintensive Training werden Geschwindigkeitsreserven erschlossen. Unter anderem wird die Schrittstruktur (Schrittlänge, -frequenz) verbessert. Die einzelnen Regulationsebenen (zum Beispiel maximales Herzfrequenzverhalten) werden individuell ausgeschöpft. Damit ist der Sportler in der Lage schneller und konzentrierter zu laufen. Intervalltraining, Fahrtspiel und Tempowechseltraining sind geeignete Trainingsmittel. Auf jeden Fall sollte schneller als im Wettkampf (8 Kilometer bis Halbmarathon) gelaufen werden. Die Herzschlagfrequenzen sind höher als 170 Schläge pro Minute.

FRÜHJAHRS-LAUF-TRAINING

Im Wochenverlauf muss auf eine deutliche Be- und Entlastungsdynamik geachtet werden (siehe Trainingsplan »8 Kilometer bis Halbmarathon«). Falls vier Mal Training möglich ist, so könnte die Belastungsverteilung wie im Planbeispiel erfolgen. Der Schwerpunkt liegt auf dem Wochenende. Hier haben die Freizeitsportler die meiste Trainingszeit zur Verfügung. Die Kombination Samstag GA_2 und Sonntag GA_1 (lang) hat sich als äußerst effektiv herausgestellt. Eventuell kann die GA_2 auch als Form eines Trainingswettkampfes gelaufen werden. Aber Vorsicht: nicht überziehen!

Am Donnerstag könnte ein kürzerer, lockerer Dauerlauf absolviert werden. Das höhere Motoriktraining wird in unserem Fall in Form von Fahrtspiel durchgeführt. In dieser Einheit heißt es: Der Läufer beherrscht die Geschwindigkeit und nicht umgekehrt! Also aufpassen. Die schnellen Intervalle innerhalb der Zehn- bis 15-Kilometer-Fahrtspieleinheit müssen kontrolliert schnell gelaufen werden. Die Intervalle sollen über die gesamte Distanz relativ gleichmäßig verteilt werden.

Kein schlechtes Gewissen!
Dieses Prinzip wird über drei Wochen beibehalten (Belastungsblock). Anschließend folgt die wohlverdiente Ruhewoche. Selbstverständlich wird weiter trainiert, aber eben viel ruhiger. Ausschließlich Regenerations- und

	3 Wochen	1 Woche Ruhe	3 Wochen	1 Woche Ruhe	3 Wochen	1 Woche Ruhe
Mo						
Di	GA_1 – FS 60 Min 5:30	GA_1 60 Min	GA_1 – FS 75 Min 5:45	GA_1 60 Min	GA_1 – FS 90 Min 5:1	GA_1 60 Min
Mi						
Do	GA_1 60 – 75 Min 10 x 100 STL	GA_1 60 Min	GA_1 75 – 90 Min 10 x 100 STL	GA_1 60 Min	GA_1 90 Min 10 x 100 STL	GA_1 60 Min
Fr						
Sa	GA_2 8 – 12 km	GA_1 90 Min	GA_2 12 – 15 km	GA_1 90 Min	GA_2 15 km	GA_1 90 Min
So	GA_1 lang 1:45 h	GA_1 60 Min	GA_1 lang 2 h	GA_1 60 Min	GA_1 lang 2 h	GA_1 60 Min

8 Kilometer bis Halbmarathon

GA_1-Belastungen stehen im Mittelpunkt des Trainings. Wem der Belastungsblock zu schwer gefallen ist, der sollte auch den Gesamtumfang der Woche reduzieren. Keine Angst vor »weichen« Kilometern mit langsamer Geschwindigkeit. Und vor allem: Kein schlechtes Gewissen, wenn eine kurze Zeit nur locker trainiert wird. Der Körper und die sportliche Form werden es Ihnen danken!

Der zweite Belastungsblock läuft ähnlich ab. Die Intervalle im Fahrtspieltraining (auf Straße und im Gelände) werden verlängert. Auch das Tempo des schnellen Dauerlaufes (GA_2) wird auf eine längere Strecke übertragen. Nur ein kontinuierliches Training in den einzelnen Trainingsbereichen (acht bis zwölf Wochen) bringt am Ende die gewünschte Anpassung. Ein sporadischer Nutzen vieler unterschiedlicher Trainingsmittel führt nur zu unklaren Leistungsverhältnissen.

Wintertraining mit Ausfallzeiten
Verletzungen und Infekte schlagen gerade im Winterhalbjahr oft zu. Wenn das Training nur sehr unregelmäßig durchgeführt werden konnte, liegt die Motivation am Boden. Was tun?

Hier gibt es nur einen Ratschlag: Ruhe bewahren und zuerst grundieren. Dieser einfache Satz birgt Erfahrungen von Laufgenerationen. Viele haben nach Trainingsausfällen versucht Rom an einem Tag zu erbauen. Mit sehr intensiven Trainingsbelastungen wurden schnell scheinbare Formverbesserungen erzielt, die das missglückte Winterhalbjahr vergessen ließen. Das Laufgefühl kam wieder, und alles schien in Ordnung zu sein – bis zu dem Tag, an dem nichts mehr ging. Diagnose: Der Organismus ist ausgebrannt durch mangelnde Ausdauergrundlage und zu hohe intensive Belastungen. Man kann es noch härter formulieren: Raubbau am eigenen Körper!

Nach Ausfallzeiten: Ruhe bewahren und mindestens einen Monat lang Grundlagen legen

Mindestens ein Monat sollte in die Schaffung einer Grundlage investiert werden. In erster Linie muss ein regelmäßiges, lockeres Lauftraining gesichert werden. Das Dauerlaufen muss zuerst im Umfang und später im Tempo erhöht werden. Wer solch eine Sauerstoffdusche konsequent realisiert, der spürt nach einiger Zeit, wie sich die Handbremse löst. In dieser Phase sind Wettkämpfe zu meiden!

Danach kann ein Training, so wie oben angegeben, begonnen werden. Nur wenn die Grundlage wie ein Fels in der Brandung steht, sind bei intensiverem Training auch Erfolge zu erwarten.

Wenn der Hafer sticht –
Gedanken zum nachwinterlichen Trainingslager

Die Gedanken der Läuferinnen und Läufer beginnen sich auf das Frühjahr zu konzentrieren. Die relativ triste Winterzeit ist fast vorbei. Jeder freut sich auf die ersten wärmeren Tage. Gearbeitet haben Sie im Winterhalbjahr viel. Nun gut, vielleicht waren einige Tage aufgrund von Erkältungen nicht so effektiv, aber eigentlich müsste doch einiges vorhanden sein. Der Vergleich zum Vorjahr fällt schwer, da die wenigen Winterwettkämpfe in der Regel nicht unter günstigen Bedingungen abliefen. Manchmal war es zu kalt, dann wieder zu glatt …

Wie nah liegt da der Gedanke, noch einmal richtig aufzutrainieren. Im Hellen läuft es sich besser. Gipfelwochen, Intensitäten, Wettkampfserien, Trainingswochenenden und sogar längere Trainingslager werden geplant. Aber wo soll ich mit der Planung anfangen? Wann ist der beste Zeitpunkt für ein Trainingslager, und wie sieht das Training dazu aus? Fragen über Fragen.

Das Beispiel von Leistungsläufern, die einen Frühjahrsmarathon vorbereiten, erläutert uns, wie ein Trainingslager (ohne Höhe) methodisch in das Trainingskonzept eingebettet wird. Sicherlich führen auch hier viele Wege nach Rom, aber die dargelegten Gedanken sollen all jenen einen Impuls geben, die in dieser Frage noch etwas unerfahren sind.

Ausgangsposition

Wichtig ist, dass das Wintertraining regelmäßig und in guter Qualität absolviert werden konnte. Ein Trainingslager nach einer Krankheit oder länger andauernden Verletzung zu gestalten, geht in den seltensten Fällen gut. Oft schwingt dann der Gedanke mit: Nun kann ich alles Versäumte nachholen! Die Folgen sind meist Übertraining, erneute Verletzungen und Unzufriedenheit. Dieser Effekt wird besonders in Trainingslagern unter Höhenbedingungen verstärkt. Schade um Zeit, Geld, Aufwand und Nerven!

Man sollte sich über das Ziel des Trainingslagers im Klaren sein. In unserem Beispiel ist das Lager Hauptbestandteil der Vorbereitungen auf einen Frühjahrsmarathon. Die Wochenkilometer werden deutlich angehoben, und als Schwerpunkteinheiten zählen das Training im geplanten Wettkampftempo (aerober-anaerober Übergangsbereich/GA_2) und das aerobe Training (GA_1) zur weiteren Ökonomisierung des Grundlagenausdauerniveaus (Fettstoffwechseltraining). Das Training wird ergänzt durch einige höhere motorische Reize (kurze Tempoläufe, Steigerungsläufe) und umfangreiche aktive und passive rehabilitative Maßnahmen. Wettkämpfe unmittelbar nach dem Trainingslager sind nicht vorgesehen.

Zwei Belastungszyklen von je 2,5 Wochen mit einer Ruhewoche sind schon zur Vorbereitung des Marathonlaufes erfolgreich trainiert worden. Das Trainingslager soll nun eine individuell deutlich höhere Reizauslenkung ergeben. Der Abstand von vier Wochen zum Marathonlauf wurde gewählt, damit genügend Zeit bleibt, um das Training wachsen zu lassen.

*1. Grundsatz:
Ein Trainingslager sollten Sie nur aus einer guten sportlichen Form heraus angehen.*

Die Vorbereitungswoche

Um den bisherigen Trainingsablauf körperlich und geistig gut zu verarbeiten und um eine optimale Einstimmung auf den Belastungsblock im Trainingslager zu geben, werden in der 7. Woche vor dem Wettkampf fünf Trainingstage mit entspannendem Charakter eingeplant. Radfahren, Joggen, Schwimmen ... jede aktive Bewegungsform ist erlaubt, sofern sie kontrolliert und locker umgesetzt wird. Gleichzeitig können alle Dinge in diesen Tagen erledigt werden, die zur praktischen Vorbereitung des Trainingslagers noch nötig sind (Anreise, Material, Bekleidung, Sonderkost, sonstige Ausrüstung ...).

*2. Grundsatz:
Ihre individuellen Zielen sollten klar bestimmt und das Trainingslager zeitlich in das Trainingsjahr eingebettet sein.*

Der Anreisetag ist in der Regel trainingsfrei. Ein schlechtes Gewissen wegen eines »Verlusttages« braucht keiner zu haben.

Die Belastungsphase

Wie im Trainingslagerplan zu erkennen ist, stehen 15 volle Belastungstage zur Verfügung. Es geht nicht darum, die unterschiedlichen Trainingsinhalte maximal anzuordnen, sondern eine individuell günstige Belastungsverteilung zu erreichen.

*3. Grundsatz:
Eine deutliche Be- und Entlastungsdynamik vor, während und nach dem Trainingslager sichert optimale Anpassung.*

Es hat sich bewährt, die ersten beiden Tage locker zu trainieren (GA_1), um sich zu akklimatisieren. Bei dieser Gelegenheit kann die nähere Umgebung erkundet werden.

Als Auftakt für den Belastungsblock wurden Läufe über 300 Meter gewählt, die lauftechnisch sicher, also submaximal, absolviert werden sollten. Der Begriff »Auftakteinheit« trifft hier zu, da mit diesem Training eine gewisse Standortfindung und ein erhöhter Muskeltonus als Vorbereitung für die Haupteinheiten (GA_2) erreicht werden soll. Nach einem Entlastungstag folgt dann die erste Haupteinheit. In unserem Fall sind das zwei

169

TRAININGSLAGER

schnelle Dauerläufe im geplanten Marathontempo. Nach so einer stoffwechselintensiven und mental anspruchsvollen Trainingseinheit müssen zwei Tage eingeplant werden, an denen schonend gelaufen wird. Dieses kurz geschilderte Prinzip wird bis zum 15. Tag wiederholt (siehe Trainingsplan »Trainingslager« auf Seite 171). Damit werden einerseits qualitativ hochwertige Einheiten gewährleistet, und andererseits bleibt genügend Zeit zur Belastungsverarbeitung.

4. Grundsatz: Hüten Sie sich vor Belastungseuphorie! Sie führt zur Fehleinschätzung der Belastungswirkung. Am Ende fällt man in den Keller.

Neben der Orientierung an Zielleistungen spielt die Trainingskontrolle eine große Rolle im Trainingslager. Am einfachsten erfolgt dies über die Erfassung von Pulswerten. Als grobe Einteilung können für die angegebenen Trainingsmittel folgende Pulsbereiche genannt werden (Belastungsintensität nach Pulswerten):

KB < 140 Schläge/Min
GA_1: 140–150 Schläge/Min
GA_2: 155–165 Schläge/Min
SA > 170 Schläge/Min

(Diese Angaben sind Erfahrungswerte und sollten individuell über einen Stufentest bestimmt werden.)

Besser ist es, seine individuellen Schwellenwerte zu kennen. Die Regulationen der einzelnen körperlichen Funktionsebenen unter Belastung (wie Herz, Kreislauf, Stoffwechsel, Atemgassystem) können entsprechend dem Alter, Geschlecht, Leistungsniveau und Trainingszustand beträchtliche Unterschiede aufweisen. So ist eine aktuelle Standortbestimmung (→ *mehr über Testverfahren ab Seite 27*) in jedem Fall sicherer.

Anzeichen wie unruhiger Schlaf mit Krämpfen und Zuckungen, zunehmende Trainingsunlust, extrem gesteigertes Durstgefühl, Gereiztheit, Kopfschmerz, steigender Ruhepuls oder Laufen mit Handbremse können auf ein Übertraining hinweisen. Die einzig sinnvolle Alternative in dieser Situation ist, die Intensität sofort zu vermindern und zwei bis drei Sauerstofftage (Joggen, Wandern …) einzuschieben. Das Trainingslager mit der Brechstange durchzuziehen, ist falsch!

Die Nachbelastungswoche

Mit dem Abreisetag wird die Verarbeitungsphase des Trainingslagers eingeleitet. Der Körper fordert Entlastung! Entweder in Form von Verletzungen bzw. Übertraining, oder – wesentlich besser: Man räumt ihm zuvor durch

FORTGESCHRITTENE

Ruhephasen die Chance ein, die absolvierten Belastungen in Ruhe wachsen zu lassen. Ein sechstägiges konsequentes KB-GA_1-Training wird am Ende als Gewinn zu verbuchen sein. Also, nur Mut!

In den verbleibenden Wochen bis zum Marathonlauf wird das Training mit etwas vermindertem Umfang und zunehmend gesteigerter Intensität (flüssiges Laufen im Marathontempo, Spritzigkeit) unter vertrauten Bedingungen gestaltet.

5. Grundsatz: Die Reizverarbeitung und damit die Umsetzung des Trainings in Leistung benötigt Zeit. Nehmen Sie sich diese Zeit!

	Vorbereitungswoche	Trainingslager	Trainingslager	Nachbereitungswoche	Training
	7. Woche	8. Woche	9. Woche	10. Woche	11. Woche
Mo	KB	GA_1 10 km SA 15 x 300 m 200 m Trabpause Trabpause	GA_1 20 km	KB	KB
Di	KB	GA_1 15 km GA_1 15 km	GA_1 10 km SA 15 x 300 m	KB	SA 10 – 15 x 300 m 200 m Trabpause
Mi	KB	GA_2 2 x 10 km Pause 10 Min KB 8 – 10 km	GA_1 15 km GA_1 15 km	KB	GA_1 15 km
Do	KB	GA_1 20 km	GA_2 15 + 5 km Pause 10 Min KB 8 – 10 km	KB	GA_1 – FS 15 km mit 8 x 2 Min Intervall
Fr	Anreise	GA_1 10 – 15 km GA_1 10 – 15 km	GA_1 20 – 25 km	GA_1 15 km + STL 10 x 100 m	GA_1 10 – 15 km
Sa	GA_1 10 – 15 km GA_1 10 – 15 km	GA_{1-2} 30 km	GA_1 30 – 35 km	GA_1 – FS 10 – 15 km mit 10 x 30 sec Intervall	GA_2 15 + 5 km
So	GA_1 30 km	GA_1 10 – 15 km GA_1 10 – 15 km	KB 8 – 10 km Abreise	GA_1 30 km	GA_1 30 km

Trainingsplan Trainingslager

Zusatzangebot:
Wettkampftraining für die 10 bis 15 Kilometer

Ausgangsposition

Wettkampfstrecken auf Bahn, Straße oder im Gelände über eine Distanz von zehn bis 15 Kilometer sind in Läuferkreisen sehr beliebt. Es gibt eine Vielzahl von Organisatoren, die diese Strecke im Programm haben. Der aktive Läufer nutzt dieses Angebot als Hauptwettkampfstrecke oder er bereitet mit Hilfe dieser Streckenlängen Halbmarathon- bzw. Marathonleistungen vor. Unabhängig von der Zielstellung, mit der man diese Strecken in Angriff nimmt: Der Belastungsbereich von mehr als einer halben Stunde stellt eine enorme Anforderung an den menschlichen Organismus dar. Diese Leistung muss kontinuierlich vorbereitet werden.

Voraussetzung:
Ein mindestens drei-
jähriges, regelmäßiges
Lauftraining

Das nachfolgend beschriebene »Wettkampftraining zehn bis 15 Kilometer« zeigt eine von vielen Möglichkeiten auf, diese Wettkampfstrecken vorzubereiten. Vorausgesetzt wird ein mindestens dreijähriges, regelmäßiges Lauftraining.

Fünf bis sechs Trainingseinheiten mit zum Teil sehr unterschiedlicher Aufgabenstellung werden geplant, um ein Leistungsniveau von 33 bis 40 Minuten bei den Männern und 36 bis 45 Minuten bei den Frauen zu entwickeln. Die Zielleistung über zehn Kilometer ist als Planungsgrundlage zu betrachten und wird mit 100 Prozent angegeben. Geschwindigkeiten und Streckenlängen beziehen sich auf diese Größe. Jede Läuferin bzw. jeder Läufer muss sich also, nachdem ein realistisches Ziel über zehn Kilometer gesetzt wurde, eine Tabelle erstellen, in der die Tempobereiche von 60 bis 120 Prozent auf den differenzierten Streckenlängen (in Bezug auf die persönliche Zehn-Kilometer-Zielleistung) angegeben sind. Dies ist zur Sicherung der Qualität des Trainings notwendig.

Das Training erstreckt sich über drei Zyklen à sechs Wochen.
1. Zyklus – Grundlagenphase
2. Zyklus – spezielle Vorbereitung
3. Zyklus – Wettkampfserie

1. Zyklus – Grundlagenphase

Bevor in den ersten Zyklus eingestiegen wird, ist es wichtig zu prüfen, ob die Voraussetzungen für den Beginn des Trainings gegeben sind: Sind die gesundheitlichen Bedingungen in Ordnung? Ist der veranschlagte zeitliche Rahmen realistisch? Befinde ich mich in einem allgemein guten psychischen und physischen Zustand? Günstig erscheint eine vorab realisierte

FORTGESCHRITTENE

zweiwöchige Kompensationsphase, um Übertrainingserscheinungen auszuschließen.

Wer mit diesem Programm startet, der sollte sich darüber im Klaren sein, dass jede Trainingseinheit eine spezielle Aufgabe hat und in einer bestimmten Reihenfolge innerhalb einer Woche eingebaut ist. Die einzelnen Programme verfolgen eine mehrwöchige Entwicklung (wie Veränderung der Streckenlänge bzw. Wiederholungszahlen). Ein solches zeitlich effektiv

	1. Woche	2. Woche	3. Woche Ruhe	4. Woche	5. Woche	6. Woche Ruhe
Mo	Einlaufen 5 km Athletik/ Gymnastik	Einlaufen 5 km Athletik/ Gymnastik	Einlaufen 5 km Athletik/ Gymnastik	Einlaufen 5 km Athletik/ Gymnastik	Einlaufen 5 km Athletik/ Gymnastik	Einlaufen 5 km Athletik/ Gymnastik
Di	Fahrtspiel 8 – 10 km mit 4 x 2 Min (110 %)	Fahrtspiel 8 – 10 km mit 4 x 2 Min		Fahrtspiel lang 10 – 12 km mit 4 x 3 Min	Fahrtspiel lang 10 – 12 km mit 4 x 3 Min	
Mi	Dauerlauf 15 km locker	Dauerlauf 15 km locker	Dauerlauf 15 – 20 km locker	Dauerlauf 15 km locker	Dauerlauf 15 km locker	Dauerlauf 15 – 20 km locker
Do	5 x 200 m (120 %) 200 m Trabpause 5 x 1 000 m (105 %) 3 Min Geh-/ Trabpause	5 x 200 m 200 m Trabpause 5 x 1 000 m 3 Min Geh-/ Trabpause	Dauerlauf 10 – 15 km locker	5 x 300 m 200 m Trabpause 8 x 1 000 m 3 Min Geh-/ Trabpause	5 x 300 m 200 m Trabpause 8 x 1 000 m 3 Min Geh-/ Trabpause	Dauerlauf 10 – 15 km locker
Fr						
Sa	Dauerlauf 6 – 8 km 90 % WKT Athletik/ Gymnastik	Dauerlauf 6 – 8 km 90 % WKT Athletik/ Gymnastik	Dauerlauf 10 – 15 km 85 – 90 % WKT	Dauerlauf 8 – 10 km 90 % WKT	Dauerlauf 8 – 10 km 90 % WKT	Dauerlauf 10 – 15 km 85 – 90 % WKT
So	Dauerlauf 20 km locker	Dauerlauf 20 km locker	Dauerlauf 20 km locker	Dauerlauf 20 km locker	Dauerlauf 20 km locker	Dauerlauf 20 km locker

Wettkampftraining 10 – 15 km: 1. – 6. Woche

gestaltetes Training setzt voraus, dass die Wechsel zwischen Be- und Entlastung klar eingehalten werden müssen.

Erläuterung der Trainingstage
Montag
Der Montag ist aktiver Verschnauftag mit lockerem Einlaufen zur muskulären Vorwärmung vor der Athletik. Die athletischen Übungen sollten allgemeine muskuläre Bedingungen schaffen, um die Verletzungsgefahr zu mindern. Läufer, die bereits Erfahrungen mit gezieltem Muskelaufbautraining haben, sollten beachten, dass auch hier nur positive Anpassungen erzielt werden, wenn die Anforderungen permanent erhöht werden. Als dritte Zielsetzung können Übungen angewendet werden, die zum speziellen Aufbau abgeschwächter Muskelgruppen dienen. Der Athletikteil ist als Gruppentraining unter fachlicher Anleitung am wirkungsvollsten. Beim abschließenden Saunabesuch können die aktuellsten Insider-Informationen ausgetauscht werden.

Dienstag
Das Fahrtspieltraining ist ein ausgezeichnetes Trainingsmittel zur Verbesserung der Grundlagenausdauerleistung und setzt motorische Akzente (Intervalle mit mehreren zwei- bis dreiminütigen Tempoabschnitten). Die schnellen Abschnitte innerhalb der angegebenen Gesamtkilometer werden mit einer Intensität von etwa 110 Prozent der Zehn-Kilometer-Zielleistung gelaufen. Die Verteilung der Intervalle kann willkürlich erfolgen. Wichtig: Laufen Sie nach jedem Intervall das normale Dauerlauftempo und bleiben Sie nicht stehen.

Mittwoch
Zur Schulung des Grundstoffwechsels und zur Kompensation der Vortagsbelastung wird ein lockerer Dauerlauf über 15 Kilometer empfohlen. Eine Tempovorgabe wird nicht gegeben, da das Niveau des Dauerlaufes bei jedem Läufer sehr unterschiedlich ist.

Donnerstag
Um Geschwindigkeitsreserven zu schaffen wird ein leichtes 200-Meter-Programm als Trainingsauftakt angegeben. Die schnellen 200-Meter-Abschnitte sollten mit 120 Prozent der Zielleistung über zehn Kilometer gelaufen werden. Am günstigsten für Langstreckenläufer ist in diesem Fall immer eine Trabpause. Das anschließende Hauptprogramm (nach fünf Minuten Pause) mit 1 000-Meter-Intervallen wird ebenfalls über dem Wettkampftempo

(105 Prozent) realisiert. Hier ist eine Kombination von Geh-Trabpause möglich. Ein gründliches Erwärmen mit Einlaufen, Laufschule, Gymnastik und Steigerungsläufen bzw. ein ruhiges Nachbereiten der Einheit sind nötig.

Freitag
Kein Training.

Samstag
Das Wettkampftempo wird mit Hilfe des schnellen Dauerlaufes vorbereitet. Das Tempo befindet sich hier im geplanten Wettkampfbereich (bis minimal 90 Prozent). Das Tempo soll auf eine immer längere Strecke übertragen werden. Dieses Training kann als Trainingswettkampf durchgeführt werden. Allerdings liegt hier die Gefahr des Überziehens sehr nah.

In der Nachbereitung wird am Montag ein Athletikteil eingebaut.

Sonntag
Der Tag mit dem längsten Lauf der Woche. Nicht das Tempo, sondern die Streckenlänge stellt die Belastung dar. Der Sauerstofflauf ist ein wichtiges Trainingsmittel für jeden Läufer, um ein solides Fundament im Grundstoffwechsel zu entwickeln. Es ist zur Abpufferung von Belastungsspitzen und Belastungsumfängen notwendig.

Nach einem Zwei-Wochen-Block folgt eine Ruhewoche. Die Intensität (schnelle Einheiten) wird herabgesetzt. Lockere Dauerlaufeinheiten tragen zur besseren Kompensation des vorhergehenden Trainingsblocks bei. Ein mittlerer Dauerlauf am Samstag dient als Auftakt zum folgenden Abschnitt. Der wöchentliche Ablauf wird nicht verändert. Die Trainingseinheiten werden stetig weiterentwickelt. Diese neuen Anforderungen stellen wichtige Reize für den Organismus dar, die zu einer wirksamen Anpassung führen.

Nachbetrachtung zur Grundlagenphase
Der erste Trainingsabschnitt über einen Zeitraum von sechs Wochen ist absolviert. Jeder Läuferin bzw. jedem Läufer müsste der Wochenrhythmus nun vertraut sein. Der ständige Wechsel zwischen den Aufgabenstellungen der einzelnen Trainingseinheiten, die damit verbundene Belastungsdynamik im Wochen- und Mehrwochenverlauf und das permanente Erhöhen der Gesamtbelastungsanforderungen sind wichtige Kriterien, mit deren Hilfe der menschliche Organismus immer wieder gezwungen wird, sich auf neue Belastungsbedingungen einzustellen. Wenn dann diese Belastungsbedingungen noch auf ein ganz bestimmtes Ziel (in unserem Fall auf zehn bis

15 Kilometer) ausgerichtet sind, so sind die besten Voraussetzungen für das Erreichen einer höheren Leistungsebene gegeben. Aber Achtung: Eine ständig wechselnde Belastungsdynamik bedeutet nicht, dass der Einsatz von Trainingsprogrammen willkürlich erfolgt. Ein bestimmtes Trainingsprogramm wird mit einer ganz speziellen Zielstellung über mehrere Wochen ausgebaut. In unserem Fall ist die Übertragung des schnellen Dauerlauftempos (etwa 90 Prozent vom geplanten Wettkampftempo – WKT) auf eine immer länger werdende Strecke das Grundprinzip der Weiterentwicklung dieser ganz speziellen Einheit. Bewährt hat sich auch der 2 : 1-Trainingsrhythmus: Nach einem Belastungsblock von zwei Wochen wird eine Entlastungswoche eingeplant. Hier hat der Sportler die Möglichkeit, sich aktiv (entlastendes Training) und passiv (verstärkt rehabilitative und prophylaktische Maßnahmen) wiederherzustellen sowie die bewusste Einstellung zum nachfolgenden Trainingszyklus zu finden. Oft treten trotz Ruhewoche Müdigkeitserscheinungen auf. Sie weisen mit hoher Sicherheit auf die Notwendigkeit der Entlastungsphase hin.

Ein leider weit verbreitetes Problem ist das schlechte Gewissen, falls nicht so »hart« trainiert wird. Denken Sie immer daran: Pause ist Training! Dieser Satz kann nicht oft genug wiederholt werden. Wer den Zusammenhang zwischen ständig steigender Belastung und konsequenter Entlastung im Wochen-, Mehrwochen- und Jahresverlauf unterschätzt, der wird nur selten sein tatsächliches Leistungsniveau zeigen können.

2. Zyklus – Spezielle Vorbereitung

Nachdem in der Grundlagenphase eine solide Ausgangssituation für Wochendynamik, Umfang und Geschwindigkeiten geschaffen wurde, folgt nun die Haupttrainingsmethode. Eine effektive Mischung aus Intervallprogrammen und verschiedenen Dauerläufen stellt neue, höhere Belastungsanforderungen. Sie werden sowohl über die qualitative Verbesserung innerhalb der einzelnen Einheiten als auch über die Erhöhung des Gesamtwochenumfangs an Laufkilometern erzielt. Maßstab aller Berechnungen ist die geplante Zehn-Kilometer-Leistung (100 Prozent).

Erläuterung der Trainingstage
Montag
Der aktive Verschnauftag bleibt erhalten. Die Athletikübungen sollten nun stabilisierenden Charakter tragen, um mögliche Verspannungen, die sich negativ auf die Haupttrainingstage auswirken könnten, zu vermeiden. Mehr Zeit muss in die Gymnastik investiert werden. Dehnungsübungen über eine Zeit von mindestens 45 Minuten sollten Standard sein.

FORTGESCHRITTENE

	7. Woche	8. Woche	9. Woche Ruhe	10. Woche	11. Woche	12. Woche Ruhe
Mo	Einlaufen 5 km Athletik/ Gymnastik Sauna	Einlaufen 5 km Athletik/ Gymnastik Sauna	Einlaufen 5 km Athletik/ Gymnastik Sauna	Einlaufen 5 km Athletik/ Gymnastik Sauna	Einlaufen 5 km Athletik/ Gymnastik Sauna	Einlaufen 5 km Athletik/ Gymnastik Sauna
Di	5 x 200 m (sub.) 200 m Trabpause 8 x 400 m (> 115 %) 300 m Trabpause 200 m max.	wie 7. Woche		5 x 200 m (sub.) 200 m Trabpause 12 x 400 m (> 115 %) 300 m Trabpause 200 m max.	wie 10. Woche	
Mi	Dauerlauf 15 km locker	Dauerlauf 15 km locker	Dauerlauf 15 – 20 km locker	Dauerlauf 15 km locker	Dauerlauf 15 km locker	Dauerlauf 15 – 20 km locker
Do	2 x 300 m (sub.) 200 m Trabpause 6 x 1 000 m (> 110 %) 2 Min Geh-/ Trabpause 150 m max.	wie 7. Woche	Dauerlauf 10 – 15 km locker	2 x 300 m (sub.) 200 m Trabpause 6 x 1 000 m (> 110 %) 1:30 Min Geh-/ Trabpause 150 m max.	wie 10. Woche	Dauerlauf 10 – 20 km locker
Fr	Dauerlauf 10 – 15 km locker	Dauerlauf 10 – 15 km locker		Dauerlauf 10 – 15 km locker	Dauerlauf 10 – 15 km locker	
Sa	schneller Dauerlauf 10 – 15 km 90 % WKT Athletik/ Gymnastik	schneller Dauerlauf 10 – 15 km 90 % WKT Athletik/ Gymnastik	Fahrtspiel 10 – 15 km mit 5 – 7 x 1 Min Athletik/ Gymnastik	schneller Dauerlauf 15 km 90 % WKT Athletik/ Gymnastik	schneller Dauerlauf 15 km 90 % WKT Athletik/ Gymnastik	Fahrtspiel 10 – 15 km mit 5 – 7 x 1 Min Athletik/ Gymnastik
So	Dauerlauf 25 km locker	Dauerlauf 25 km locker	Dauerlauf 25 km locker	Dauerlauf 25 km locker	Dauerlauf 25 km locker	Dauerlauf 25 km locker

Wettkampftraining 10 – 15 km: 7. – 12. Woche

Dienstag
Um die motorischen Qualitäten zu verbessern und den Wechsel von Schrittlänge und Schrittfrequenz sicher zu beherrschen, ist eine Intervalleinheit mit kurzen Streckenabschnitten angezeigt. Die 200-Meter-Abschnitte mit 200 Meter Trabpause müssen submaximal, also technisch sicher und seitens der Geschwindigkeit kontrolliert gelaufen werden. Sie dienen als Einstimmung auf den Hauptteil der Einheit. In diesem werden 400-Meter-Intervalle mit 300 Meter Trabpause absolviert. Die Geschwindigkeit muss dabei über 115 Prozent der geplanten Zehn-Kilometer-Leistung liegen. Das absolute Tempo wird aufgrund der unterschiedlichen motorischen Fertigkeiten der Läufer verschieden sein. Wichtig ist jedoch, dass sich zwischen dem ersten und letzten 400-Meter-Intervall keine gravierenden Zeitunterschiede auftun. Die Geschwindigkeit muss vom Läufer beherrscht werden – nicht umgekehrt! Austoben kann man sich beim abschließenden 200-Meter-Maximallauf. Etwa zwei Minuten nach dem letzten Intervall werden 200 Meter »auf Anschlag« gelaufen. Hier wird die Situation simuliert, dass der angesäuerte Körper (zum Beispiel nach 9 800 Metern) noch einmal mobilisiert werden muss, um den Ausgang des Rennens günstig zu gestalten. Ein sehr gründliches Vor- und Nachbereiten der Einheit ist wichtig.

Mittwoch
Durch einen locker gestalteten Dauerlauf wird die Vortageseinheit entschärft.

Donnerstag
Das im Grundlagenzyklus begonnene Programm wird weiter fortgesetzt. Lediglich die Pausenzeit zwischen den 1 000-Meter-Abschnitten wird auf zwei Minuten (später 1:30 Minuten) verkürzt. Damit wird eine neue Qualität dieser Einheit erreicht. Wer damit keine Probleme hat, der kann zusätzlich das Intervalltempo leicht erhöhen. Der abschließende Maximallauf hat die gleiche Zielstellung wie bei der Dienstagseinheit.

Freitag
Kein Training (eventuell ausgiebig Gymnastik).

Samstag
Die Übertragung des schnellen Dauerlauftempos (etwa 90 Prozent des geplanten WKT) auf längere Strecken wird konsequent fortgesetzt. Mehr als 15 Kilometer sind nicht sinnvoll. Wer diese Strecke bereits erzielt hat, der sollte lieber nach einer Pause von 10 bis 15 Minuten einen kürzeren

Streckenabschnitt im selben Tempo anhängen (zum Beispiel 15 Kilometer + drei Kilometer).

Diese Einheit kann auch im Rahmen eines Trainingswettkampfes absolviert werden.

Sonntag
Der Sauerstofflauftag rundet die Trainingswoche ab. Das Tempo ist zweitrangig. Die Laufdauer bringt in diesem Fall die Punkte.

Nach zwei Belastungswochen ist eine Entlastungsphase angesagt. Vier lockere Einheiten und ein leichtes, freudbetontes Fahrtspiel tragen zur Abpufferung einer Belastungssummation und zur optimalen Vorbereitung der nachfolgenden Trainingswochen bei.

Persönliche Ist-Stand-Analyse
Zwölf Wochen Training sind geschafft. Für viele Läuferinnen und Läufer stellten die Trainingsbelastungen tatsächlich neue, höhere Anforderungen an Körper und Geist. Nachdem im ersten Zyklus (Grundlagenphase) die allgemeinen Voraussetzungen für ein Lauftraining über Wettkampf-strecken von zehn bis 15 Kilometer gelegt worden sind, wurden im zweiten Zyklus (spezielle Vorbereitung) die für die Wettkampfleistung notwendigen Anpassungen sehr gezielt trainiert. Nach zwei Trainingsperioden (zwölf Wochen) ist zu erwarten:

- Der Trainingsrhythmus, vor allem das Spiel zwischen gezielter Be- und Entlastung, ist gefunden.
- Bei den einzelnen Trainingsprogrammen ist eine im Mehrwochenverlauf vorhandene Verbesserung zu spüren (zeitlich und/oder seitens des Wohlgefühls und der Belastungsverarbeitung).
- Die Laufbelastungen werden relativ sicher beherrscht (schwache Tage gehören auch zum Training).
- Das Athletik-/Gymnastiktraining ruft weniger Probleme hervor (wie Verspannungen) als zu Beginn der Vorbereitung.
- Die Motivation für die abschließende Wettkampfperiode ist aufgebaut – Selbstvertrauen als Grundlage für die kommenden Wettkämpfe.

Aufgrund der ständig gesteigerten Trainingsbelastung ist die nötige Lockerheit für eine erfolgreiche Wettkampfteilnahme noch nicht gegeben.

3. Zyklus – Wettkampfperiode

Da der Organismus in den letzten Trainingswochen aufgrund von verschiedenen Belastungsreizen gezwungen wurde, sich auf eine neue Leistungsebene zu begeben bzw. durch hohe Umfänge in wichtigen Trainingsbereichen eine bewusste zeitweilige Belastungssummation (Ermüdungsanzeichen) provoziert wurde, muss nun in der abschließenden dritten Phase (Wettkampfperiode) die für die Wettkämpfe notwendige Frische aufgebaut werden. Grundsätzlich sollte auf folgende Änderungen geachtet werden:
- spürbare Reduzierung des Gesamtwochenumfangs
- Die Intervallprogramme werden im höheren, aber kontrollierten Tempo gelaufen. Die Pausen bleiben gleich oder werden wieder verlängert, damit die Qualität der Einzelläufe steigt.

	13. Woche	14. Woche	15. Woche Ruhe	16. Woche	17. Woche	18. Woche
Mo	5 – 8 km Kompensationslauf und Sauna/Gymnastik					
Di	GA_1 10 – 12 km + 15 x 100 m STL	GA_1 10 – 12 km + 15 x 100 m STL		GA_1 10 – 12 km + 15 x 100 m STL	GA_1 10 – 12 km + 15 x 100 m STL	
Mi	2 x 200 m/ 6 x 1 000 m (115 %)/ 200 m max.	2 x 200 m/ 6 x 1 000 m (115 %)/ 200 m max.	GA_1 15 km	2 x 200 m/ 6 x 1 000 m (115 %)/ 200 m max.	2 x 200 m/ 6 x 1 000 m (115 %)/ 200 m max.	Fahrtspiel 10 km mit 5 – 7 x 1 Min
Do	GA_1 10 – 15 km	GA_1 10 km	GA_1 10 km	GA_1 10 km	GA_1 10 km	GA_1 10 – 15 km
Fr	GA_1 8 – 10 km + 6 x 100 m STL	15 x 200 m (ca. 120 %) 200 m Trabpause		10 x 200 m (ca. 120 %) 200 m Trabpause	10 x 200 m (ca. 120 %) 200 m Trabpause	
Sa	Testlauf über 6 km	EL/AL je 3 km Gymnastik 6 x 100 m STL	Fahrtspiel 10 – 15 km mit 5 – 7 x 1 Min	EL/AL je 3 km Gymnastik 6 x 100 m STL	EL/AL je 3 km Gymnastik 6 x 100 m STL	EL/AL je 3 km Gymnastik 6 x 100 m STL
So	Dauerlauf 20 km locker	Wettkampf 6 – 10 km	Dauerlauf 20 km locker	Wettkampf 10 km	Wettkampf 10 km	Wettkampf 15 km

Wettkampftraining 10 – 15 km: 13. – 15. Woche

- Die Wirkung kompensatorischer Maßnahmen (Lockerung, Dehnung, aktive und passive prophylaktische Maßnahmen wie Sauna, Wechselduschen, Massage ...) muss noch deutlicher genutzt werden.
Mit Athletik wird in der Wettkampfperiode ausgesetzt.
- Am Vorwettkampftag genügt eine Trainingseinheit, in der noch einmal (zum Aufbau der Muskelspannung) ein leichter motorischer Akzent gesetzt wird.
- besonders konsequentes Einhalten von gezielter Be- und Entlastung
- sinnvolle, motivationsfördernde und organisatorische Vorbereitung der Wettkämpfe und Wissen um die reale Leistungsfähigkeit aufbauen.

In der Wettkampfperiode muss ein besonderes Fingerspitzengefühl für die Trainingssteuerung an den Tag gelegt werden. Im Vordergrund sollte die Entwicklung einer gewissen Lockerheit und Spritzigkeit bei den Trainingsprogrammen stehen. Dabei ist es nötig, auf einer geringeren Umfangsgrundlage mehr Wert auf die qualitative Erfüllung der Trainingsprogramme zu legen. Man kann die harten Trainingseinheiten auch mehr spreizen, also einen Tag mehr Erholung einschieben. Der empfohlene Testlauf ist möglichst auf einer Standardstrecke (wegen des besseren Vergleichs) und genau nach Zeitplan (Ziel: geplante Zehn-Kilometer-Leistung) zu absolvieren. In den ersten beiden Wettkämpfen steht die Erhöhung des Renntempos in der zweiten Hälfte (ab sechs Kilometer) im Vordergrund – also etwas gebremst anlaufen. In der 17. und 18. Woche kann auf der Grundlage der gesammelten Erfahrungen und, sofern es die äußeren Bedingungen zulassen, ein höheres Risiko eingegangen werden. Ein Abstecher zu Unterdistanzwettkämpfen (drei bis acht Kilometer) oder längeren Läufen (15 bis 20 Kilometer) ist durchaus möglich.

Ist das »schwache Geschlecht« wirklich so schwach?

Interview mit Dr. Thomas Prochnow von Reinhard Butzek (Journal LAUF-ZEIT).

Das Laufen der Frauen – ein umstrittenes Thema seit Langem. Wie sehen Sie das?
Beim Training und bei Wettkämpfen fallen dem Freizeitläufer viele Besonderheiten bei den sportlichen Mitstreiterinnen auf. Wissenschaftlich befasste sich erstmalig der Mediziner Dr. Ernst van Aaken damit. Er gilt als Nestor des Frauenlaufens überhaupt. Van Aaken engagierte sich mächtig für die Damen, veranstaltete am 28. Oktober 1973 in Waldniel den ersten Marathonlauf, der ausschließlich für Frauen ausgeschrieben war und stellte umfangreiche wissenschaftliche Untersuchungen an.

Und zu welchen Ergebnissen ist van Aaken gekommen?
Er arbeitete eine Reihe von Vorteilen heraus, die für die Ausdauerfähigkeit der Läuferin sprechen: so ihr relativ geringes Körpergewicht. Die Muskeln machen nur etwa 20 bis 25 Prozent, bezogen auf die des Mannes, aus. Sie verfügt über mehr aktives Fett, d. h. Fett, das sich schneller im Stoffwechselprozess verwertet. Weitere organische Vorteile sind: weniger Wasser innerhalb der Zellen, dafür aber mehr organische Substanz und Plasma als beim Mann, mehr Leistungshormone als Nebennierenrindenhormone, mehr Eisen bindendes Eiweiß Transferrin als beim Mann, mehr Gesamteiweiß sowie mehr ionisiertes Kalzium. Interessant ist, dass Läuferinnen im Verhältnis zum Körpergewicht eine größere Leber als Männer haben. Gerade die Leber ist ein großer Glykogenspeicher, also bedeutsam für die Ausdauer. Auch die Eisenbindungskapazität ist relativ größer, wodurch mehr Sauerstoff zum Muskel transportiert werden kann.

Das sind ja viele Vorteile …
Und noch längst nicht alle. So ist die Frau durch ihr Knochengerüst und den typisch weiblichen Gang besser für die Langstrecken geeignet. Sie ist kein Muskelpaket, dafür eine Stoffwechselathletin. Ebenso ist sie normalerweise keine Sprinterin, dafür mehr eine Ausdauerleisterin. Hinzu kommen psychologische Momente. Frauen sind besser motivierbar und trainingsfleißiger. Sie sind zäher und geduldiger als der Durchschnitt der Männer. Auch verfügen Frauen im allgemeinen über eine größere Regenerationskraft.

Wenn Frauen über so viele Vorteile verfügen, dann müssten sie doch im Marathon oder über 100 Kilometer irgendwann einmal die Männerleistungen erreichen?

Betrachtet man, wie schnell die Frauen an die 2:17er-Zeiten im Marathon herangekommen sind und vergleicht dies mit der Zeit, die die Männer dafür benötigen, um an die 2:17 oder jetzt an die 2:05 zu kommen, dann ist das erstaunlich. Nach nur wenigen Trainingsjahren erreichte das vermeintlich schwache Geschlecht Leistungen, wofür Männer immerhin 60 Jahre benötigten. Allerdings konnte die Frau auf die Erfahrungen der Trainingsmethodik der Männer zurückgreifen.

An einer Stelle wird das Ganze jedoch zu einer Kraftfrage, und hier ist die Frau benachteiligt. Denn nicht nur die Energie spielt eine Rolle, auch die Vortriebswirksamkeit (also der optimale Bewegungsablauf zur Geschwindigkeitsentwicklung beim Laufen) ist entscheidend. Dennoch lässt sich aus all diesen und anderen Momenten schließen: Je länger die Distanz, desto mehr nähert sich die Frau mit ihren Leistungen dem Mann an. Die Frau ist also der eindeutig geeignetere Ausdauertyp.

Laufen zu zweit – Training während der Schwangerschaft

Erfahrungen von Ina Prochnow im Gespräch mit Reinhard Butzek (Journal LAUFZEIT)

Ina Prochnow gehörte in Berlin zu den Langstreckerinnen, die wiederholt mit sehr guten Leistungen aufwarten konnte. Sie führte während ihrer Schwangerschaft das Training fort, setzte auf bekannte und bewährte Trainingsmittel, steuerte sich selbst stark aus, blieb somit sportlich aktiv, auch, weil der Schwangerschaftsverlauf völlig normal und komplikationslos verlief. Wir unterhielten uns mit ihr über ein wissenschaftlich noch nicht ausgelotetes Thema: Lauftraining während der Schwangerschaft.

Zunächst erläutere bitte, was dich veranlasste, das Training fortzuführen.
Ein sofortiger Abbruch meines Trainings mit Beginn der Schwangerschaft wäre nicht sinnvoll gewesen. Ich hatte mittlerweile solch einen guten Anpassungszustand erreicht, dass es sicherlich Störungen vor allem des Herz-Kreislauf-Systems gegeben hätte. Ich habe das Training aber nie verbissen angesehen, bin tagtäglich vielmehr gefühlsbetont herangegangen, habe mich selbst ausgesteuert.

Mit welchen Trainingsmitteln hast du dich weiter in Schwung gehalten?
Dauerlauf, Rad-Ergometer, Gymnastik, Schwimmen, Athletik und Saunagänge gehörten dazu. Das waren alles Methoden, die auch bisher zu meinem Repertoire gehörten. Bei ihrer Anwendung fühlte ich mich einfach sicher.

Dennoch hat es gewiss bestimmte Abweichungen zum normalen Pensum gegeben?
Aber sicher. Dauerläufe standen nur noch zwei bis drei Mal pro Woche auf dem Programm. Nach Gefühl lief ich etwa fünf bis sieben Kilometer pro Einheit. Das entsprach weniger als 50 Prozent des normalen Umfangs. Ab dem siebten Monat bin ich allerdings nicht mehr gelaufen.

Hatten dann andere Methoden den Vorrang?
Ja, ich stieg auf das Rad-Ergometer. Aufs Fahrrad traute ich mich wegen des Straßenverkehrs nicht. Das ist schon unter normalen Bedingungen in unserer Gegend ein großes Risiko, und außerdem befürchtete ich Stauchungen und zu große Erschütterungen.

Gab es beim Zimmerradeln Besonderheiten?
Ich bin bei niedrigem Widerstand gefahren, bevorzugte hohe Trittfrequenzen, dazu mit Intervallen, um das Herz-Kreislauf-System in Schwung zu bringen. Damit erreichte ich über ein Fahrtspieltraining auf dem Rad-Ergometer eine gute Belastung.

Was kannst du zu den anderen Trainingsmitteln sagen?
Wöchentlich gab es zwei Mal 30 Minuten Kraftübungen, besonders für die Bauch- und Rückenmuskulatur, was ja Schwangere ohnehin tun. Und dann ging ich schwimmen, allerdings sporadisch.

Weshalb?
Die Schwimmhallen waren recht voll, und es gab keine gezogenen Bahnen. Da hatte ich ehrlich gesagt Angst, getreten zu werden. Ich wäre ansonsten liebend gern häufiger ins Wasser gegangen, da neben einem guten Kreislaufeffekt auch eine starke Entlastung des Binde- und Stützapparates beim Schwimmen gegeben ist.

Du erwähntest Saunagänge ...
Ja, ich ging früher regelmäßig einmal pro Woche in die Sauna. Da ergaben sich für mich keine Anpassungsschwierigkeiten, ich konnte also wei-

termachen. Aber auch das mit der entsprechenden Vorsicht. Trotzdem musste ich die Saunazeiten nicht verkürzen, da ich mich dabei pudelwohl fühlte.

Würdest du solche Trainingsprogramme anderen Läuferinnen empfehlen?
Durchaus. Aber von vornherein sei gewarnt, mein Vorgehen zu kopieren. Man sollte sich von seinen eigenen Möglichkeiten leiten lassen, an Gewohntes anknüpfen, keine Experimente beginnen und sich unbedingt vom Wohlbefinden leiten lassen. Dann kann man wirklich bis wenige Tage vor der Entbindung sportlich aktiv bleiben. Die Vorteile liegen auf der Hand, weil nach der Geburt der Neubeginn kaum schwer fällt, man weitermachen kann.

Ina, wir danken dir für deine Bereitschaft, über doch recht persönliche Dinge zu sprechen.

Weiterlaufen
Ina, du hast eine Susann entbunden. Wie geht es ihr, verlief alles reibungslos?
Susann wurde 14 Tage früher geboren, wog 2 580 Gramm, war 46 Zentimeter lang. Sie hatte und hat eine gute Konstitution und Widerstandskraft, ist sehr vital und kaum krank.

Es machten sich also keine negativen Auswirkungen durchs Training bemerkbar. Wann hast du das Training wieder aufgenommen?
Aufgrund des vielseitigen Trainings fiel mir der Einstieg nicht schwer. Bereits nach sieben Tagen begab ich mich wieder auf die Strecke, allerdings waren es anfänglich nur etwa zwei Kilometer. Doch allmählich wurden die Distanzen wieder länger. In der fünften Woche nach der Entbindung konnte ich sogar mit leichtem Intervalltraining – sechs Mal 200 Meter – beginnen. Im Dauerlauf war ich zu diesem Zeitpunkt schon bei etwa 15 Kilometer angelangt.

Da ließen erste Wettkämpfe bestimmt nicht lange auf sich warten?
Stimmt. Ich fühlte mich prima. Im Februar war Susann geboren. Die Stillzeit betrug übrigens drei Monate. Und bereits zwei Monate nach der Entbindung nahm ich an den Wettkämpfen teil. Das Leistungsniveau war vergleichbar mit dem vor der Schwangerschaft.

Welche Resultate konntest du erreichen?

Beim Halbstundenlauf in Leipzig kam ich am 5. Mai auf 7,7 Kilometer. Zwei Tage später lief ich die zehn Kilometer beim Drema-Lauf in 39:33 Minuten. Ich baute mich danach weiter kontinuierlich auf, erzielte am 4. Juni über zehn Kilometer 37:37 Minuten, am 21. August über 1 500 Meter 4:42 Minuten und konnte dann im September beim 20 Kilometer langen Berliner Friedenslauf 1:18:27 Stunden laufen. Ich kann also sagen: Schwangerschaftstraining und ruhiges, aber allmählich ansteigendes Training hatten sich positiv ausgewirkt. Meine Erfahrungen sollten zwar nicht blind übernommen werden, sind allerdings Anregung für manch andere Läuferin.

Originale Trainingsgrafik »Training in der Schwangerschaft«

FRAUEN

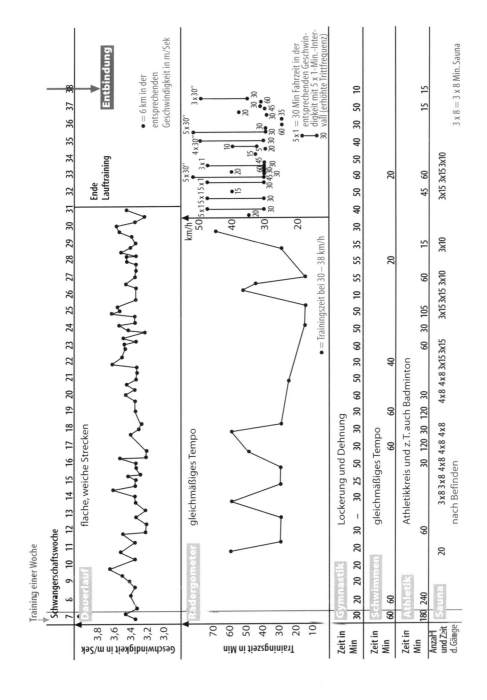

Laufen, Alter und Leistung

Abnahme der Leistungsfähigkeit im Alter
Das Lebensalter hat einen deutlichen Einfluss auf die sportliche Leistungsfähigkeit. Allerdings hat sich gezeigt, dass ältere Sportler (über 50 Jahre) genauso trainierbar wie jüngere sind. Dies wurde bis in die 70er Jahre bezweifelt. Das physische und psychische Anpassungsniveau ist von folgenden Faktoren abhängig:
- bisheriger Grad der sportlichen Anpassung,
- individuelle Belastbarkeit,
- Sportart,
- Regenerationszeit,
- individuelles Umfeld,
- persönliche Zielstellung.

In den Ausdauersportarten benötigt ein Sportler etwa 8 bis 12 Jahre, um das Hochleistungsalter zu erreichen. Zwischen dem 24. und 35. Lebensjahr ist in der Regel der Hochleistungszustand konsolidiert. Dann beginnt der Prozess des natürlichen Leistungsabfalls. Dieser setzt insbesondere jenseits von 45 Jahren deutlich ein.

In diesem Zusammenhang zeigen sich folgende Trends:
- Auf Grund der verbesserten gesellschaftlichen Rahmenbedingungen treiben immer mehr ältere Personen Sport.
- Diese Entwicklung geht in zwei Richtungen: Sport als Quelle von Gesundheit und Wohlbefinden und die leistungsbestimmte Form – der Wettkampfsport im Seniorenbereich. Dies ist kein Widerspruch, nur besteht beim Erreichen zu hoch gesteckter Leistungsziele die Gefahr von körperlichen Schädigungen.
- Der Ausdauersport, insbesondere das Laufen, erfreut sich immer größerer Beliebtheit. Dies zeigt sich an der permanent anwachsenden Zahl von Laufveranstaltungen und deren Teilnehmerzahlen.
- Immer mehr Leute sind in der Lage, eine aerobe Ausdauerleistung über immer länger werdende Strecken zu erbringen.
- Auch die Entwicklung in der Verbesserung der Altersklassenrekorde setzt sich kontinuierlich fort.
- Der Einsatz von professionellen Trainingsmethoden aus dem Spitzensport ist allgegenwärtig, aber nicht ganz unbedenklich.

Prinzipiell ist die Entwicklung zur Aktivität im Seniorensport als sehr positiv einzuschätzen.

ALTER

Der gegenwärtige Lebensstil (Bewegung, Ernährung, Lebensplan) birgt jedoch große gesundheitliche Gefahren. Bewegungsmangel provoziert im Alter unter anderem die typischen Herz-Kreislauferkrankungen. Zudem führt die Abschwächung oder einseitige Entwicklung der Muskulatur zu skelettalen Fehlbelastungen. Dies kann durch ein ausgewogenes vielseitiges Training kompensiert werden. Eine sinnvolle Mischung aus Ausdauer, Kraft, Beweglichkeit und Koordination ist für den Gesundheitssportler angezeigt. Mit zwei bis drei Trainingseinheiten pro Woche und einem Zeitaufwand von je 90 Minuten wird einer großer Gesundheitschritt nach vorn gemacht.

Die Abnahme der Leistungsfähigkeit im Alter hat folgende Ursachen:
- Abnahme der VO_2max (maximale Sauerstoffaufnahme; Gradmesser für die aerobe Leistungsfähigkeit) um 8 bis 10 % bei Untrainierten und 4 bis 5 % bei Trainierten als Maß des aeroben Energieumsatzes
- Abnahme der Konzentration des freien Testosterons nach dem 25. Lebensjahr jährlich um circa 1,2 %
- Erhöhung der Körperfettmasse zu Lasten der Muskulatur um 13 bis 15 %
- Die Freisetzung des Wachstumshormons (STH) lässt mit zunehmenden Lebensalter nach; dies bedeutet weniger Muskelwachstum (ohne Training 2 kg pro Dekade).

Weiterhin:
- verzögerte Rückbildung der Knochenmasse durch Ausdauertraining
- Einlagerung von Stoffwechselendprodukten
- Abnutzung der Muskelfasern
- Zellabbau am Herzmuskel und der Arbeitsmuskulatur
- Abnahme der Elastizität der Gefäßmuskulatur
- Verhärtung der Knochenstruktur, Nachlassen der Elastizität, Erscheinungen der Osteoporose
- Reduktion der Atemreserve
- altersbedingte Gelenkknorpeldegeneration.

Alter
ab dem 30. Lebensjahr circa
10 % Leistungsverlust pro 10 Jahre

Erkrankung
Leistungsverlust in Abhängigkeit von Art und Dauer der Erkrankung, Beispiel:
10 Tage = 40 % Leistungsverlust
40 Tage = 80 % Leistungsverlust
4 Wochen = 50 % Verlust VO_2max
20 % Zunahme Herzfrequenz

Leistungsfähigkeit – Faktoren

Geschlechtsspezifische Unterschiede zwischen Frauen und Männern
- Die Muskelmasse der Frauen beträgt 20 bis 25% weniger als die der Männer.
- Frauen besitzen mehr aktive Fettmasse, die schneller verstoffwechselt werden kann.
- Männer haben mehr Wasser innerhalb der Zellen.
- Frauen verfügen über mehr organische Substanz und Plasma.
- Die Eiweißbindekapazität ist bei den Frauen höher.
- Die Leber der Frau ist im Vergleich zum Körpergewicht größer als die des Mannes (Glykogenspeicher).
- Die Eisenkapazität ist bei Frauen größer (besserer Sauerstofftransport).
- Männer sind eher »Kraftpakete«, Frauen eher »Stoffwechselathletinnen«.

Die Laufleistungen der Frauen reichen nicht an die Rekorde der Männer heran. Dies ist unter anderem darin begründet, dass mit zunehmender Laufgeschwindigkeit die aerobe Kraftausdauer eine wichtige Rolle spielt. Hier hat die Frau auf Grund der absoluten Muskelmasse einen entscheidenden Nachteil gegenüber dem Mann. Auch ist die maximale Sauerstoffaufnahme (aerobe Leistungsfähigkeit) etwa 10% niedriger als bei den Männern.

Trainingsmethodik beim älteren Läufer
Der Grad der sportlichen Anpassung und Wiederanpassung beim älteren Sportler ist individuell unterschiedlich stark ausgeprägt.

Trainingsmethodisch gibt es auf Grund der genannten biologischen Entwicklungen im Alter folgende Hauptprobleme zu beachten:
- Verzögerung der Regenerationszeit,
- Abflachung/Rückgang der maximalen Leistungsfähigkeit,
- Rückgang der Testosteronproduktion.

Der »Leistungsknick« ist also tatsächlich biologisch begründbar und verlangt nach trainingsmethodischen Konsequenzen. Nachfolgend sind sieben typische Fehler von Wiedereinsteigern und älteren Sportlern kurz beschrieben:

Fehler Nr. 1:
Wer lange im regelmäßigen Training steht, neigt oft dazu, auf altbewährte Wettkampfvorbereitungen zurückzugreifen. Hierbei entsteht jedoch eine gewisse Monotonie im Training. Diese führt dazu, dass der Körper das absolvierte Training nicht mehr als wirksamen Reiz empfindet. Die

Typische Fehler von Wiedereinsteigern und älteren Sportlern

Schwelle einer Belastung, die den über längere Zeit trainierten Organismus wirklich fordert, wird nur selten überschritten. Eine progressive Anpassung an die gesetzten Trainingsreize erfolgt nicht. Demnach kann es auch keine effektive Leistungsverbesserung geben.

Fehler Nr. 2:
Ausschließlich zu laufen birgt mit Zunahme des Trainingsalters die Gefahr, dass die für das Laufen notwendige Muskulatur stärker entwickelt wird als oftmals die entsprechenden »Gegenspieler«. Es kommt zur Ausprägung eines muskulären Ungleichgewichtes. So ist beispielsweise bei den meisten Läufern die Bauchmuskulatur abgeschwächt und die Rückenmuskulatur stärker definiert. Das Becken kippt nach vorn, und neue »Zugkräfte« treten vor allem im Beckenbereich auf. Nicht selten entstehen daraus Reizungen von Nerven und Sehnengewebe, die zu einer Trainingseinschränkung führen.

Fehler Nr. 3:
Oftmals wird versucht, den Leistungsrückgang durch besonders »hartes« Training zu kompensieren. Dies ist genau der falsche Weg! Die Relationen zwischen grundlegenden (»Sauerstoffdusche«/aeroben), entwickelnden (aerob-anaeroben) und maximierenden (aneroben) Trainingseinheiten werden oft auf den Kopf gestellt und zu intensiv trainiert. Im Sport jenseits der 40 liegen die Reserven eindeutig in der Verbesserung der aeroben Möglichkeiten. Damit wird der Schwerpunkt auf eine stabile Basisentwicklung (Grundlagenausdauer) gelegt. Wenn man sein »Laufhaus« auf das sichere »Sauerstoff-Fundament« baut, dann ergeben sich zwei entscheidende Vorteile: Einerseits lässt sich bei einer erhöhten aeroben Ausdauerfähigkeit auch im Wettkampf eine höhere Leistung erbringen (dies gilt für die Mittelstrecke und für den Ultrabereich). Andererseits ist man in der Lage, diese »harten« Belastungen im Training und nach dem Wettkampf besser zu kompensieren. Die Regenerationsfähigkeit wird also deutlich verbessert.

Fehler Nr. 4:
Der Kopf ist oft der größte sportliche Gegner. Verbissenheit, der Vergleich mit den so genannten »guten Zeiten« und das Setzen unrealistischer Leistungsziele verhindern oft eine gute Wettkampf- und Trainingsleistung. Gerade langjährig trainierende Athleten sollten sich auf ihre Stärken besinnen. In der Ruhe liegt die Kraft! Hier bietet sich ein sinnvoller Ansatzpunkt, mit viel Routine gegen so manchen »jungen Hirschen« zu bestehen.

TRAININGSMETHODIK

Fehler Nr. 5:
Der Wiedereinstieg in das leistungsorientierte Training nach mehrjähriger Trainings- und Wettkampfpause birgt eine große Gefahr: Überforderung! Bereits nach wenigen Wochen ist das »alte« Laufgefühl wieder zu spüren. Aber das ist nur Fassade! Die Anpassung seitens des Herz-Kreislauf-Systems, des Stoffwechsels, der Atmung und vor allem des Binde- und Stützgewebes ist nicht ausreichend, um die Belastung schnell zu steigern. In der Regel stellen sich typische Läuferverletzungen ein – die Achillessehne schmerzt, das Knie tut weh oder Ermüdungsbrüche entstehen. Der Wiedereinstieg muss mit viel Fingerspitzengefühl und vor allem Geduld geplant werden. Dies gilt auch nach längeren Krankheits- und Verletzungspausen!

Fehler Nr. 6:
Die Reizdichte muss beim älteren Sportler »gestreckt« werden. Auch wenn durch ein gutes Grundlagentraining die Wiederherstellungsfähigkeit verbessert wird, so braucht der Körper im Vergleich zu jüngeren Sportlern mit zunehmendem Alter mehr Pausen zwischen den Trainingseinheiten. Damit ist gemeint, dass zwischen zwei intensiven Trainingseinheiten zwei bis drei »Sauerstofftage« liegen sollten. Damit verbessert man einerseits die Grundlagenausdauer und ist andererseits erholter für die gezielt »harten« Belastungen.

Fehler Nr. 7:
Nicht vergessen: Sport, insbesondere das Laufen, ist die schönste Nebensache der Welt. Ein faires und freudbetontes Kräftemessen sollte im Vordergrund stehen. Wer sinnvoll Wettkampf betreibt, der wird nicht unbedingt älter, die Lebensqualität steigt jedoch beträchtlich.

Ich bin müde, ausgelaugt, lustlos – das Training kostet mich seit Wochen viel Überwindung. Was ist los?

Mögliche Ursachen:

1. Das Training der letzten Wochen war zu hart. Der Wechsel **zwischen Be- und Entlastung** ist verschwommen.

2. Die Trainingsinhalte haben sich zugunsten der anaeroben Belastungen verändert – **Übertraining.**

3. Das Training war in Ordnung, aber die Zeit für die **passive Regeneration** war nicht gegeben (Arbeitsbelastung, Familie, Studium, Umzug, Sorgen usw.). Stress – Entspannung.

4. Das **Training** insgesamt läuft seit Jahren zu **monoton** ab – Anpassungsrückgang.

5. Motivationsprobleme
   Spezielle
   zu viel alleiniges Training, keine Gruppe, kein Saunatreff o. Ä., Zusammenhang mit 1. bis 4., Wettkampfmangel
   Allgemeine
   psychosoziale Probleme, Misserfolg im Beruf/Studium, Ärger mit Nachbarn

6. **Häufige medizinische Ursachen**
   Entzündungen im Körper (Zahnstatus, Magen-Darm, Nieren-Becken) verschleppte Erkältung (Nachfieberphase) – Ruhepuls
   Eisenmangel (Blut-/Depotwert)
   Zeckenbiss
   Pfeiffersches Drüsenfieber (»Kusskrankheit«)
   sonstige Verletzungen – wochenlanges schmerzhaftes Laufen!
   (z. B. Fußverletzungen, Arthrose, Muskelfaserverletzung)
   Dehydrierung (Muskelkrämpfe)
   Virusbefall (über Atmung/Magen-Darm-Trakt-Schwachstellen)

»Der Ofen ist aus«

Beispielplan für Senioren: Wintertraining für 10 Kilometer bis Halbmarathon

Hier ist ein Trainingsplan speziell für Altersklassenläufer. Das empfohlene Training setzt mehrjährige, regelmäßige Lauferfahrung voraus. Es wurden vier Lauftrainingstage veranschlagt. Schwimmen, Sauna, Skigymnastik, Kräftigung, Dehnung, Skifahren, Radtraining und/oder Aqua-Jogging werden je nach Möglichkeiten, Witterungsbedingungen und individuellen Fertigkeiten als äquivalentes oder ergänzendes Training eingesetzt. Wichtig ist die gezielte Vielfältigkeit im Training, um aus dem »Lauftrott« herauszukommen, neue Motivationen zu schaffen, wirksame Belastungsreize zu setzen und bestimmte körperliche Schwachstellen (Abschwächungen und Verkürzungen der Muskulatur) abzubauen.

Montag ist Schontag
Aus Gründen der Trainings- oder Wettkampfbelastung vom Wochenende und aus der Wochenstartposition heraus hat sich der Montag als lockerer Trainingstag bewährt. Das Training, unabhängig von der gewählten Sportart, muss kompensatorischen Charakter tragen.

Dabei sollte sich jeder der angewandten Trainingsmittel sicher sein. Ein lockeres Schwimmtraining mit einem Puls von 180 Schlägen pro Minute verfehlt das Ziel! Also müssen auch bei den zusätzlich genutzten Sportarten die individuellen Haupttrainingsbereiche bekannt sein, so zum Beispiel das lockere Training beim Laufen bis zu einem Puls von 150 Schlägen pro Minute, beim Radfahren bis 130 Schläge/Minute und beim Schwimmen bis 125 Schläge pro Minute. Das hängt von den persönlichen Erfahrungen, dem Trainingszustand und den Bedingungen (zum Beispiel Luft-/Wassertemperatur) ab und ist auf jeden Fall individuell sehr verschieden. Entscheidend ist, dass Intensität und Dauer des Trainings wirklich zur besseren Regeneration beitragen.

Dienstag – freudbetontes Fahrtspiel
Fahrtspieltraining wird in allen Alters- und Leistungsklassen gern als Trainingsmittel eingesetzt. Er fördert die motorischen und Willenseigenschaften, dient zur Verbesserung der Ausdauerfähigkeit, stärkt den Bandapparat und macht, richtig durchgeführt, viel Spaß.

Mit zunehmendem Alter ist diese Form des Trainings besser geeignet als Intervalltraining auf der Kunststoffbahn. Die Intervalle während des Fahrtspieltrainings können aus der Dauerlaufbewegung heraus »soft« gestartet werden. Abrupte Bewegungen sind zu vermeiden. Bevor der erste schnellere Lauf in dieser Einheit erfolgt, können zwei bis drei Kilometer zum Einlaufen genutzt werden. Die Intervalle selbst sollten nicht stur hintereinander abgearbeitet werden. Besser ist es, vier bis fünf Minuten zu traben und unterschiedliche Geländegegebenheiten auszunutzen. Das freie Fahrtspiel wird stark nach Tagesform gesteuert, ohne dabei das Ziel aus dem Auge zu verlieren – ein gezielter Wechsel zwischen hohem und niedrigem Tempo zur Entwicklung der psychischen und physischen Flexibilität.

	1.–4. Woche	5. Woche	6.–8. Woche	9. Woche	10.–12. Woche
Mo	Sauna/ Schwimmen	Sauna/ Schwimmen	Sauna/ Schwimmen	Sauna/ Schwimmen	Sauna/ Schwimmen
Di	GA_1 – FS 10 – 15 km mit 10 x 1 Min Kräftigung/ Dehnung	GA_1 15 km	GA_1 – FS 15 km mit 10 x 90 Sek Kräftigung/ Dehnung	GA_1 15 km	GA_1 – FS 15 km mit 5 x 30 Sek/ 5 x 1 Min und 2 x 3 Min Kräftigung/ Dehnung
Mi					
Do	GA_1 15 – 20 km anschließend 10 – 15 x 100 m STL flaches Gelände Dehnung/ Kräftigung	GA_1 15 km	GA_1 15 – 20 km anschließend 10 – 15 x 100 m STL flaches Gelände Dehnung/ Kräftigung	GA_1 15 km	GA_1 15 – 20 km anschließend 10 – 15 x 100 m STL Dehnung/ Kräftigung
Fr					
Sa	GA_1 5 km GA_2 6 – 10 km GA_1 2 – 3 km	GA_1 15 km Sauna/ Schwimmen	GA_1 5 km GA_2 8 – 12 km GA_1 2 – 3 km Dehnung/ Kräftigung	GA_1 15 km Sauna/ Schwimmen	GA_1 5 km GA_2 10 – 15 km GA_1 2 – 3 km Dehnung/ Kräftigung
So	GA_1 lang 20 – 25 km Dehnung	GA_1 20 km	GA_1 lang 25 – 30 km Dehnung	GA_1 20 km	GA_1 lang 30 km Dehnung

Wintertraining Senioren: 10 km bis Halbmarathon

Mittwoch
Kein Training.

Donnerstag – Steigerungsläufe (STL) zum Wachwerden
Der lockere Dauerlauf dient zur Stabilisierung des Grundlagenniveaus. Auch wenn der Hauptteil der Belastung im hügeligen Gelände absolviert wird, sollte er aerob sein. Die anschließend empfohlenen Steigerungsläufe über 100 Meter dienen dazu, die Motorik aufzuwecken.

Freitag
Kein Training.

Samstag – Zeit für Tempo
Am Wochenende haben viele Sportler die Möglichkeit, auch im Winter mit mehr Zeit bei Tageslicht zu trainieren. Nach einer Erwärmung (Einlaufen, Lauf-Abc, leichte Gymnastik) wird das Training im aerob-anaeroben Übergangsbereich angegangen. Hier sollte das Profil der Strecke eher flach sein, um vorerst das Lauftempo über die geplante Strecke zu realisieren. Auslaufen oder Ausschwimmen und eine gefühlvolle Dehnung runden das Training ab. In der kalten Jahreszeit sollten durchgeschwitzten Sportsachen schnell gewechselt werden!

Sonntag – und ab ins Gelände
Der längste Lauf der Woche. Dieser Supersauerstofflauf dient zur weiteren Ökonomisierung des Fettstoffwechsels. Sicherlich ist die Kombination Samstag schnell und Sonntag lang anfangs ungewohnt. Sie hat sich aber bewährt. Mit dem langen, lockeren Lauf trägt man zur besseren Verarbeitung des Samstags bei. Nach wenigen Laufkilometern ist die Laufsteifheit vorbei. Dieses Training lässt sich ausgezeichnet in der Gruppe durchführen, sofern kein Wettkampf daraus gemacht wird. In der Ruhe liegt die Kraft! Es sollten 4:50 bis 6:30 Minuten pro Kilometer gelaufen werden, um tatsächlich viele Fette zu verbrennen. Viele laufen diese Einheit zu schnell.

Be- und Entlastung

Dieser Wochenrhythmus sollte zwei bis vier Wochen lang gehalten werden. Durch die klare Be- und Entlastungsdynamik im Wochenverlauf werden Übertrainingszustände vermieden. Die vor allem in jüngeren Jahren absolvierten Doppel- und Dreifachbelastungen sind zu vermeiden. Dieses Prinzip ist auch im Mehrwochenverlauf wirksam. Es ist günstig, in regel-

mäßigen Abständen eine Entlastungswoche einzuschieben, die ausschließlich aeroben Charakter trägt. Belastungszeit und -intensität sind spürbar zu vermindern.
Im Winter bietet sich auch eine Skitrainingswoche als Erholungsphase an. Oder statt Lauftraining können Schwimmen, Rad-Ergometer, Ruder-Ergometer und andere Formen der Belastung gewählt werden.

Glossar: im Text nicht näher erklärte Begriffe

aktive Erholung .... durch sportliche Betätigung im regenerativen Bereich

Anpassung .... physische und psychische Reaktion des menschlichen Körpers auf sportliche Belastungen/Reize

bilanzierte Diät .... Diät mit genau festgelegter Kalorienzahl

Fahrtspiel .... (auch Spiel mit der Laufgeschwindigkeit): Ein Dauerlauf wird über eine bestimmte Strecke und entsprechend dem eigenen Befinden mit schnellen (nicht maximalen) Abschnitten durchsetzt.

Festwerden .... wenn der Laufstil immer schwerer wird

hydrieren .... Wasser einlagern

Hypermobilität .... über das Normalmaß hinausgehende Beweglichkeit

hyperton .... mit hoher Muskelspannung

isometrisches
Gegenspannen .... bei gedehnter Muskulatur Muskel anspannen

kompensatorisch .... erholsam, regenerativ

Muskeltonuserhöhung .... Erhöhung der Muskelspannung und damit gute Leistungsbereitschaft zur Muskelarbeit

muskuläre Dysbalancen ... muskuläres Ungleichgewicht

passive Erholung .... nicht durch sportliche Betätigung, sondern z. B. durch Sauna, Badewanne

GLOSSAR

Platsch-Effekt . . . . von der Ferse wird beim Fußaufsatz sofort auf den Ballen gegangen, was ein platschendes Laufgeräusch erzeugt

regenerativer Bereich . . . . . Training im absolut erholsamen Bereich

Steigerungslauf . . . . Lauf mit langsamem Beginn und kontinuierlicher Tempoerhöhung bis zum submaximalen Bereich, um die nächst folgende höhere Belastung physisch und psychisch vorzubereiten; Teil der Erwärmung

strukturelle Anpassung . . . das Schaffen von Körperstrukturen wie Muskelzellen, Lungenbläschen etc.

submaximaler Bereich . . . . 95–97 % der maximalen Laufgeschwindigkeit

Superkompensation . . . . . . Umsatzung des Trainings in individuelle Höchstleistung

Sachwortverzeichnis

Abnehmen . . . . 21, 43, 46, 73 f.
Aerob-anaerober Übergangsbereich . . . . 25 f.
Aerobe Leistungsfähigkeit 32
Aerober Bereich . . . . 25 f., 44, 49, 58 f., 61, 83 f.
Alter: . . . . 188 ff.
    Fehler beim Training . . . . 190 ff.
    Leistungsabnahme . . . . 188 f.
    Trainingsmethodik . . . . 190 ff.
Anaerober Bereich . . . . 25 f.
Anpassungsvorgänge im Körper 21, 34, 45
Atemgasanalyse 27
Atemrhythmus 15

Be- und Entlastungsdynamik . . . . 22, 42 f., 91 ff., 144 ff.
Beinschmerzen . . . . 67 f.
Belastungsgrad . . . . 17, 48 f., 118
Bergablaufen 101
Biken. 39, 41, 45, 62, 69 f., 75, 77, 78, 82, 103, 112, 127, 128, 136, 150, 158,
    169, 194
Biken, Trainingsplan 70
Binde- und Stützgewebe, Anpassung . . . 17, 19, 43, 59, 69, 70, 71, 184, 192
Blutdruckmessung 27
Bluthochdruck . . . . 39 f., 73, 76, 82

Cholesterin . . . . 37, 76 f.
Cross-Lauf . . . . 100, 101, 102, 103 f., 159

Dehnung 15, 41, 62, 65 f., 87, 95, 98, 107, 115, 117, 127, 136, 144, 154, 156,
    157, 158, 162, 163, 176, 181, 194, 196
Diabetes mellitus 39, 76, 82
Diät . . . . 74 f., 157

Einsamkeit des Läufers 19, 109, 139
Einsteiger: . . . .
    Ausrüstung 14
    Belastungsgrad 17, 25
    Gesundheitscheck 13

SACHWORTVERZEICHNIS

Motivation 13
Trainingsplan .... 15 – 24
Wille 13
Zeitaufwand 13
Einsteigerfalle 19
EKG 14, 27, 48
Elektrolyte .... 54, 56 f., 61, 79 f.
Ernährung .... 39, 53, 63, 65, 73 ff., 76, 82, 119

Fahrtspiel ...... 24, 64, 84, 92, 95, 98, 99, 101, 106, 132, 147, 154, 163 f.
Fehler beim Training .... 190 ff.
Fettstoffwechsel. 25 f., 39, 43, 58 f., 77, 82, 83, 84, 92, 106, 108 f., 120, 122, 126, 130, 131, 132, 133, 137, 138, 139, 141, 147, 150, 163, 164, 168, 196
Fieber .... 52 f.
Fitnessuntersuchung 27
Frauen .... 182 ff., 190
Frühform .... 64 f., 118, 124
Frühjahrs-Training .... 164 ff.

Gehen .... s. Walking
Gipfelwoche 109, 126, 138, 157, 168
Grundlagenausdauer 1 (GA_1) ...... 25 f., 29, 83, 130 ff., 164 f.
Grundlagenausdauer 2 (GA_2) .... 25 f., 29, 84, 130 ff., 165

Halbmarathon .... 95 ff., 129 ff., 194 ff.
Herzfrequenz (s. auch Puls) .... 28 ff., 57 f., 130 f.
Herzkrankheiten, Herzprobleme .... 39 f., 51 f., 73, 76, 82
Herz-Kreislauf-System.. 17, 19, 28, 32, 34, 37, 39, 43, 48, 50, 54, 56, 59, 63, 73, 76, 80, 82, 91, 110, 183, 184, 189, 192
Hitze .... 54 f., 64, 156

Infekt .... 52 f.
Intervalltraining .... 64, 84 f., 92, 95, 107

Jahrestrainingsgrafik .... 152 f., 159 ff.
Jahresverlauf 29
Joggen .... 45 f.

Kompensation 29, 83
Körperfett .... 32 f., 75, 189

201

SACHWORTVERZEICHNIS

Korrekturen am Training 154

Laktatleistungskurve . . . . 28 ff.
Laktatwertbestimmung . . . . 27 ff.
Langsamlaufen . . . . 43 f., 58 f.
Lauf-Abc . . . . 87 ff.
Laufbandtest . . . . 27 ff.
Laufschuhe . . . . 71 f.
Lauftreff . . . . 41 f., 46
Lebensmittel und ihre Wirkung 81
Leistungsdiagnostik . . . . 49 f.

Marathon in 2:25 – 3:30 Stunden . . . . 147 ff.
Marathon in 4:00 Stunden . . . . 113 ff.
Marathon, in 3 Monaten zum ... . 106 ff.
Marathontempo . . . . 92, 110, 111, 152, 156, 159 ff, 170, 171
Mehrwochenzyklus (Mesozyklus) 94
Mischstoffwechsel 26
Motivation(stricks) 18, 21, 26,50, 140, 167, 181, 193
Muskelstoffwechsel 34, 59
Muskuläres Ungleichgewicht (Dysbalancen) 41, 65, 67, 68, 69, 191

Nachts . . . . 72 f.
Nervensystem 80, 191
Nordic Walking 37

Osteoporose . . . . 76, 77 ff., 82, 189

Pause . . . . 91 ff., 144 ff.
Probleme beim langen Lauf 60
Puls, Pulsmessung (s. auch Herzfrequenz) . . . . 16 f., 25 f., 41, 49, 143

Quereinsteiger 45
Radfahren . . . . s. Biken
Regeneration . . . . 62 f., 83, 103, 112, 127 f., 136, 158 f.
Rennsteiglauf . . . . 129 ff.

Schnelligkeit 85
Schnelligkeitsausdauer 29, 85, 145, 170
Schwangerschaft . . . . 183 ff.

Schwimmen . . 26, 41, 62, 70, 77, 82, 86, 103, 112, 114, 117, 127, 128, 136,
   147, 150, 158, 162, 169, 184, 194, 196, 197
Schwitzen. . . . . 53 f.
Seitenstechen 60
Skilanglauf. . . . . 37, 45, 86, 114, 135, 136, 162 ff., 194, 197
Starteuphorie. 143
Stoffwechselerkrankung. 39, 82
Stufentest . . . . 27 ff.
Supermarathon. . . . . 129 ff.

Trainingsbereiche . . . . 25 f., 83 ff.
Trainingsgrafik. . . . . 150 ff.
Trainingslager . . . . 168 ff.
Trainingsnachbereitung . . . . 61 f.
Trainingsplanung . . . . 29, 133, 150 ff., 159 ff.
Trainingstagebuch . . . . 16, 18, 22, 150 ff., 159 ff.
Trainingswettkampf. . . . . 63 f.
Trinken . . . . 53, 55 ff., 60, 64, 79, 80, 107, 127, 141, 158

Übergewicht. . . . . 54, 69, 73 ff., 82

Vitamine. 74, 75, 76, 78, 79, 127, 154, 158

Walking. . . . . 33, 37 f., 41, 66, 86, 114, 136
Walking, Trainingsplan. 38
Warmlaufen 66
Wettkampfspezifische Ausdauer. 29, 84 f., 164
Wettkampftraining 10 – 15 km. . . . . 172 ff., 194 ff (für Senioren)
Winter-Training . . . . 162 ff.
Wochenzyklus (Mikrozyklus). 29, 93

X-Beine . . . . 68 f.

Zivilisationskrankheiten . . . . 26, 39 f.
Zusatztraining. . . . . 135 f.

... Neu ... Neu ... Neu ...

Thomas Prochnow
Wolfgang Bringmann
Caro Hammer

Laufen ohne Beschwerden

Prävention, Therapie, Rehabilitation

über 100 praktische

336 Seiten

24,80 EUR

ISBN 3-89787-162-9

Das große Fachbuch über Gesundheit und Verletzungen beim Laufsport:

Prophylaxe, Erkrankung, Rehabilitation

- 180 Farbfotos
- zahlreiche Grafiken und Tabellen

Bestellung

über Ihre Lieblings-Buchhandlung

oder direkt beim
Lauf- und
Ausdauersportverlag
Postfach 11 04 37
93017 Regensburg

Tel (09 41) 8 30 52-40
Fax: (09 41) 8 30 52-42
E-Mail: info@las-verlag.com

Die Buchreihe „Laufen in ..."

Streckenführer mit vielen Farbfotos, detaillierten Farbkarten, Streckentelegrammen und und und:

- Berlin
- Duisburg
- Frankfurt/Main
- Garmisch-Partenkirchen
- Hamburg
- München
- Münster

weitere Städte folgen

80 – 228 Seiten
€ 9,95 – 14,95

Weitere Städte und Regionen in Vorbereitung

Trainingsteil und Streckenführer
einfarbig (Vierfarb-Ausgaben i. Vorb.):

- Augsburg
- Berlin
- Bielefeld
- Braunschweig
- Chemnitz
- Darmstadt
- Düsseldorf
- Frankfurt
- Hamm
- Heidelberg
- Karlsruhe
- Kiel
- Koblenz
- Köln
- Leipzig
- Moers
- München
- Nürnberg
- Osnabrück
- Regensburg
- Remscheid
- Rennsteig
- Stuttgart
- Weiden
- Wien
- Wiesbaden
- Wolfsburg
- Wuppertal
- Würzburg

und andere

ca. 280 Seiten
€ 16,00

Weitere Städte in Vorbereitung

Trainingsmethodik

- **Lauffibel**
Trainingsmethodik vom Einsteiger bis zum Marathoni, komplett überarbeitete Neuauflage

ca. 200 Seiten
ca. 13,00 EUR

- **Weitere Bücher i.Vorb.**

Anhang: Lauftagebuch

Zum Ausfüllen oder Kopieren

LAUFTAGEBUCH

Trainingswoche:　　　　von:　　　　　　bis:

	km	Zeit	Puls	Trainingsinhalt	Bemerkung (Verletzungen, Befinden, Wetter)
Mo					
Di					
Mi					
Do					
Fr					
Sa					
So					

Bemerkungen zur Woche

Gesamt-km　　　　　　Gesamtzeit　　　　　　Gewicht

LAUFTAGEBUCH

Trainingswoche:　　　　　von:　　　　　　bis:

	km	Zeit	Puls	Trainingsinhalt	Bemerkung (Verletzungen, Befinden, Wetter)
Mo					
Di					
Mi					
Do					
Fr					
Sa					
So					

Bemerkungen zur Woche

Gesamt-km　　　　　Gesamtzeit　　　　　Gewicht

LAUFTAGEBUCH

Trainingswoche:　　　　von:　　　　　　　bis:

	km	Zeit	Puls	Trainingsinhalt	Bemerkung (Verletzungen, Befinden, Wetter)
Mo					
Di					
Mi					
Do					
Fr					
Sa					
So					

Bemerkungen zur Woche

Gesamt-km　　　　　**Gesamtzeit**　　　　　**Gewicht**

LAUFTAGEBUCH

Trainingswoche:　　　　von:　　　　　　bis:

	km	Zeit	Puls	Trainingsinhalt	Bemerkung (Verletzungen, Befinden, Wetter)
Mo					
Di					
Mi					
Do					
Fr					
Sa					
So					

Bemerkungen zur Woche

Gesamt-km　　　　　　Gesamtzeit　　　　　Gewicht

LAUFTAGEBUCH

Trainingswoche: von: bis:

	km	Zeit	Puls	Trainingsinhalt	Bemerkung (Verletzungen, Befinden, Wetter)
Mo					
Di					
Mi					
Do					
Fr					
Sa					
So					

Bemerkungen zur Woche

Gesamt-km Gesamtzeit Gewicht

LAUFTAGEBUCH

Trainingswoche:　　　　**von:**　　　　**bis:**

	km	Zeit	Puls	Trainingsinhalt	Bemerkung (Verletzungen, Befinden, Wetter)
Mo					
Di					
Mi					
Do					
Fr					
Sa					
So					

Bemerkungen zur Woche

Gesamt-km　　　　**Gesamtzeit**　　　　**Gewicht**

LAUFTAGEBUCH

Trainingswoche:　　　　　von:　　　　　　　bis:

	km	Zeit	Puls	Trainingsinhalt	Bemerkung (Verletzungen, Befinden, Wetter)
Mo					
Di					
Mi					
Do					
Fr					
Sa					
So					

Bemerkungen zur Woche

Gesamt-km　　　　　　Gesamtzeit　　　　　　Gewicht

LAUFTAGEBUCH

Trainingswoche:　　　　von:　　　　　　bis:

	km	Zeit	Puls	Trainingsinhalt	Bemerkung (Verletzungen, Befinden, Wetter)
Mo					
Di					
Mi					
Do					
Fr					
Sa					
So					

Bemerkungen zur Woche

Gesamt-km　　　　　　　Gesamtzeit　　　　　　Gewicht

LAUFTAGEBUCH

Trainingswoche: von: bis:

	km	Zeit	Puls	Trainingsinhalt	Bemerkung (Verletzungen, Befinden, Wetter)
Mo					
Di					
Mi					
Do					
Fr					
Sa					
So					

Bemerkungen zur Woche

Gesamt-km   Gesamtzeit   Gewicht

LAUFTAGEBUCH

Trainingswoche:　　　　　von:　　　　　　　bis:

	km	Zeit	Puls	Trainingsinhalt	Bemerkung (Verletzungen, Befinden, Wetter)
Mo					
Di					
Mi					
Do					
Fr					
Sa					
So					

Bemerkungen zur Woche

Gesamt-km	Gesamtzeit	Gewicht

LAUFTAGEBUCH

Trainingswoche:　　　　von:　　　　　　　bis:

	km	Zeit	Puls	Trainingsinhalt	Bemerkung (Verletzungen, Befinden, Wetter)
Mo					
Di					
Mi					
Do					
Fr					
Sa					
So					

Bemerkungen zur Woche

Gesamt-km　　　　　Gesamtzeit　　　　　Gewicht

LAUFTAGEBUCH

Trainingswoche:　　　　von:　　　　　bis:

	km	Zeit	Puls	Trainingsinhalt	Bemerkung (Verletzungen, Befinden, Wetter)
Mo					
Di					
Mi					
Do					
Fr					
Sa					
So					

Bemerkungen zur Woche

Gesamt-km　　　　　Gesamtzeit　　　　　Gewicht

LAUFTAGEBUCH

Trainingswoche:　　　　　von:　　　　　　　bis:

	km	Zeit	Puls	Trainingsinhalt	Bemerkung (Verletzungen, Befinden, Wetter)
Mo					
Di					
Mi					
Do					
Fr					
Sa					
So					

Bemerkungen zur Woche

Gesamt-km　　　　　　　　Gesamtzeit　　　　　　　Gewicht

LAUFTAGEBUCH

Trainingswoche:　　　　　von:　　　　　　bis:

	km	Zeit	Puls	Trainingsinhalt	Bemerkung (Verletzungen, Befinden, Wetter)
Mo					
Di					
Mi					
Do					
Fr					
Sa					
So					

Bemerkungen zur Woche

Gesamt-km　　　　　　Gesamtzeit　　　　　　Gewicht

Die schönsten Laufstrecken der Region

Vorwort

Für die Autoren war es eine schöne und befriedigende Aufgabe, dieses Buch zu schreiben. Es hat viel Spaß bereitet, mit immer wieder neuen Läufern unsere Erfahrungen auszutauschen und alle Strecken selbst zu laufen. Die meisten in dem Buch beschriebenen Strecken eignen sich mühelos für Läufer mit einem oder zwei Jahren Lauferfahrung. Da jeder die Streckenabschnitte beliebig abkürzen oder umdrehen und zurücklaufen kann, sind sie jedoch für Anfänger genauso geeignet. Es sind nur wenige Strecken mit längeren Steigungen oder über 20 km Länge enthalten. Trotzdem wollten wir auch auf diese langen Kanten nicht verzichten, denn wer auf einen Marathon- oder Halbmarathonlauf zielstrebig hintrainiert, sollte in der engeren Vorbereitungsphase einmal je Woche einen längeren Lauf einplanen; denn wer einmal Geschmack am Laufen gefunden hat, der will bald mehr laufen, und der Gedanke, bei einem Marathon mitzulaufen, entsteht oft wie von selbst.

Wir hatten aber auch unsere Zweifel. Besteht denn überhaupt ein Bedarf an einem Laufbuch? Das Schöne am Laufen ist doch, daß man prinzipiell überall laufen kann, und kennt nicht jeder seine Hausstrecke in- und auswendig? Oder wie ich immer zu antworten pflege, wenn ich in einer fremden Stadt unterwegs war: „Wenn ein Läufer läuft, findet er immer einen Weg."

Und zurück kommt man immer, auch wenn die Strecke an der Ausfallstraße entlang, unter der Autobahnbrücke hindurch und hinter dem Güterbahnhof vorbeiführt. Doch hätte ich damals, als ich viel unterwegs war, im Hotel ein Büchlein „Laufen in ..." kaufen können, wäre es mir (R. W.) ein wertvoller Ratgeber geworden. So hatte ich über viele Jahre beruflich immer wieder in Göttingen zu tun und kannte doch nur eine Laufstrecke.

Es ist schon richtig, laufen kann man überall – in der Theorie. Doch lassen wir uns einmal auf ein Gedankenexperiment ein und stellen uns vor, morgen würden alle Regensburger gleichzeitig mit dem Laufen beginnen. Zunächst wäre jeder von seinem Haus losgejoggt und hätte dann einen x-beliebigen Weg gewählt, und jeder andere hätte es genauso gemacht. Danach hätte jeder versucht, so wenig wie möglich die Straßenseite zu wechseln, Ampeln zu vermeiden und möglichst rasch auf verkehrsarme Straßen zu kommen oder einen Park zu finden oder lange Feld- und Waldwege. Und wie von einer unsichtbaren Hand gelenkt würden sich auf ganz wenigen Wegen plötzlich fast alle Läufer tummeln, während die restlichen Straßen der Stadt – bis auf vereinzelte Läufer – wie leergefegt erscheinen.

Je häufiger ein Läufer in die gleiche Richtung unterwegs ist, desto mehr Seitenwege, Abzweigungen, Abkürzungen und Alternativen probiert er aus, bis er im ständigen Suchen und Verwerfen eine Strecke gefunden hat, die seinem Bedürfnis nach Schönheit, Streckenlänge und Zugängigkeit am besten entspricht. Da jeder Läufer Schotterwege und bei Regen aufgeweichte schwere Lehmböden gerne meidet, nicht an jeder Ampel seinen gerade in Rhythmus gekommenen Lauf unterbrechen möchte oder auf den Schwerverkehr achten möchte, kristallisieren sich aus der Vielzahl individueller Entscheidungen idealtypische Laufstrecken heraus, wo man auch immer wieder andere Läufer treffen kann. Manche Laufstrecken sind so beschaffen, daß sie nur über ein gemeinsames Kernstück verfügen, das sich aber so ideal zum Laufen eignet, landschaftlich reizvoll und geographisch so günstig gelegen ist, daß es von mehreren Stadtteilen leicht angelaufen werden kann. Die Autoren hoffen, viele Strecken gefunden zu haben, die diesen Ansprüchen genügen.

Rainer Welz

Inhalt

Die Stadt Düsseldorf ist sehr schön 228

Der Wanderweg D und seine Zusatzschleifen 229

Touren
1. Stadt, Land, Fluss: die Rheinuferpromenade 232
2. Schöne neue Medienwelt: die Hafenrunde 237
3. Die grüne Lunge der Altstadt: der Hofgarten 240
3a. Laufen in der City: die Tour der Türme 244
4. Ein Garten für alle: der Südpark 248
5. Von Deich zu Deich: die Fleher Brückenrunde 251
6. Natur pur: der Himmelgeister Rheinbogen 254
7. Schlösser im Süden: Benrath und Garath 257
8. Über 7 Brücken musst du gehen: um den Unterbacher See 261
9. Die Ost-West-Passage: von Unterbach an den Rhein 264
10. Zu unseren Ursprüngen: der Neandertal-Lauf 267
11. Ideal für Bergziegen: Cross im Grafenberger Wald 270
12. Nichts für „XXL": auf und ab im Aaper Wald 273
13. Schön ist es auf der Welt zu sein: zwischen Anger und Niederrhein 276

Lauftreffs 280

Parks 281

Adressen 283

Termine 285

Literatur 287

Die Stadt Düsseldorf ist sehr schön ...

... schrieb Heinrich Heine 1826 im Pariser Exil über seine Heimatstadt. Und in der Tat, die Stadt Düsseldorf muss wirklich sehr schön gewesen sein: mit ihrem Rheinpanorama, ihren schmalen Gassen, ihren beschaulichen, gar nicht protzigen Gebäuden und vor allem ihren Parks.

1769 war mit dem Hofgarten der erste deutsche Volksgarten entstanden: ein Park, der nicht – wie sonst üblich – zur Exklusiv-Erlustigung des Adels und seiner Hofschranzen diente, sondern offen war für die Bürger dieser Stadt. Weitere Parks und Grünanlagen folgten und konnten – trotz diverser Angriffe – an nachfolgende Generationen weitergegeben werden.

Die erste Bedrohung, die industrielle Expansion im 19. Jahrhundert, trieb die Stadt in die Breite und ließ ihr einen grünen Gürtel zum Atmen. Die zweite Bedrohung – der mit dem Wiederaufbau einhergehende Wirtschaftsboom nach 1945 und die zunehmende Motorisierung – trieb die Stadt in die Höhe und in die Tiefe. Auch diesmal konnte die grüne Lunge, so gut es ging, bewahrt werden.

Heute scheint das Schlimmste überstanden. Gemeint sind die Horrorvisionen zubetonierter Großstädte, in denen der ausufernde Autoverkehr jedes urbane Leben erstickt und die Menschen vor dem Lärm und den Abgasen in weit entfernte Vororte flüchten, womit sie durch die tägliche An- und Abfahrt das Verkehrschaos noch zusätzlich verstärken.

Es scheint, als ob in Düsseldorf dieser Teufelskreis durchbrochen ist. Das Leben und Wohnen in der Stadt gewinnt zunehmend an Attraktivität. Abenteuer, Kultur und Erholung liegen quasi vor der Haustür und warten nur darauf entdeckt zu werden: am liebsten aus eigener Kraft und auf eigenen Füßen.

Nun denn, worauf warten wir noch? Machen wir uns auf die Suche!

Übersichtskarte:
Der Wanderweg D und seine Zusatzschleifen

Länge:
Der Wanderweg D umfasst das Stadtgebiet von Düsseldorf in einer großen Schleife von ca. 90 km. Der komplette Rundkurs ist daher als „Frühstückslauf" nur bedingt empfehlenswert.

Beschreibung:
Eine detaillierte Streckenbeschreibung erübrigt sich, da der Wanderweg D fast durchgehend mit dem „D"-Symbol markiert ist.
Ausgenommen sind lediglich einige Passagen am Rheinufer. Eine Ausschilderung ist hier überflüssig, da man nur dem Fluss folgen muss.
An zwei Stellen ist der Zugang zum Rheinufer gesperrt: 1. beim Wasserwerk Flehe und 2. beim Wasserwerk Benrath. Hier sind kleinere Umleitungen fällig.

Quelle:
Freizeitkarte Düsseldorf, Trilsch-Verlag, mit geringfügigen Änderungen des Verfassers im Bereich des Himmelgeister Rheinbogens. Zwischen Benrather Schlossufer und Auf der Jücht verliert sich die offizielle Spur des Wanderwegs, und zwar sowohl auf der Freizeitkarte, als auch bei den Markierungen am Wegesrand. Um unnötige Irritationen zu vermeiden, haben wir das fehlende Stück einfach dadurch ersetzt, indem wir dem Rhein an dieser Stelle in einer großen Schleife folgen.

Orientierungspunkte:
Rheinuferpromenade am Schlossturm, Rheinstadion und Messe, Schlosspfalz Kaiserswerth, Kalkumer Schloss, Erholungspark Volkardey, Aaper Wald, Rennbahn, Wildpark, Haus Morp, Unterbacher See, Hasseler Forst, Schlosspark Benrath, Himmelgeister Rheinbogen, Fleher Brücke, Lausward, Rheinturm, Rathausufer mit Pegeluhr.

Teilstrecken:
Für Radfahrer ...
... bietet sich am Rhein die Halbschleife von Benrath bis Kaiserswerth an. Sie ist durchgehend asphaltiert und beträgt nur etwa 40 km. Den Rückweg sollte man tunlichst auf der gleichen Strecke antreten, denn die östliche Landroute von Kaiserswerth bis Benrath führt über typische Wanderwege und ist – wenn überhaupt – nur mit einem Mountainbike befahrbar.

Wanderer ...
... müssten für den kompletten Rundkurs gut zu Fuß sein, morgens mit den Hühnern aufstehen und sich sputen, um bis Sonnenuntergang zurück zu sein. Doch auch hier gilt: Geteilter Schmerz ist halber Schmerz. Man kann z. B. mit der U79 bis Kaiserswerth fahren, dann über Unterbach bis Benrath wandern und dort mit der S6 oder der Straßenbahn 701 zurückfahren. Wer Busse bevorzugt hat die Qual der Wahl zwischen den Linien 776, 778, 779, 784, 788 und 789.

Für Läufer ...
... haben wir den Wanderweg D in kleine Segmente aufgeteilt und zu den Tourenvorschlägen 1–13 erweitert.

Risiken und Nebenwirkungen ...
... sind uns nicht bekannt. Und im Gegensatz zu Wanderern, die ständig ein kleines „Gebetbuch" mit sich herumführen und an jeder Ecke die Richtung nachschauen können, gehen wir davon aus, dass Läufer bei Ausübung ihres Sports keine gedruckten Erzeugnisse mit sich herumführen.
Deshalb wurde versucht, die Streckenführung – dort wo sie vom Wanderweg D abweicht – möglichst einfach an markanten Orientierungspunkten auszurichten und durch „Eselsbrücken" im Gedächtnis zu fixieren. Wenn also von einer Autobahn die Rede ist, die direkt zum Friedhof führt, so ist diese Formulierung nicht auf die literarische Goldwaage zu legen, sondern schlicht und einfach eine Merkhilfe, um sich die Strecke besser einzuprägen

Die schönsten Laufstrecken der Region

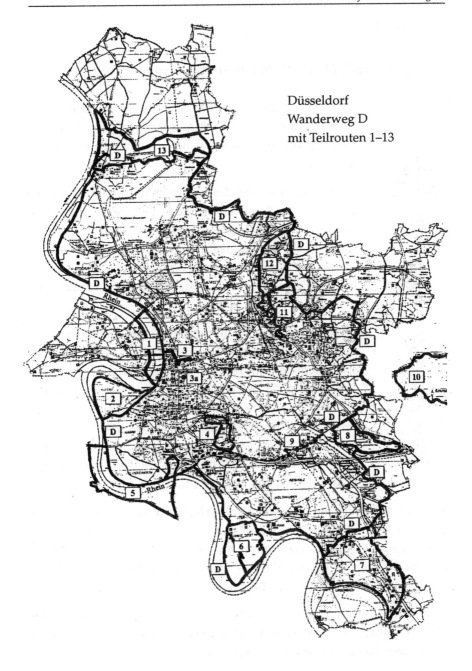

Düsseldorf
Wanderweg D
mit Teilrouten 1–13

Touren

1. Stadt, Land, Fluss: die Rheinuferpromenade

Als Start- und Zielmarke nicht zu übersehen: der **Rheinturm** an der Stromstraße; der im Volksmund gerne „Fernsehturm" genannt wird, weil man von oben so schön in die Ferne sehen kann.

Leider können wir den Turm nicht in unsere Lauftour einbeziehen, da das Treppenhaus gesperrt ist und die Plattform nur per Fahrstuhl erreichbar ist. Ein Anachronismus in unserer von Bewegungsmangel geprägten Zeit, wie auch das ganze Projekt das letzte dieser Art war, denn für den Ausbau des Fernmeldenetzes werden heute keine Türme mehr benötigt.

In größeren Gruppen auftretende Läufer aufgepasst! Wir dringen jetzt in den Bannkreis des Landtags von Nordrhein-Westfalen ein und bewegen uns am Rheinufer Richtung **Schlossturm**. Bis 1993 befand sich an dieser Stelle eine Stadtautobahn, die mit dem Bau des **Rheinufertunnel**s unter die Erde verbracht wurde; eine Sternstunde moderner Stadtarchitektur. Heute ist die Rheinuferpromenade eine der beliebtesten Flaniermeilen Düsseldorfs, die dem Wohnen in der Stadt neue Impulse gegeben hat.

Wenn wir an der unteren Rheinwerft entlang laufen, befinden wir uns ca. 8 m über dem Nullniveau des Rheins, auf der oberen Rheinwerft sind es schon 11 m. Dies geht aus den Markierungen hervor, die im Fundament der **Pegeluhr** angebracht sind. Links und rechts von der Uhr fließen unterirdisch der südliche und der nördliche Mündungsarm der Düssel in den Rhein.

Stadteinwärts sehen wir die historische Gaststätte EN DE CANON; mit den alten Hochwassermarken neben der Eingangstür, aus der Zeit als die Stadt noch ungeschützt vor Überschwemmungen war.

Vor uns liegt nun einer der schönsten Plätze Düsseldorfs, der Burgplatz mit dem Alten **Schlossturm**.

Ein weiteres Wahrzeichen von Düsseldorf schließt sich an: Der schiefe Turm der altehrwürdigen St. **Lambertuskirche**, um den sich viele Legenden ranken. Wer war schuld an der Misere: die Rache des Baumeisters oder gar der wütende Würgegriff des Teufels? Nein, schlicht und einfach die verzogenen Holzbalken des Dachstuhls, der nach dem letzten Brand erneuert werden musste.

✂ Abkürzungsvorschlag: Wer nur die Hälfte zurücklegen möchte, überquert über die Hofgartenrampe die Oberkasseler Brücke und wechselt auf die andere Rheinseite. Die Strecke ähnelt jetzt der 5-km-Variante des Düsseldorfer Brückenlaufs mit Start und Ziel am Burgplatz.

Wer die große Runde bevorzugt, folgt dem Tonhallen-Ufer. Dort erinnert uns das **Kunstmuseum** an den ehemals legendären Ruf Düsseldorfs als Kunststadt.

Ein weiterer Turm, der Verwaltungskopf der VICTORIA-Versicherung und Sitz des ERGO-Konzerns, zeigt uns, wo heute das Geld sitzt und wo die Fäden gezogen werden.

Vorbei an den Hausbooten im Sporthafen gelangen wir über die Theodor-Heuss-Brücke nach Niederkassel. Wir laufen jetzt auf der anderen Rheinseite die gleiche Strecke zurück und können die Altstadt noch einmal aus anderer Perspektive betrachten oder – zur Rechten – uns an den schönen Villenfassaden der Oberkasseler Schickeria erfreuen.

Über die Rheinkniebrücke kehren wir zurück zum Rheinturm und lassen uns im Hintergrund von der schönen neuen Medienlandschaft noch ein wenig illusionieren: entweder als Gast in den Szene-Kneipen und Biergärten an der Zollhofstraße oder indem wir durchstarten und die nächste Runde direkt anschließen.

> **Streckenprofil:**
>
> Länge: Große Runde knappe 10 km, kleine Runde etwa die Hälfte.
>
> Start/Ziel: Rheinturm, Stromstraße
>
> Profil: durchgehend asphaltiert, daher auch für Radfahrer bestens geeignet, ausgenommen an stark frequentierten sonnigen Wochenenden. Skater sollten die Auf- und Abfahrten zu den Brücken meiden und sich auf eine Rheinseite konzentrieren.
>
> Sonstiges: auch bei Dunkelheit gut zu passieren; sehr abwechslungsreich; im Sommer reiht sich am Rathausufer ein Biergarten an den anderen.

Am Streckenrand:

Rheinturm: 1982 fertiggestellter Fernmeldeturm, als letzter Riese aus der Zeit vor dem Glasfaserkabel und der Satellitentechnik, imposanter Rundblick von der 172 m hohen Restaurant-Plattform.

Landtag: (1988) ringförmiges Gebäude in Gestalt einer sich öffnenden Blume, das die Verwicklungen der Demokratie symbolisieren soll.

Rheinufertunnel: 1993 eröffneter zwei Kilometer langer Autobahntunnel mit dem Zweck, das Rheinufer als Fußgängerzone einzurichten und auf diese Weise den Rhein und den neuen Landtag mit der Stadt zu verbinden.

St. Lambertus: aus dem 14. Jh. stammende dreischiffige gotische Hallenkirche, die eine Dorfkirche aus dem 12. Jh. ersetzte; mehrfach restauriert, der Dachstuhl des Turmes zuletzt 1815 nach einem Blitzschlag.

Schlossturm: Der einzige Überrest des Düsseldorfer Schlosses, das 1872 durch eine Feuersbrunst vernichtet wurde.

Kunstmuseum: 1846 gegründet und eines der größten Museen des Rheinlands. Von den Gemäldeschätzen des Kurfürsten Jan Wellem sind allerdings nur noch Überbleibsel vorhanden, z. B. zwei prächtige Rubens-Schinken, die schlecht wegzuschaffen waren. Der Rest hängt heute in München in der alten Pinakothek. Die ehemaligen pfälzisch-bayerischen Herrscher von Düsseldorf haben sie dorthin verlagern lassen, bevor sie ihre rheinländischen Besitzungen an Napoleon verscherbelten, um dafür von diesem zu Königen von Bayern ernannt zu werden.

Pegeluhr: Sieht wie eine Uhr aus und ist auch eine; aber Obacht: 7:30 kann – je nach Blickwinkel – zwei Bedeutungen haben: 7 Stunden und 30 Minuten oder 7 ½ Meter über normal; gemeint ist mit letzterem der Wasserstand des Rheins.

Die schönsten Laufstrecken der Region

Stadt, Land, Fluss: die Rheinuferpromenade

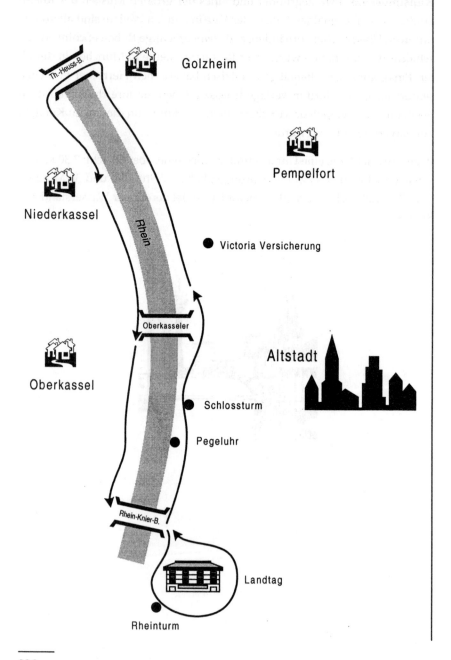

2. Schöne neue Medienwelt: die Hafenrunde

Was für Paris die Glitzervorstadt La Defence mit ihrer Grand Arche, das ist für Düsseldorf der Medienhafen mit dem gläsernen Stadttor.

Ein Tummelplatz modernistischer Vorzeigearchitektur, die bei allem Glanz einen kleinen Schönheitsfehler hat: Es fehlen die Wohnmöglichkeiten für Menschen.

Und so hat das Ganze für viele den Charme eines schimmernden Eisblocks.

Bis Ende 2000 soll an der Speditionsstraße zusätzlich eine Milliarde Mark investiert werden. Die Vision der Planer ist dabei ein Stadtteil der rund um die Uhr aktiv sein soll: mit Wohnen, Arbeiten, Unterhaltung und Kultur.

Wohin laufen wir?

Zunächst geht es auf der Hammer Straße Richtung Zollhof. Der alte Zollhof war früher ein Freihafengelände, in dem Güter zollfrei gelagert werden konnten. Er fiel in den achtziger Jahren der Abrissbirne zum Opfer. Der neue Zollhof, ein Kunst- und Mediencenter, wirkt dagegen wie eine kubistische Skulptur. Vielleicht wird sich mancher irritiert die Augen reiben und sich die Frage stellen: „Wohin laufen wir eigentlich?" „Weiß der Geier," antwortet eine innere Stimme. „Einfach drauflos!"

Und so geht es weiter auf der Hammer Straße bis zum Multiplex Kino. Dort läuft gerade die Science-Fiction-Show „STAR TRECKS – GEFANGEN IM ZEITTUNNEL". Auch wir tauchen durch einen Tunnel – unter der Eisenbahn hindurch – in eine andere Welt und betreten „Kappes-Hamm", das Dorf der bodenständigen Gemüsebauern und Gartenbetriebe. Am Dorfrand entlang folgen wir der Bahnlinie bis zum Rhein. Jetzt geht es zurück in den Hafen unter der Hammer Eisenbahnbrücke hindurch. Neben dem nüchternem Neubau sehen wir noch die gemauerten Pfeiler der alten Brücke von 1870.

Wir folgen dem Rhein in einer weiten Schleife am Rande des Kraftwerks. Links auf den Rheinwiesen am **Golfplatz Lausward** können wir unsere Sportkollegen von der schlagenden Fraktion beobachten, wie sie mit einem Eisen bewaffnet Löcher in die Luft dreschen.

An der Bremer Straße schweift das Auge über die letzten Becken, die noch hafenbetrieblich genutzt werden, deren Anteil aber immer mehr zurückgeht zugunsten der Medien-Profis am Hafeneingang, dort wo sich früher der Zoll- und Handelshafen befand.

Die Hafeneinfahrt überqueren wir über eine elegant geschwungene Fußgängerbrücke, die uns zum Abschluss mit einem eindrucksvollen Rundblick auf das alte und neue Düsseldorf belohnt.

Streckenprofil:	
Länge:	ca. 7 km.
Start/Ziel:	Rheinturm, Stromstraße.
Profil:	fast durchgehend asphaltiert, auch bei Dunkelheit gut zu laufen, bzw. mit dem Fahrrad zu befahren.

Am Streckenrand:

Torhaus: (1997) gläsernes Hochhaus am südlichen Tunnelmund in Form eines Stadttors.

Zollhof: (1999) Kunst- und Medienzentrum, mit dem schiefen Gebäudeensemble „Vater, Mutter, Kind"

Westdeutscher Rundfunk: (1991) postmoderner Koloss mit blau schimmernder Glasfassade, die von außen die Illusion von Transparenz erzeugen soll.

Hammer Eisenbahnbrücke: (1870) die erste feste Brücke über den Niederrhein, 1987 durch einen Neubau ersetzt.

Kraftwerk Lausward: deckt seit 1957 den größten Teil des Strombedarfs der Landeshauptstadt.

Golfplatz Lausward: Einziger öffentlicher Golfplatz in ganz Deutschland. Hier kann sich jeder – unabhängig von seiner Brieftasche – einen Eimer mit Bällen und einen Schläger ausleihen und seine Schlagfertigkeit erproben.

Schöne neue Medienwelt: die Hafenrunde

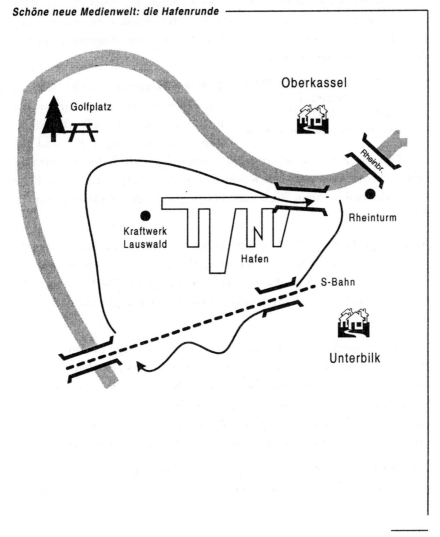

3. Die grüne Lunge der Altstadt: der Hofgarten

Nördlich der Oberkasseler Brücke fließt der Autoverkehr wieder oberirdisch. Deshalb gehen wir in den Untergrund durch die Tonhallenpassage und betreten am Ehrenhof den Hofgarten, den wir zunächst am Nordrand im Uhrzeigersinn umrunden.

Am **Napoleonsberg** nähern wir uns der Kaiserstraße, benannt nach dem Franzosenkaiser der auf dieser Straße 1810 nach Düsseldorf eingezogen war, um Soldaten für seinen Russlandfeldzug zu rekrutieren. Angeblich soll hier der berühmte Ausspruch gefallen sein:

„*Düsseldorf, le petit Paris!*"

Doch in Wirklichkeit handelt es sich um eine Legende, denn das Zitat stammt aus einem Brief, den ein Staatssekretär Napoleons geschrieben hat und gemeint waren Chaos und Schlamperei ... wie in Paris. Doch die Düsseldorfer beherrschen schon damals die Kunst der schönen Worte und haben sich die Geschichte halt in ihrem Sinne zurechtgebogen. Heute würde man Marketing dazu sagen.

Auch wenn die Kaiserstraße einen berühmten Namen hat, halten wir Abstand. Denn heute handelt es sich um eine lärmende Hauptverkehrsachse in Nord-Süd-Richtung. Auch die nächste Querstraße in Ost-West-Richtung, die wir durch die Weyhe-Passage unterqueren, ist keine Beglückung für Nase und Ohren.

Jetzt ein Schwenk nach links, durch die Jägerhof-Passage in den östlichen Teil des Hofgartens. Bei dem Theatermuseum linkerhand handelt es sich um das frühere **Hofgärtnerhaus**. Die Reitallee, die zum **Schloss Jägerhof** hinführt, zeigt sich streng geometrisch im französischen Stil, die Bäume scheinen strammzustehen, die Wege, wie mit dem Lineal gezogen; ganz im Gegensatz zum Rest des Hofgartens, der als **Englischer Garten** gestaltet ist.

Wir erreichen jetzt die Jacobistraße, die für uns die Ostgrenze bildet. Auf der anderen Seite gäbe es zwar noch eine Fortsetzung in Grün. Dieser Park ist jedoch in Privatbesitz, mit viel Metall eingezäunt und steht nur den Besuchern des Malkastens zu streng reglementierten Zeiten zur Verfügung.

Dafür stoßen wir beim Zurückschwenken auf die nördliche Düssel, die uns nun ein Stück begleitet. Danach versinkt die Düssel im Untergrund, um den Kö-Graben zu speisen und wir tauchen durch die Jägerhof-Passage, um den Ananasberg zu besteigen. Vom Gipfel aus hat man einen ausgezeichneten Blick auf die **Königsallee**.

Nach soviel Glanz drängt es uns zurück zum Rhein. Wie ein Slalomspezialist schlängeln wir uns hindurch zwischen Teichen, vorbei an Skulpturen, herum um Spaziergänger, hinweg über Hügel und abwärts durch Passagen.

Streckenprofil:

Länge:	3 km
Start/Ziel:	Tonhallen-Ufer
Profil:	Spazierwege im Hofgarten

Am Streckenrand:

Hofgarten: 1769 als erster deutscher Volksgarten errichtet „zur Lust der Einwohnerschaft", ab 1812 unter der Regie von Maximilian Weyhe umgestaltet und erweitert.

Hofgärtnerhaus: Hier befand sich früher der Haupteingang. Dabei war es der Familie des Hofgärtners erlaubt, „Refraichments" zu reichen. Diese Erfrischungen scheinen jedoch ziemlich viel Alkohol enthalten zu haben, denn nach vierjährigem Aufenthalt in der Dienstwohnung des Hofgärtnerhauses zog Weyhe im Jahre 1808 in die Jacobistr. 12 um, weil ihn der Lärm der Gastronomie im Untergeschoss des Hauses störte.

Königsallee: Düsseldorfs Prachtboulevard, chic und teuer; ist 4mal im Jahr für Autos gesperrt: beim Karneval, beim Bücherbummel, beim Radrennen und beim internationalen Kö-Lauf, Anfang September.

Napoleonsberg: Hügel in der Nordostecke des Hofgartens, aufgeschüttet aus dem Erdaushub, der beim Bau von Hafenanlagen angefallen war.

Ananasberg: Hügel im Südzipfel des Hofgartens. Früher stand hier ein Café mit einem Dachornament in Form einer Ananas.

Schloss Jägerhof: Ehemaliges kurfürstliches Jagdschloss aus dem 18. Jahrhundert; beherbergt heute das Goethe-Museum.

Englische Gärten ... was verbirgt sich dahinter?

Die künstlerische Gestaltung von Gärten und Parks wird in der Barockzeit vor allem durch französische Einflüsse geprägt. Die exakt geometrische Ausrichtung der Anlagen soll symbolisch die Unterwerfung der Natur durch den mit absoluter Macht regierenden Herrscher aufzeigen.

Mitte des 18. Jahrhunderts setzt von England kommend eine starke Gegenbewegung ein. Danach soll die Natur nicht mehr zurechtgestutzt und unterjocht, sondern in einem natürlichen Zustand belassen und ästhetisch verfeinert werden. Zu den Stilmitteln gehören wellenförmige Geländeverläufe, ein bizarres System von Wasserläufen und ein verschlungenes Wegenetz, dass eine große Ausdehnung vorgaukeln soll.

In Düsseldorf ist die Errichtung Englischer Gärten eng mit dem Wirken von Maximilian Weyhe verbunden. Im Jahre 1803 tritt er sein Amt als „Königlicher Hofgärtner" an. Er gestaltet u. a. die Parks der Schlösser Heltorf, Kalkum und Mickeln, wird aber vor allem durch die kunstvolle Erweiterung und Neuanlage des Hofgartens berühmt.

Die schönsten Laufstrecken der Region

Die grüne Lunge der Altstadt: der Hofgarten

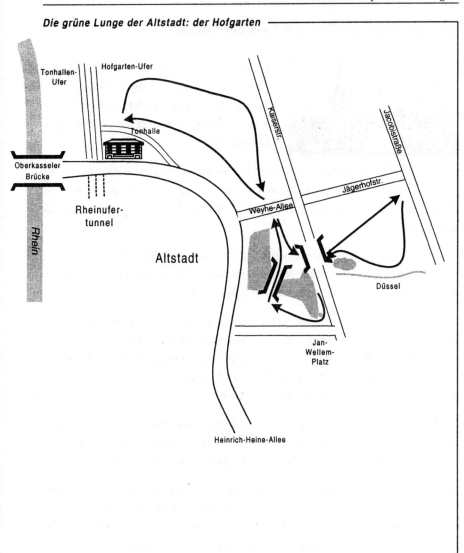

3a. Laufen in der City: die Tour der Türme

Was wäre eine Stadt ohne Türme? Fad und eintönig, wie ein Sommer ohne Sonne! Türme haben eine Geschichte, können etwas erzählen, z. B. die Geschichte von Düsseldorf.

Wir öffnen jetzt die Ausgangstür zum Dachgarten der Kö-Galerie und betreten die 200 m lange Joggingbahn. Wir stellen uns vor, wir benötigen für jeden Meter gut 3 Sekunden und jeder Meter führt uns in der Geschichte um ein Jahr zurück.

Nach 15 Sekunden – wir schreiben das Jahr 1945 – wird Düsseldorf vom Terror des Krieges und der Bombardierung befreit. Um uns herum – so weit das Auge reicht – ist fast alles zerstört: ein gespenstischer Trümmerhaufen.

Nach einer Runde, wofür wir gut 1 Minute benötigen, sind wir bereits im Jahr 1800. Die Königsallee existiert damals noch nicht. Statt dessen erstreckt sich hier die Stadtmauer. Wir befinden uns knapp davor und blicken auf die Karlstadt. Brücken über den Rhein gibt's noch nicht und die einzigen Türme, die wir im Umfeld erblicken sind Kirchtürme.

Nach einer weiteren Runde zeigt der Kalender das Jahr 1600. Wir befinden uns jetzt komplett im Grünen. Die Stadtmauer verläuft weiter nördlich, da das Stadtgebiet zu dieser Zeit in etwa der heutigen Altstadt entspricht.

Nach insgesamt 5 Runden (= 1000 Jahre) gibt es keine Stadtmauern mehr und das Dorf an der Düsselmündung besteht aus ein paar armseligen Fischerhütten. Auch alle Türme, die wir jetzt sehen, existieren noch nicht. Dafür taucht der älteste Turm, der momentan verdeckt ist, am südwestlichen Horizont auf. Es ist der Turm von Alt St. Martin, vom Kirchspiel Bilk, wozu Düsseldorf damals gehörte.

Nach gut 10 Minuten haben wir 10 Runden (= 2000 Jahre) zurückgelegt und sind in der Zeit der Römer gelandet. Diese haben sich linksrheinisch das Kastell Novaesium (= Neuss) errichtet, um die Barbaren auf der anderen Rheinseite in Schach zu halten. Ob es noch Kelten, oder bereits die von Norden eindringenden Germanen sind, weiß man nicht so genau.

Nach 25 Runden sind wir im Jahre 3000 vor unserer Zeitrechnung. Um uns herum Sumpfland, was nur schwer zu besiedeln ist. Vielleicht gibt es in Kaiserswerth eine keltische Siedlung, denn die Vorfahren von Obelix haben uns einen Hinkelstein hinterlassen. Er befindet sich Alte Landstraße/Ecke Zeppenheimer Weg und stellt das älteste Kulturdenkmal Düsseldorfs dar.

Ein Marathonläufer mit der nötigen mentalen Stärke könnte sich jetzt bis an die Ausläufer der letzten Eiszeit herantasten und bräuchte dafür gut 5 Stunden. Und wenn irgendwann die Beine weich werden, weil der „Mann mit der Keule" erbarmungslos zudrischt, dann war es vielleicht einer der letzten Neandertaler, die vor rund 50.000 Jahren in Kalksteinhöhlen am Oberlauf der Düssel gehaust haben.

Nach 2 Wochen wären wir in unserer Zeitreise bei den ersten Urmenschen in Afrika gelandet, nach 6 Wochen könnten wir die ersten Säugetiere beobachten, nach 18 Monaten die Dinosaurier, nach 5 Jahren die ersten Pflanzen und nach 50 Jahren die Entstehung der Erde. Das passierte ca. 4,6 Mrd. Jahre vor unserer Zeitrechnung.

Und da soll noch einer behaupten, Laufen wäre öde und lässt unsere Phantasie verkümmern. Ganz im Gegenteil, aber nach einer „tour d'horizon" mit soviel geballter Geschichte haben wir uns eine Verschnaufpause in der großen Wasserfreizeit redlich verdient.

Streckenprofil:

Länge: 200 m pro Runde

Start/Ziel: Dachgarten der Kö-Thermen, Königsallee 60e.

Profil: Joggingbahn, etwas eckig und kantig, aber durchaus passabel zu laufen.

Am Streckenrand:

Der kapitalkräftigste Koloss: der 109 m hohe Verwaltungsturm der ERGO-Versicherungsgruppe, eine Fusion von VICTORIA, HAMBURG-MANNHEIMER, DKV und DAS zu dem Zweck, gemeinsam mehr Kohle zu machen, als jeder für sich alleine.

Der schiefste Turm: Der Dachstuhl der altehrwürdigen Lambertus-Kirche in der Altstadt, der nach einem Brand erneuert werden musste, und seitdem ein wenig Schlagseite hat.

Das älteste Bürogebäude: zugleich das erste Bürohochhaus Deutschlands, das 1922–1924 errichtete Wilhelm-Marx-Haus.

Der filigranste Turm: Der mit grüner Patina überzogene Dachturm des Stahlhofs mit einer Hansekogge auf der Turmspitze. Diese im neugotischen Stil errichtete „Industrieburg" beherbergte einst das mächtige Stahlkartell; heute Sitz des Verwaltungsgerichts.

Die größten Schlote: Satte 150 m erreicht der höchste Schornstein vom Kraftwerk Lauswart, dicht gefolgt – 90 Grad weiter südlich – vom maximalen Rauchabzug des Chemiegiganten HENKEL mit 149,5 m.

Der höchste Tower: 234 m, Fernmeldeturm im Bilker Rheinpark; obwohl noch recht jung, doch schon ein Dinosaurier, da die moderne Satelliten- und Glasfasertechnologie keine Türme mehr benötigt.

Das höchste Gebäude: 123 m, das Verwaltungsgebäude der Landesversicherungsanstalt Rheinprovinz. Hier werden Monat für Monat 1,3 Mio. Rentner glücklich gemacht in 91 Ländern rund um den Globus.

Der höchste Pylon: 145 m, der Tragpfeiler der Fleher Brücke.

Der rechtwinkligste Kasten: der 1932–1936 im Stil des Spätexpressionismus errichte Düsseldorfer Hauptbahnhof mit seinem klobigen Uhrenturm.

Die höchste Kirche: 87 m, Johanniskirche, Martin-Luther-Platz, geographischer Stadtmittelpunkt.

Laufen in der City: die Tour der Türme

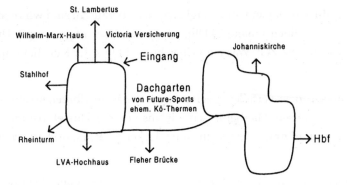

4. Ein Garten für alle: der Südpark

Bevor es losgeht, ein kleiner Uhrenvergleich. Nein, berauscht sind wir (noch) nicht. Da hat tatsächlich jemand 24 Uhren in die Landschaft gestampft. Und alle zeigen die gleiche Zeit. Was zum Überfluss will uns der Künstler damit sagen?

Bevor wir ins Grübeln verfallen, beginnen wir lieber im Uhrzeigersinn den Südpark zu umkreisen. Hierbei lassen wir uns von der Düssel inspirieren, die sich elegant und grazil durch eine aufgelockerte Parklandschaft schlängelt.

Das war nicht immer so. Vor 1987 war die Düssel an dieser Stelle eine trostlose Nutzrinne, eingepresst in ein schnurgerades Betonkorsett zum funktionsgerechten Abtransport von Abwässern.

Dann entstand mit der Bundesgartenschau der Südpark und das Gelände wurde renaturiert, d. h. vom Beton befreit und in einen naturnahen Zustand zurückgeführt.

Bei der Philipshalle macht die Düssel einen Bogen. Wir folgen ihr in südlicher Richtung bis kurz vor dem Deich. Hier verabschiedet sich dieses charmante Bächlein nach Osten, während wir geradeaus weiterlaufen bis zur Autobahn.

Dort geleiten wir die Blechlawinen ein Stückchen Richtung Innenstadt, bis wir an ein Menetekel des mörderischen Autoverkehrs stoßen: den Stoffelner Friedhof.

Wir bewegen uns jetzt – sozusagen am Rande des Friedhofs – und müssten nach einigen Ecken und Kanten automatisch wieder zum Ausgangspunkt unserer Zeitreise zurückfinden.

Durch die einmalige Umrundung des Südparks haben wir uns eine grobe Orientierung verschafft und können jetzt darangehen, weitere Zusatzschleifen einzubauen.

Das Terrain bietet dazu ungeahnte Möglichkeiten. Die Palette reicht vom klassischen Volksgarten mit seinem prächtigen Baumbestand, über wechselnde Teich-, Heide- und Hügellandschaften, dem BUGA-Bauernhof, wo die Tiere noch Namen haben, dem Kletterparadies Seilzirkus und einem Heckenlabyrinth, was uns nicht bösartig in die Irre führt, sondern auf Schleifen und Umwegen ins Zentrum, zu einem Spiegel, der uns zuruft:

> *„Das ist der Sinn des langen Weges: Erkenne dich selbst!"*

Im Frühjahr, wenn die Magnolienbäume blühen, ist es am schönsten. Im Sommer ist es lauschig und schattig, der Herbst verwöhnt uns mit bunten Farben und betörenden Düften. Und sogar der Winter hat seine Reize; vor allem, wenn es früh dunkel wird, und beleuchtete Wege unsere Schritte absichern.

Im Herzen des Südparks liegt das Vereinsgelände der Turngemeinde 1881, mit Umkleidemöglichkeiten und Restaurant. Zweimal im Jahr veranstaltet die TG 81 hier ihre traditionellen Frühjahrs- und Herbstläufe.

Der TG-Lauftreff trifft sich jeden Freitag gegen 17:30 Uhr in verschiedenen Leistungsgruppen. Die Palette reicht vom Anfänger bis zu den schnellen Hirschen. Wer es sich zutraut kann auch mit den Assen der TG gemeinsam auf die Piste gehen, z. B. dem Senioren-Europameister Jochen Adomeit oder dem nicht minder flinken Werner Hymmen.

Und nicht zuletzt ist der Südpark auch die Lieblingsstrecke des Autors, der hier eifrig seine Bahnen zieht, aber im Sommer auch gerne die Laufausrüstung mit Picknickkorb und Hängematte vertauscht und an einem schattigen Plätzchen die Seele baumeln lässt.

Wann sehen wir uns?

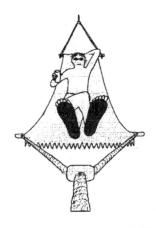

Die schönsten Laufstrecken der Region

Streckenprofil:

Länge:	6 km; beliebig zu steigern
Start/Ziel:	Uhrendeponie ZEITFELD, Aufm Hennekamp
Profil:	überwiegend Spazierwege, nicht geeignet für Skater und Sportradfahrer
Sonstiges:	Bei Dunkelheit sind die Hauptwege beleuchtet; viele Einkehrmöglichkeiten, sehr abwechslungsreich.

Ein Garten für alle: der Südpark

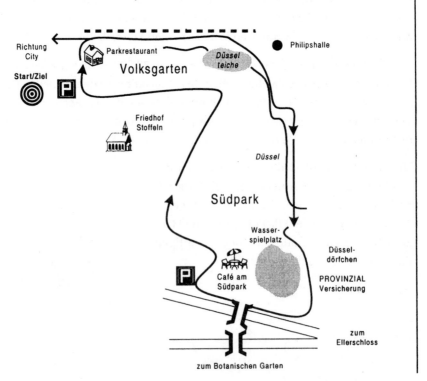

5. Von Deich zu Deich: die Fleher Brückenrunde

Jeweils am 4. Samstag im April ertönt an der Fleher Straße 220d der Startschuss zum Düsseldorfer Deichlauf. Ein Pulk von ca. 300 Teilnehmern bewegt sich die Straße abwärts bis zur Gaststätte DITZE DÖRES und biegt rechts ab Auf dem Rheindamm bis zum Volmerswerther Deich.

Wir folgen dem Deich in einem weiten Rechtsbogen und passieren am Rheinkilometer 734 das Hotel Fährhaus, eine idyllisch inmitten der Natur gelegene Herberge. Eine Viertelstunde später zeigt uns die **Windkraftanlage** vor dem Klärwerk, aus welcher Richtung der Wind weht. Beim Rheinkilometer 737 erreichen wir die Südbrücke und müssen uns entscheiden.

Um exakt 10 km – wie beim Deichlauf – zurückzulegen, machen wir 200 m hinter der Südbrücke eine Wende und kehren auf zunächst gleicher Strecke wieder zurück. Nur am Schluss gibt es eine Abweichung gegenüber dem Start, indem wir bis Fleher Brücke laufen, dann neben der Autobahn auf dem Rad/Fußweg bis Stoffelner Damm, links ab, Endpunkt Kirmesplatz.

Die Idee mit dem Wendepunkt hinter der Südbrücke war eine Notlösung, um behördliche Komplikationen zu vermeiden, die sonst beim Wechsel von Düsseldorfer auf Neusser Hoheitsgebiet zwangsläufig aufgetaucht wären.

Aber da Einzelpersonen oder Minigruppen zum Glück keine behördliche Genehmigung zum Laufen benötigen, können wir uns erlauben, beim Training die landschaftlich reizvollere Variante zu wählen.

Hierzu überqueren wir die Südbrücke und nähern uns via Neusser Rheindamm der Erft. Zuvor müssen wir um den Neusser Sporthafen herumlaufen. Bei dem Graben hinter dem Scheibendamm handelt es sich um das trockene Bett des **Nordkanals**, der ursprünglich an dieser Stelle in den Rhein münden sollte.

Hinter dem Sporthafen erreichen wir die Erft, die wir auf der Brücke **Am Römerlager** überqueren. Wenig später stoßen wir am Reckberg auf ein weiteres Merkmal der linksrheinischen Römischen Präsens: die Rekonstruktion eines **Wachturms**, der damals die Grenze des Römischen Weltreichs absichern sollte.

Beim Überqueren der **Fleher Brücke** verlassen wir schließlich die Niederungen des römisch-katholischen Neuss und kehren wohlbehalten zurück in das Düsseldorfer Milieu.

Streckenprofil:

Länge:	15 km als Rundkurs, 10 km als Wendepunktvariante.
Start/Ziel:	Fleher Str. 220d, SV Grün-Weiss-Rot 1930/ Lauftreff TUSA 06
Profil:	durchgehend asphaltiert, daher auch für Radfahrer bestens geeignet
Besonderheit:	100 % ampel- und autofrei, leichte Orientierung. Es ist fast unmöglich, sich zu verlaufen.

Am Streckenrand:

Windkraftanlage: 1991 errichtet; anlässlich des 100-jährigen Jubiläums der Stadtwerke Düsseldorf; 1891 wurde das erste Kraftwerk in Flingern gebaut. Generatorleistung der Windkraftanlage: 75 kW; versorgt – laut Schautafel – bei einer Jahresleistung von 75.000 Kilowattstunden 25 Düsseldorfer Haushalte mit Strom.

Nordkanal: Dort, wo sich heute der Neusser Sporthafen befindet, sollte ursprünglich der Nordkanal in den Rhein münden. Mit dem Bau wurde 1809 auf Betreiben Napoleons begonnen. Geplant war, Rhein und Maas miteinander zu verbinden, um so die Holländer zu schädigen, die sich der Kontinentalsperre Napoleons widersetzten. Später fand es der Imperator aber leichter, die Niederlande einfach zu annektieren und der Kanalbau wurde wieder eingestellt.

Erftbrücke am Römerlager: wurde 1585 oder 86 im Truchsessischen Krieg gesprengt, womit das letzte römische Bauwerk auf Neusser Boden verschwand.

Römischer Wachturm: Am Reckberg, Rekonstruktion eines römischen Limes-Turm, der vor 2000 Jahren zur Grenzüberwachung diente.

Fleher Brücke: südlichste Düsseldorfer Rheinbrücke, mit 145 m hohem Pylon, war mit einer Spannweite von 367 m bei der Einweihung 1979 die größte Schrägseilbrücke der Welt.

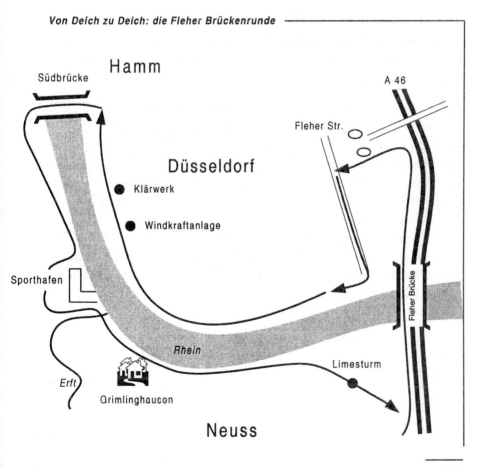

Von Deich zu Deich: die Fleher Brückenrunde

6. Natur pur: der Himmelgeister Rheinbogen

Ausgangspunkt ist der Parkplatz schräg gegenüber der Nikolauskirche. Ein Schild erinnert daran, dass sich hier der Lauftreff Himmelgeist einen Versammlungsort ausersehen hat.

Durch ein von Betonwällen gesichertes Deichtor verlassen wir den befestigten Bereich und wechseln in das Überschwemmungsgebiet des Rheinbogens, wobei die Strecke bei Hochwasser nur für Amphibien geeignet ist.

Auf einer schmalen Allee, die von Pappeln und alten Weiden eingerahmt wird, geht es südwärts, bis wir AUF DER JÜCHT den Kölner Weg erreichen und hinter dem Deich den Rückweg antreten.

Wir folgen jetzt dem Kölner Weg Richtung Norden und passieren **Schloss Mickeln**, wobei besonders die über 250 Jahre alten **Libanon-Zedern** einen imposanten Eindruck hinterlassen.

Bis hier haben wir etwa 5 km zurückgelegt. Wem das nicht reicht, empfehlen wir folgende Zusatzvariante: Über Alt Himmelgeist, Am Steinebrück, Am Broichgraben, Am Trippelsberg, rechts ab zum Rhein, am Klärwerk vorbei, immer dem Damm folgen, Modellflughafen, Campingplatz, über den Itter Damm zurück nach Himmelgeist.

> *Es ist schwer, einem Kurzsichtigen einen Weg zu beschreiben. Weil man ihm nicht sagen kann, „schau auf den Kirchturm dort 10 Meilen von uns und geh in dieser Richtung".*
> Ludwig Wittgenstein

Streckenprofil:

Länge:	5 km, mit Zusatzschleife 11 km.
Start/Ziel:	Wanderparkplatz Nikolausstraße/Kölner Weg
Profil:	überwiegend asphaltiert, daher auch für Radfahrer gut geeignet

Am Streckenrand:

Himmelgeister St. Nikolauskirche: Dreischiffige romanische Pfeilerbasilika aus Tuffstein, die immer wieder vom Hochwasser bedroht wird.

Schloss Mickeln: 1839–1842 errichtet als dreigeschossiger Putzbau auf quadratischem Grundriss im Stil einer italienischen Villa der Hochrenaissance. Der zugehörige Park ist das letzte Werk des Düsseldorfer Gartenbaumeisters Maximilian Weyhe. Nach 1971 ließen die Nachfolger des Grafen Arenberg das Gebäude leerstehen und drohten mit Abriss. Die Stadt Düsseldorf musste einspringen und eröffnete hier nach Umbau- und Restaurierungsarbeiten 1978 eine Heimvolkshochschule.

Libanon-Zedern am Kölner Weg. Um 1740 gepflanzt. Libanon-Zedern lieben mildes Klima und feuchten Untergrund. In ihrer Heimat Libanon können sie über 1000 Jahre alt werden.

Natur pur: der Himmelgeister Rheinbogen

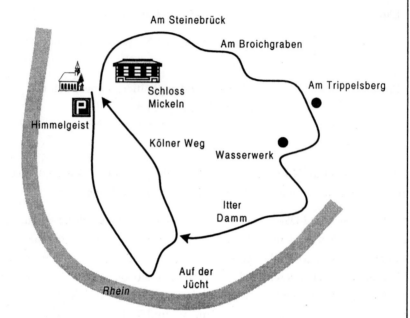

7. Schlösser im Süden: Benrath und Garath

100 m nördlich vom S-Bahnhof Benrath unterqueren wir den Gleiskörper per Fußgängertunnel und tauchen an der Paulsmühlenstraße wieder auf. Nun immer geradeaus – vorbei an der Eissporthalle – und die Telleringstraße überquerend.

In der Telleringstr. 56 steht heute das Bürgerhaus. In den zwanziger Jahren war hier eine Jugendherberge. Eingeweiht wurde sie mit einem Fackelzug. Ein junger Mann, der kurz zuvor als Bauarbeiter nach Benrath gekommen war, spielte dabei eine besondere Rolle. Mit hochgehaltener brennender Fackel durchschwamm er den damals noch vorhandenen Weiher. Sein Name: Max Schmeling. Später wurde er Box-Weltmeister aller Klassen.

Am Ende der Paulsmühlenstraße befindet sich – kurz vor der Autobahn – der Treffpunkt und das Festgelände des Lauftreffs Düsseldorf-Süd. Ein Tunnel führt uns gefahrlos unter der Autobahn hindurch.

Wir haben jetzt den Benrather Forst erreicht und können tief durchatmen. Würden wir geradeaus weiter laufen auf dem Wanderweg D, kämen wir auf gut gekennzeichneten Waldwegen durch den Benrather und Hasseler Forst bis zum Unterbacher See.

Heute ist jedoch die stadtnahe Erlebnistour angesagt. D. h. wir schwenken Richtung Süden und orientieren uns an der Autobahn, die wir wie ein Maulwurf mehrfach per Tunnel unterqueren. Das hört sich schlimmer an, als es ist, denn wir laufen mit genügendem Abstand von dieser Hauptverkehrsader und befinden uns ständig am Rande des Forstes, der uns zur zusätzlichen Orientierung dient.

Die nächste Unterführung mit Wechsel der Autobahnseite ist die Hildener Straße. Dann geht es am Buchholzer Busch über die Itter, erneut unter der Autobahn hindurch, links der Forst, rechts die Wohnbehausungen von Garath. Immer am Waldrand entlang erreichen wir den Schulkomplex „Stettiner Straße".

✂ Wer das Bedürfnis nach einer Abkürzung verspürt, kann rechts abbiegen, über eine Brücke die B8, A59 und Bahnlinie überqueren, das Einkaufszentrum von Garath passieren, um danach auf den Urdenbacher Altrhein zu stoßen und den Wanderweg X, der geradewegs nach Benrath führt.

Schöner ist auf jeden Fall die Route, die um Garath herum führt. D. h. über Am Kapeller Feld, vorbei an Schloss Garath bis zur Frankfurter Straße. Links um die Tankstelle herum unterqueren wir in einem imposanten Doppeltunnel Auto- und Eisenbahn und folgen jetzt auf dem Wanderweg X dem Naturschutzgebiet zwischen Altrhein und Garath.

Hinter einem Kinderspielplatz sehen wir rechts am Hang den alten jüdischen Friedhof Schlickumsfeld.

In Urdenbach in der Straße „Am Alten Rhein" steht das Haus „Drägenburg". Hier wohnte von 1907 bis 1922 Loise Dumont. Zusammen mit ihrem Mann Gustav Lindemann leitete sie damals das Düsseldorfer Schauspielhaus. Um die Weihnachtszeit riefen die Kinder der Nachbarschaft immer: „Frau Lindemann, jäwt us en Stöckske Schokolat!" Wer beim Passieren dieser schönen Villa einen Schwächeanfall erleiden sollte, der ist hier genau richtig. Denn in dem Haus ist heute eine Arztpraxis untergebracht.

Über das Benrather Schlossufer gelangen wir schließlich an den Südwesteingang des Schlossparks. Jetzt sind wir auf dem Wanderweg D und durchqueren lustwandelnderweise Schlosspark und Anlagen.

Am Ende heißt es:

Rücke vor bis zur Schlossallee!

Und über die Heubesstraße gelangen wir an den S-Bahnhof Benrath, dem Ausgangspunkt unserer Zwei-Schlösser-Tour.

Die schönsten Laufstrecken der Region

Streckenprofil:	
Länge:	ca. 13 km, mit Abkürzung: 10 km
Start/Ziel:	S-Bahnhof Benrath
Profil:	Wald- und Wanderwege, wenig Asphalt

Am Streckenrand:

Eissporthalle der SPARKASSE: ein Laufparadies für Kufenflitzer. Zweimal die Woche ist Disco-Time. Und wenn die Blitze zucken und der Nebel wabert, dann geht für Eissportfreaks so richtig die Post ab.

Garather Schloss: ältere Teile stammen aus dem 16. Jahrhundert. Der Rest wurde in der zweiten Hälfte des 19. Jahrhunderts errichtet. Dann von der Stadt Düsseldorf erworben. Heute wieder privatisiert: z. Z. Dependance des Managementcenters von Schloss Elbroich.

Benrather Schloss: 1755–1773 erbautes Rokokoschloss zur Erlustigung (maison de plaisance) von Kurfürst Karl Theodor von Pfalz-Bayern, sozusagen ein Ferienhaus. Allerdings scheint seine Durchlaucht nicht besonders reisefreudig gewesen zu sein, denn er besuchte Benrath nur ein einziges Mal. Von außen wirkt das Schloss relativ einfach und unbedeutend, denn der Adel hatte am Vorabend der französischen Revolution damit begonnen, sich in der Öffentlichkeit bescheidener darzustellen und seinen Reichtum zu kaschieren. Um so überraschter ist man beim Eintritt über das luxuriöse Innenleben: 4½ Stockwerke mit 80 Zimmern und 8 Treppenhäusern und alles vom feinsten.
Seit 1929, der Eingemeindung Benraths, im Besitz der Stadt Düsseldorf. Der Westflügel wird als Heimatkundemuseum genutzt. Der Ostflügel steht seit 1979 leer und soll ab der EUROGA im Jahr 2002 als Europäisches Gartenkunstmuseum genutzt werden.

Benrather Schlosspark: Hier dominiert der französische Einfluss des 18. Jahrhunderts, d. h. die Natur wird vom Menschen beherrscht und nach streng geometrischen Vorgaben zurechtgestutzt. Eine Ausnahme bildet der an der

Nordseite des Schlosses gelegene Garten, der vom Prinzip des Englischen Gartens geprägt ist (s. Tour 3: Hofgarten).

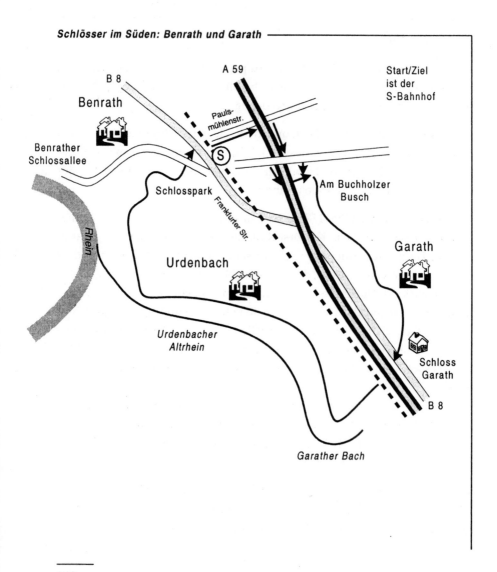

8. Über 7 Brücken musst du gehen: um den Unterbacher See

> **St. Martin rennt bei Schnee und Wind**
>
> Wer im Rahmen eines Wettbewerbs den Unterbacher See umrunden möchte, kann dies Anfang November tun beim traditionellen Martinslauf der SFD '75.
>
> Der Start befindet sich neben der St.-Antonius-Kirche, Am Schönenkamp, D-Hassels. Angeboten werden u. a. 10 km und Halbmarathon. Belohnt wird die Anstrengung mit einem ofenfrischen Weckmann und mit schönen Ausblicken auf den Unterbacher See; letzteres allerdings nur für die Halbmarathonis.

Die kürzeste Umrundung führt immer am Ufer entlang und beläuft sich auf weniger als 7 km; ein zu kurzes Vergnügen in dieser schönen Landschaft. Deshalb empfehlen wir folgende Variante mit einem Abstecher in den Eller Forst.

Wir beginnen die Umrundung entgegen dem Uhrzeiger am Strandbad Nord, aber nicht auf dem geschlaglöcherten Asphaltweg, sondern über den danebenliegenden Grünstreifen. Wir laufen parallel zur Rothenbergstraße, in sanften Schlangenlinien und überqueren insgesamt 7 Brücken.

Dann in rechtem Winkel links ab in den Kikweg, der hier eine schnurgerade Schneise in den Wald schlägt; bis zur Eisenbahnlinie. Auf dem Waldweg, parallel zur Straße Am Kleinforst, zurück zum See: Strandbad Süd. Dann auf der schmalen Zunge zwischen See und Eselsbach bis zum östlichsten Punkt „Am Tönisberg". Von hier können wir den gesamten See überschauen, was besonders reizvoll ist bei untergehender Sonne.

Jetzt kommt wieder ein kleines Wäldchen, ein Schwenk um den Campingplatz herum und beim Eintreffen am Ausgangspunkt können wir mit Goethe ausrufen:

> *„Zufrieden jauchztet groß und klein,*
> *hier bin ich Mensch,*
> *hier darf ich's sein!"*

Streckenprofil:

Länge:	Auf kürzestem Weg 6,5 km, mit Zusatzschleife etwas mehr.
Start/Ziel:	Strandbad Nord
Profil:	Wald- und Wanderwege, kaum Asphalt

Am Streckenrand:

Der Unterbacher See ist eines der beliebtesten Naherholungsgebiete in Nordrhein-Westfalen. Ob Segler oder Surfer, Paddler oder Ruderer, Angler oder Sammler, hier kommt jeder auf seine Kosten ... und natürlich auch der Jogger und Runner.

Der See entstand 1956 aus einer ehemaligen Kiesgrube. Obwohl er keine natürlichen Zuflüsse hat und allein aus dem Grundwasser gespeist wird, ist die Wasserqualität erstaunlich gut. Es existiert zwar eine Anbindung an den Eselsgraben, aber hierbei handelt es sich lediglich um einen Abflussgraben.

An schönen Wochenenden können sich bis zu 50.000 Frischluft-Fanatiker um den See versammeln; aber keine Angst, sie hocken nicht wie im Rheinstadion auf einem Haufen, sondern verteilen sich im Gelände.

Über 7 Brücken musst du gehen: um den Unterbacher See

9. Die Ost-West-Passage: von Unterbach an den Rhein

Mit dieser Punkt-zu-Punkt-Strecke stellen wir eine Verbindung her von der östlichen Stadtgrenze bis zum Rhein.

Wir beginnen im Eller Forst. Am Kikweg überbrücken wir per Fußgängerpassage das Eisenbahngelände, um nach 200 Metern scharf links abzubiegen. Dabei stoßen wir auf den Eselsbach, einen Nebenarm der Düssel.

Mit klappernden Hufen folgen wir den Windungen des Eselbachs, überqueren die Deutzer Straße und erreichen durch den ein schmales Nebentor den Eller Schlosspark, den wir am Rande der Straße entgegen dem Uhrzeigersinn umrunden.

Vorbei am Abenteuerspielplatz Eller und an den bizarren Holzhütten unserer Kindheitsträume betreten wir wenig später durch ein großes schmiedeeisernes Gartentor den Innenbereich von Schloss Eller. Der bewohnte Schlosshof mit seinen romantischen Fachwerkkonstruktionen und den schönen Arkaden lädt zum Verweilen ein. Wir verlassen diesen Ort der Harmonie durch einen großen Torbogen an der Westseite und treffen auf einen uralten Bauernhof, der von Feldern und Wiesen umgeben ist. Wie auf Wolken schweben wir durch diese ländliche Idylle.

Vor uns taucht jetzt ein Eisenbahndamm auf und ein Tunnel, durch den wir hindurchlaufen. Danach folgen wir scharf links der Bahnlinie, bis wir wieder auf einen alten Bekannten treffen: den Eselsbach.

Wir folgen dem munteren Bächlein Richtung Westen und bewegen uns jetzt – für den Rest der Strecke – immer an der Nordflanke der A46. Am Friedhof Eller vereinigen sich Eselsbach und Düssel und fließen gemeinsam dem Rhein entgegen, der auch unsere Bestimmung ist.

Am Ende vom Friedhof verschluckt ein Tunnel die Autos und wir können lärmfrei auf dem begrünten Tunneldeckel bis Werstener Kreuz vorrücken.

Auf unserem Drang nach Westen überqueren wir die Kölner Landstraße und erreichen schließlich einen kleinen

Hügel mit Heckenrund und „Marathontor". Von hier werfen wir noch einmal einen Blick über den Südpark, bevor wir links abbiegen über die breite Fußgängerbrücke, wo Zubringer und Autobahn die Schenkel eines Dreiecks bilden. Wir überqueren die erste Trasse und laufen zwischen den Schenkeln beinhart abwärts über den Parkplatz.

Durch eine Öffnung im Lärmschutzwall tauchen wir in die Wohnsiedlung Kastanienhof und das Uni-Gelände ein. Erfreulicherweise ist die Autobahn an dieser Stelle wieder zugedeckt und wir laufen auf dem Deckel direkt auf die Fleher Brücke zu, deren gewaltiger Tragpfeiler jetzt nicht mehr zu übersehen ist und der uns sicher zum Rhein geleitet.

Streckenprofil:

Länge:	10 km
Start:	Wanderparkplatz Am Kleinforst/Ecke Kikweg
Ziel:	Fleher Brücke
Profil:	Asphaltierte Rad- und Fußwege

Am Streckenrand:

Schloss Eller: ehemaliger Stammsitz der Herren von Eller. Vom Schloss aus dem 15. Jahrhundert ist nur noch ein Wohnturm erhalten. Der Rest wurde 1832 errichtet und dient heute der Düsseldorfer Modeschule als Domizil.

Universität Düsseldorf: Entstanden 1965 aus der Medizinischen Akademie. Erhielt 1988 nach langem Tauziehen den Namen Heinrich-Heine-Universität. Das Denkmal des größten Düsseldorfer Schriftstellers vor der Universitätsbibliothek (rund 1 Mio. Bände) zeigt einen nachdenklichen Heinrich Heine, wohl ahnend dass ihm bestimmte Kreise eines nie verzeihen würden: seine lose Lästerzunge mit der er vor allem dumpfen Nationalismus und kleinkariertes Spießertum anprangerte.

Die Ost-West-Passage: von Unterbach an den Rhein

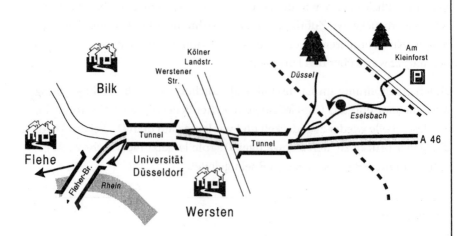

10. Zu unseren Ursprüngen: der Neandertal-Lauf

Der TSV Hochdahl, Tus Erkrath und der LT Alt-Erkrath veranstalten hier Mitte März ihren traditionellen Neandertal-Lauf, einen Drittel-Marathon von 14 km.

Streckenverlauf: Von Hochdahl-Zentrum über Trills, Bruchhausen, Richtung Erkrath-Zentrum.

Wir unterqueren die **Bahnlinie** Düsseldorf-Erkrath, die ab der Mitte des 19. Jahrhunderts zur Erschließung des Neandertals führte und den industriellen Kalkabbau ermöglichte.

Die Folgen können wir erahnen, wenn wir Erkrath verlassen und unter der gewaltigen Autobahnbrücke hindurch der Düssel Richtung Mettmann folgen. Bis etwa 1850 bestand das Neandertal an dieser Stelle aus wild romantischen Schluchten, mit atemberaubenden Steilhängen, die die Düssel im Laufe der Jahrtausende in den **Kalkstein** gefräst hatte. Dann kamen die Spitzhacken, später die Schaufelbagger. Kalk war ein wichtiger Rohstoff für die Gusseisenproduktion von Thyssen und Mannesmann. Und heute können wir den damaligen Geländeverlauf nur noch erahnen oder auf alten Gemälden bewundern.

Der **Rabenstein** am gleichnamigen Wanderparkplatz soll uns an die berühmten Knochenfunde aus dem Jahr 1856 erinnern. Wir überqueren jetzt die L403 und befinden uns auf der Höhe vom **Neandertal-Museum** (schräg gegenüber). Einen Besuch der Ausstellung müssen wir auf später verschieben, denn zunächst biegen wir rechts ab und folgen dem Wanderpfad, der uns auf sanften Wellen durch das Tal der Düssel gleiten lässt. Im **Wildgehege** können wir bestaunen, was bei unseren Vorfahren einst auf dem Grill lag.

Am Höhenweg bei Steeg überqueren wir die Düssel. Jetzt erwartet uns noch ein kleiner Anstieg, den wir tapfer bewältigen, um bei der Unterführung Kalkmühler Weg die Bahnlinie zu unterqueren. Welch ein Trost: den letzten Kilometer geht es nur noch bergab.

Im Ziel erwartet uns im Hallenbad eine warme Dusche und im Bürgerhaus ein gut bestücktes Buffet mit einer tollen Stimmung und einer Kapelle, die zum Tanz aufspielt. Sportlerherz, was willst du mehr?

Streckenprofil:

Länge:	14 km
Start/Ziel:	Hochdahl-Zentrum, Bürgerhaus, Sedentaler Straße.
Profil:	Asphalt und befestigte Wald- und Wanderwege

Am Streckenrand:

Bürgerhaus Hochdahl: mit großem Festsaal, Planetarium und Gartenhallenbad.

Bahnlinie: 1938 wurde die erste Eisenbahnlinie Westdeutschlands zwischen Düsseldorf und Erkrath eröffnet. 1841 wurde die Strecke bis nach Elberfeld ausgebaut. Damit war der Weg frei für eine industrielle Erschließung der Region.

Kalkstein: ... entstand vor Jahrmillionen aus den Ablagerungen von Korallen, Muscheln und anderen Schalentieren und deutet darauf hin, dass sich an dieser Stelle einmal ein großes Meer befunden haben muss. Schon die alten Ägypter beherrschten den Kalkstein und bauten daraus Pyramiden oder verschmolzen den gebrannten Kalk unter Hinzufügung von Sand und Pottasche zu Glas. Heute wird Kalk neben der Glas-, Zement- und Metallproduktion auch als Düngemittel und für die Filterung von Rauchgasen eingesetzt.

Rabenstein: Felsrest an der Landstraße zwischen Erkrath und Mettmann, der an die einstigen Kalksteinschluchten erinnert und an die Knochenfunde in einer dieser Höhlen im Sommer 1856, die zur Entdeckung des Neandertalers führten.

Neandertal-Museum: 1996 wurde an der Ortsgrenze von Erkrath zu Mettmann ein hochmodernes Museum errichtet, dass die Menschheitsgeschichte als atemberaubendes Erlebnis präsentiert. In einem Zeittunnel wird der Besucher wie auf einer Spirale durch die Menschheitsentwicklung geführt. Das Motto der Ausstellung ist vielen Läufern altvertraut: „Woher kommen wir? – Wer sind wir? – Wohin gehen wir?". Di–So 10–18 h, Talstr. 300, 40822 Mettmann.

Wildgehege: Mit einem reichhaltigen Bestand an Urviechern (Wisente, Damhirsche und Tarpane), die durch Rückzüchtung so aussehen, wie sie wahrscheinlich in der letzten Eiszeit ausgesehen haben.

Das Neandertal ...

... wurde benannt nach dem Wanderprediger und reformierten Kirchenlieddichter Joachim Neander, der von 1674 bis 1679 in Düsseldorf wirkte und sich mit seiner Gemeinde des öfteren in die hier befindlichen Kalksteinhöhlen zurückzog. Man darf vermuten, dass dies weniger aus Naturschwärmerei geschah, sondern weil die Gemeinde verfolgt wurde.

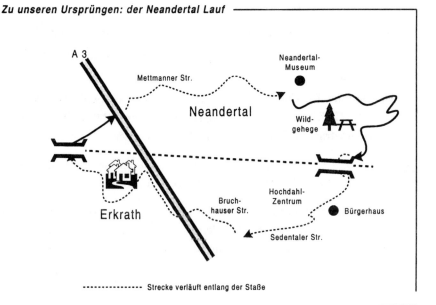

Zu unseren Ursprüngen: der Neandertal Lauf

11. Ideal für Bergziegen: Cross im Grafenberger Wald

Es handelt sich um die Original-Strecke des DSD-Crosslaufs (s. Anlage), die als 7-km-Variante (= 1 Runde) oder 14-km-Variante (= 2 Runden) angeboten wird. Der Weg vom DSD-Klubhaus (Umkleide und Wettkampfbüro) via Ostpark bis zum Start/Zielbereich kann als Aufwärm- bzw. Auslaufstrecke gesehen werden.

Nach dem Startschuss am Ostende des Ostparks überqueren wir den Torfbruchweg, treten in den Grafenberger Wald ein und gewinnen über den Haardter Höhenweg hartnäckig an Höhe.

„Großmutter, Großmutter, warum hast du so behaarte, muskulöse Beine?"

„Liebes Kind, damit ich beim Cross-Lauf einigen jüngeren Semestern die Hacken zeigen kann!"

An der Pfeiferbrücke pfeifen wir auf die unter uns liegende B7 und trotten trotzig über den Trotzhofweg. Nebenan auf der Rennbahnstraße können wir beobachten, wie sich Leute mit viel PS ein Rennen liefern. Ob sie auf dem Weg zur Rennbahn sind, um dort zu beobachten, wie sich Leute mit einem PS unter dem Hintern ein Rennen liefern?

Beim Restaurant Trotzkopf biegen wir im rechten Winkel links ab und wiederholen das Gleiche nach 500 Metern, so dass wir uns jetzt nach den Gesetzen der Geometrie auf dem Rückweg befinden müssten.

Wir folgen dem Wanderweg A5, an der Mauer, auf der Lauer, vorbei an den Tennisplätzen, die Rodelbahn hinauf, 20 % Steigung, uff, geschafft!

Dann in sanften Schwüngen abwärts, bis linker Hand die Wolfsschlucht auftaucht. Welcher Wolf mag in alten Zeiten hier gehaust haben, der mit der Laufjacke aus Schafspelz oder der mit der großmütterlichen Spitzen-Haube als Schweißband?

Um in die Wolfsschlucht einzubiegen, verlassen wir nach einer langgezogenen Rechtskurve den Wanderweg A5 und biegen scharf links auf der Route A1 in die besagte Schlucht ein, die wir in Form einer Haarnadelkurve von unten nach oben durchlaufen.

Oben angekommen geht es über den Trotzkopfweg zurück zur Pfeiferbrücke, unmittelbar dahinter schräg rechts den Berghang abwärts gleitend (Achtung: Talski belasten!), kehren wir zum Ausgangspunkt zurück.

Streckenprofil:

Länge:	Eine Runde = 7 km
Start/Ziel:	Sulzbachstr./Ecke Torfbruchweg
Profil:	Spazierwege im Grafenberger Wald
Besonderheit:	Viele Steigungen; bei schlechten Bodenverhältnissen auch mit Spikes passierbar

Ideal für Bergziegen: Cross im Grafenberger Wald

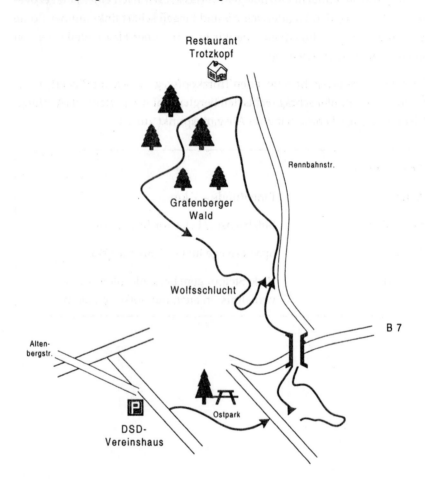

12. Nichts für „XXL": auf und ab im Aaper Wald

Am 3. Oktober, dem Tag der Deutschen Einheit, veranstaltet der Ski-Klub Düsseldorf (s. Anhang) den traditionellen Aaper Waldlauf auf einem Rundkurs von 6 km.

Und jeden Sonntag um 9:00 Uhr treffen sich hier die Aktiven vom Lauftreff des Allgemeinen Rather TV 77/90 zum Trimmtrab ins Grüne.

Von der Sporthalle laufen wir den Hang hinauf, bis wir auf die Aaper Schneise treffen und dort links abbiegen. Die Aaper Schneise führt anfangs, wie mit dem Lineal gezogen Richtung Norden, beschreibt aber dann einen Bogen nach Osten, um in die Straße Am Bauenhaus einzumünden.

Wir erreichen die Raststätte **Bauenhaus**, eine gemütliche Waldschenke, die gerne von Kutschern angesteuert wird. Doch heute sind wir ohne Kutsche unterwegs und lassen das Bauenhaus links liegen. Statt dessen geht es auf dem Bauenhäuser Weg Richtung Süden (Wanderweg D).

Wir erblicken den Segelflugplatz und erreichen schließlich beim Haus Roland die Galopprennbahn. Nun bewegen wir uns am Rande der **Rennbahn** über die Kastanienallee bis zur Rolandsburg.

Wir überqueren den Rennbahnweg und passieren am Rolanderweg das Restaurant Trotzkopf. Nach 150 Metern müssen wir – noch vor den Häusern – nach rechts zur Fahneburgstraße hinüberschwenken, diese überqueren, um danach auf der linken Seite die bereits bekannte Aaper Schneise zu erreichen. Sie führt uns wieder zurück zum Ausgangspunkt, dem Rather Waldstadion.

Streckenprofil:

Länge:	7 km
Start/Ziel:	Bezirkssportanlage Rather Waldstadion, Wilhelm-Unger-Str. 5
Profil:	Spazierwege im Aaper Wald
Besonderheit:	Viele Steigungen; bei schlechten Bodenverhältnissen auch mit Spikes passierbar

Am Streckenrand:

Aaper Wald: Wer kennt nicht den Karnevalshit „Auf die Bäume ihr Affen, der Wald wird gefegt!" Doch mit „Aapen" (= Affen) hat dieser schöne Wald nichts zu tun. Der Name stammt wahrscheinlich von dem altgermanischen Wort „apa", was soviel wie „Wald am Wasser" bedeutet und vermuten lässt, dass in frühgeschichtlicher Zeit, der Rhein seine Arme bis an den Fuß dieses Höhenzuges ausgestreckt hat.

Rennbahn: Eine der schönsten Galopprennbahnen Deutschlands und eine der ganz wenigen in der Welt, mit unebenem Parcours, d. h. an- und absteigender Rennstrecke. Zwischen März und Oktober finden hier rund 200 Rennen statt.

Bauenhaus: Rasthaus mit großer Terrasse am Nordrand des Aaper Waldes, wenige Schritte neben der alten Poststation, die heute unter Denkmalschutz steht. Seit 1624 eine Anlaufstelle für Postkutscher und andere Fahrensleute. Doch auch Unberittene wissen das Ambiente zu schätzen und lassen es sich hier schmecken.

Die schönsten Laufstrecken der Region

Nichts für "XXL": auf und ab im Aaper Wald

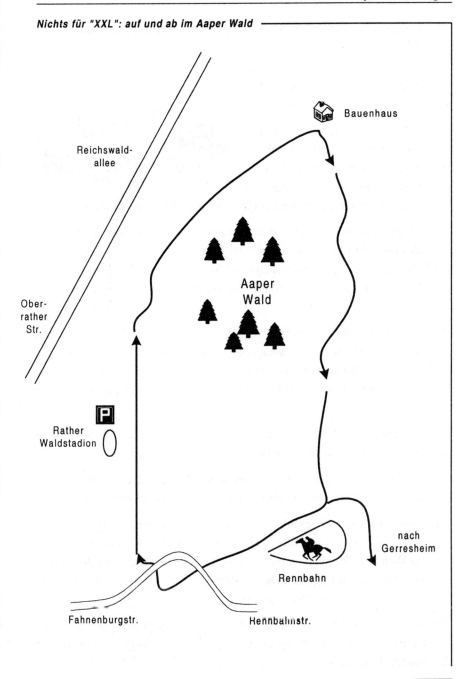

13. Schön ist es auf der Welt zu sein: zwischen Anger und Niederrhein

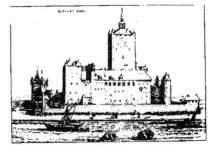

Die Pfalz in Kaiserswerth. Kupferstich von Matthäus Merian um 1620.

Vor 1000 Jahren, als **Kaiserswerth** noch eine Insel im Rhein war (Werth = Insel), war es recht beschwerlich, dorthin zu gelangen. Heute ist alles viel einfacher: einfach in die U79 einsteigen und in 20 Minuten ist man da.

Zum Rhein gelangen wir über den Kaiserswerther Markt. An der Nr. 9 die Nr. 1 der Düsseldorfer Gastronomie: Das Restaurant „Im Schiffchen" mit drei Michelin-Sternen. Spezialität ist der in Kamillenblüten gedämpfte bretonische Hummer für schlappe 99 Mark. Komplette Menüs ab DM 180 aufwärts. Man gönnt sich ja sonst nix.

Am Rhein befindet sich hundert Meter südlich die **Kaiserpfalz**, oder besser gesagt, der Steinhaufen, der davon noch übriggeblieben ist. Wir wenden uns daher in die entgegengesetzte Richtung und bewegen uns auf dem Leinpfad Richtung Norden. Früher wurden hier die Kähne der Rheinschiffer von Pferden am Ufer entlanggezogen.

Nach einem Kilometer erreichen wir **Haus Werth**, das wie ein Bollwerk in der unberührten, stillen Niederrheinlandschaft anmutet.

Wir nähern uns jetzt der Mündung des Schwarzbachs, den wir überqueren, um auf der anderen Seite auf dem Wanderweg A2 zurückzulaufen.

Kurz vor der Kalkumer Schlossallee und dem gleichnamigen Schloss biegen wir nach links in die Viehstraße. Früher trieben die Kalkumer ihr Vieh auf diesem Weg zur Überangermark, dem Wald über der Anger an der Grenze zu Tiefenbroich. Wir folgen den Spuren unserer Altvorderen, überqueren die Bahnlinie und erreichen den Angerbach.

Wir begleiten den Bach ein Stück Richtung Süden, verlassen ihn aber recht bald, um uns – via Wanderweg D und Kalkumer Schlossallee – wieder dem Schwarzbach, zuzuwenden.

Vielleicht fühlen wir uns jetzt bereits, wie der Teufel auf dem Weg zum Himmel, einem Hof bei Homberg. Mit Entsetzen besah er in einem Bach sein Konterfei und stellte fest, dass es schwarz war wie die Nacht. Also versuchte er sich im Bach weiß zu waschen wie die Unschuld. Seitdem heißt der Bach „Schwarzbach".

Doch bevor wir die Gelegenheit erhalten unseren Teint aufzufrischen, überqueren wir auf der Kalkumer Schlossallee die Bahnlinie und machen per Haarnadelkurve eine Wende um 180 Grad Richtung Süden. Das hört sich komplizierter an, als es ist, denn wir befinden uns die ganze Zeit auf dem gut ausgeschildertem Wanderweg D und müssen nur den Markierungen folgen.. Wenn wir jetzt auf der rechten Seite ein Forsthaus erblicken und danach rechts abbiegen, sind wir auf der richtigen Route und stoßen wie weiland der Teufel auf den Schwarzbach.

Kurze Zeit später passieren wir das **Kalkumer Schloss**, von dem leider nur der schöne Schlosspark öffentlich zugänglich ist. Hinter dem Schloss fädeln wir uns links ein, wechseln die Spur von D auf A2 und erreichen wohlbehalten den Ausgangspunkt Kaiserswerth.

Streckenprofil:	
Länge:	15 km
Start/Ziel:	Kaiserswerther Markt
Profil:	Befestigte und unbefestigte Wanderwege im Düsseldorfer Norden

Am Streckenrand:

Kaiserpfalz: (Pfalz = Palast, von dem lateinischen Wort palatium). Die Ruine, die man heute besichtigen kann, war früher eine mächtige Burg, errichtet 1184 im Auftrag von Kaiser Barbarossa. Der brauchte damals eine Zwingburg, um den Rhein zu beherrschen und Zoll abzukassieren; 1701 im Spanischen Erfolgkrieg zerstört.

Kaiserswerth: Bis ins 13. Jahrhundert war Kaiserswerth Residenzstadt der deutschen Kaiser. Dann wurde der Ort für 100.000 Gulden an die Kölner verscherbelt.. 1767 dem Herzog von Berg in Düsseldorf zugeschlagen; 1929 nach Düsseldorf eingemeindet, zusammen mit Wittlaer und Angermund.

Schloss Kalkum: ehemalige Raubritterburg derer von Kalkum, die sich die Mittel für ihren Lebensstil überwiegend durch Straßenraub beschaffen. Nach ihrem Aussterben um 1500 gelangt die Burg in den Besitz der Grafen von Hatzfeldt-Wildenburg, die sich – im Gegensatz zu ihren Vorgängern – legaler Methoden bedienen, um sich zu bereichern. Später steigen sie zu Fürsten auf und bauen die Burg zu einem Wasserschloss aus. Der zugehörige Landschaftspark wird um 1825 durch den Düsseldorfer Hofgärtner Maximilian Weyhe angelegt.
Heute: Zweigstelle des nordrhein-westfälischen Hauptstaatsarchivs.

Haus Werth: aus dem 17. Jahrhundert stammendes Gebäude, das unter Denkmalschutz steht. Der Pächter musste sich früher dazu verpflichten, das Rheinufer zu bepflanzen, damit es nicht weggeschwemmt wird. Heute im Besitz der Duisburger Wasserwerke.

Die schönsten Laufstrecken der Region

Schön ist es auf der Welt zu sein: zwischen Anger und Niederrhein

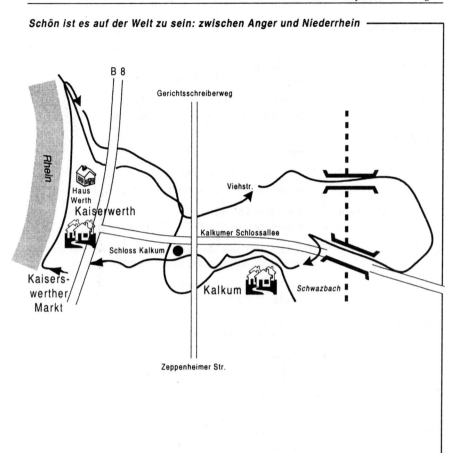

Lauftreffs

Angermund	Di. 18:30 Uhr, Parkplatz Sportanlage TV Angermund
Benrath	Mi. 18:00 Uhr und So. 9:00 Uhr, Di. und Fr. um 9:00 Uhr Wanderparkplatz D-Benrath, Paulsmühle
Bilk/Flehe	Mi. 18:30, Parkplatz DJK TUSA 06, Fleher Str. 224b
Eller	So. 10:00 Uhr und Do. 18:00 Uhr, Sportanlage der Gesamtschule Kikweg
Derendorf/Golzheim	Mi. 19:15 und Sa. 14:00 Uhr, Sportanlage „Am Bonneshof", Tersteegenstr.
Garath	Do. 18:00 Uhr und Mo. 19:00 Uhr, Schule Stettiner Str. Mo. und Mi. 8:00 Uhr, Forsthaus Buchholzer Busch
Hassels	So. 9:00 Uhr und Di. 18:00 Uhr, Parkplatz Forststr./Am Schönenkamp
Himmelgeist	Mo. und Fr. 18:30 Uhr, Parkplatz Kölner Weg/Nikolausstr.
Oberbilk/Volksgarten	Fr. 17:30 Uhr, Sportheim der TG 81, Stoffelner Kapellenweg 65
Oberkassel	So. 9:30 Uhr, Platzanlage des TSV Jahn 05, Pariser Str. 65
Rath	So. 9:00 Uhr, Allg. Rather TV 77/90, Rather Waldstadion, Wilh-Unger-Str. 9
Wersten	Mo. 18:00 Uhr, DJK-Leichtathletik-Brücke, Ecke Auf'm Rott/Rheindorfer Weg

Parks

Alter Bilker Friedhof	Bilk; zwischen Volmerswerther- und Sternwartstraße; wurde Ende der 50er Jahre in einen Park umgewandelt
Benrather Schlosspark	Benrath; seit 1775, mit Schlossweiher und geometrisch gegliederten Baumalleen, s. Tour 7
Bilker Rheinpark	Unterbilk; am Fernmeldeturm, Stromstraße, Fortführung der Rheinuferpromenade in Richtung Hafen
Botanischer Garten	Wersten; Uni-Gelände, Wahrzeichen ist das Kuppelgewächshaus mit exotischen Pflanzen aus dem Mittelmeer-Klima
Elbsee	Hassels; Freizeitpark mit Wasserfläche
Florapark	Bilk; nähe Bilker Bahnhof, klein, aber fein; 1875 auf Privatinitiative eröffnet, damals noch mit einem Gartenrestaurant, Palmenhaus und einem hohen Zaun, um 20 Pfg. Eintritt kassieren zu können. Doch das Unternehmen kam unter den Hammer und die Stadt Düsseldorf zu einem weiteren Volkspark.
Hofgarten	Altstadt; Englischer Landschaftsgarten mit altem Baumbestand, Geschichte und viel Kunst, s. Tour 3
Kalkumer Schlosspark	Kalkum; englischer Landschaftsgarten, gestaltet von Maximilian Weyhe
Lantz'scher Park	Lohhausen; Spazierpark mit interessanten Skulpturen und imposanter Geräuschkulisse, da in der Einflugschneise des zweitgrößten deutschen Flughafens gelegen
Mickelner Schlosspark	Himmelgeist; letztes Werk von Maximilian Weyhe
Niederheider Freizeitpark	Holthausen, im Sportpark Niederheid, mit Schwimmbad und Reiterhof
Nordpark	Stockum; kultivierter Spazierpark, der durch kühle Sachlichkeit besticht, ein Überbleibsel der NS-Ausstellung „Schaffendes Volk" von 1937, reich an bombastischer Monumentalarchitektur. Seit 1974 mit einem Japanischen Garten, ein Juwel fernöstlicher Gartenkunst, der uns in eine andere Kultur entführt.
Ostpark	Grafenberg; etwas trostlos; von Hundefreunden sehr geschätzt

Rheinpark	Golzheim, große Wiesenfläche, daher ideal für Freizeitkicker
Schwanenspiegel	Innenstadt; Spazieranlage um den alten Landtag, wegen des Verkehrslärms nur von geringem Erholungswert
Spee's Graben	Karlstadt; idyllisches Kleinod beim Stadtmuseum.
Südpark mit Volksgarten	Oberbilk; ehemaliges BUGA-Gelände, s. Tour 4
Ulenbergstr.	Bilk; Freizeitpark mit Sportanlagen und Grillplätzen
Unterbacher See	Unterbach; ein Paradies für die Freizeit, s. Tour 9
Zoopark	Düsseltal; von der Düssel durchflossene Grünanlage am Eisstadion Brehmstr.

Adressen

Vereine und Organisationen

Deutscher Sportklub Düsseldorf, Altenbergstr. 81, D-Grafenberg, c/o Uwe Thurow, Fon/Fax: (0211) 78 78 28

DJK AGON 08, c/o Rainer Urban, Mörsenbroicher Weg 83, 40470 Düsseldorf, Fon/Fax: (0211)620478 Web: www.members.aol.com/DJKAgon08 eMail: djkagon08@aol.com

DJK TUSA 06 Düsseldorf, Fleher Str. 224b, Tel-Klubhaus: (0211) 15 36 30, Tel-GSt: (02173) 98 82 08, Fax-GSt: (02173) 98 82 10

Garather SV. Koblenzer Str. 133, 40595 Düsseldorf

IG Kö-Lauf, c/o Karl-Heinz Engels, Heinrichstr. 56, 40239 Düsseldorf, Tel. dienstl. (0211) 899-5223 Fax (0211) 89-29069

LG Ratingen, c/o Hubert Hollad, Adlerstr. 35, 40882 Ratingen, Fax (02102) 68532

LT Düsseldorf-Süd, c/o Karl-Heinz Hahn, Paulsmühlenstr. 42, 40597 Düsseldorf, Fon: (0211) 7 18 34 90, Fax: (02103) 6 27 19

LT Garath, c/o Josef Schönhofen, Stettiner Str. 31, 40595 Düsseldorf

LT Himmelgeist, c/o Helmi Esser, Am Falder 91, 40589 Düsseldorf

LT Jahn 05, c/o Elisabeth Rendenbach, Düsseldorfer Str. 16, 40545 Düsseldorf

LT TG 81, c/o Charly Röttgen, Im Langenfeld 24, 47877 Willich

LT TB D-Hassels, c/o Heinz Mager, Am Mönchgraben 18, 40597 Düsseldorf

SFD '75, Verein für Sport und Freizeit Düsseldorf-Süd, c/o Christel Schwabe, Am Falder 22, 40589 Düsseldorf, Tel: (0211) 752522

Ski-Klub-Düsseldorf, Emil-Barth-Str. 79, 40595 Düsseldorf, Fon: (0211) 70 13 09, Fax (0211) 44 36 77, eMail: dvzhar@fh-duesseldorf.de

SV Grün-Weiss-Rot Düsseldorf 1930, Fleher Str. 220d, 40223 Ddf, Fon/Fax:(0211) 153674

TSV Hochdahl, Postfach 2212, 40679 Erkrath, Fax: (02104) 948328

Turngemeinde von 1881, Stoffeler Kapellenweg 65, 40225 Düsseldorf

Sonstige Info-Anbieter

Bruno Reble Düsseldorf, aktueller Laufkalender „Rund um D'dorf", Reportagen, Tips und Termine, Web: www.t-online.de/home/b-r-d/, eMail: b-r-d@t-online.de

Deutscher Leichtathletik Verband, u. a. Auflistung *aller* DLV-Volksläufe, auf Wunsch gegliedert nach Monat oder Region, Web: www.dlv-sport.de

Düssel-Runner, Laufshop am Brehmplatz, Weseler Str. 59, 40239 Düsseldorf, Fon: (0211) 63 39 97, Fax: (0211) 61 46 19, Inh.: Burkhard Swara, Moderator beim Berlin-Marathon, Frankfurt-Marathon, Kö-Lauf, usw., umfangreiches Laufsport-Sortiment mit Fachberatung, aktuelle Infos über alle Veranstaltungen rund um Düsseldorf

H. P. Skala, PC-Freak mit vielen Highlights, teilweise etwas verspielt, Web: www-public.rz.uni-duesseldorf.de/~skala/eMail: skala@uni-duesseldorf.de

Lauftreff, virtueller Treffpunkt der Laufszene, das ultimative Angebot: national und international, Web: www.Lauftreff.de

LVN Breitensportkalender, Postfach 100964, 47009 Duisburg, Fon: (0203) 7381639 Fax: (0203) 7381638

Runners World, Laufmagazin, Fon: (089) 627149-11, Fax (089) 627149-22, eMail: leserservice@runners-world.de

SPIRIDON Laufmagazin, Fon:(0211) 726364, Fax:(0211) 786823, eMail: spiridon@t-online.de

Termine

Erster So. im JAN, seit 1979, **Ratinger Silvesterlauf**, 10 km (= 3 Runden) durch die historische Innenstadt, Wettkampfbüro/Siegerehrung: Fried-Ebert-Schule, Philippstrasse Info: LG Ratingen, oder über die Homepage von H. P. SKALA

Sa. Ende JAN **DSD-Cross**, 1 Runde = 7 km, 2 Runden = 14 km, durch die Höhen und Tiefen des Grafenberger Waldes, Start: 14:30 Uhr, Ecke Sulzbach-/ Torfbruchstr., Wettkampfbüro DSD-Vereinsheim, Altenbergstr. 81, D-Grafenberg, Info: Deutscher Sportklub Düsseldorf

So. Mitte MRZ, seit 1990, **Neandertal-Lauf**, auf „sanften Wellen" durch das schöne Neandertal, als Drittelmarathon = 14 km, Start 10:30 h, 5 km Volkslauf, Start 10:20 h und Bambinilauf, Start 10:00 h. Start und Ziel: Bürgerhaus, Sedentaler Str. 105, Erkrath-Hochdahl, Info: TSV Hochdahl

Erster So. nach Frühlingsanfang, seit 1968, **Frühjahrslauf** Rund um den Volksgarten, 10 km + Jedermann- + Jugendläufe, Info: TG 81

Dritter Sa. im APR, seit 1973, Internationaler **Gruppen-Volkslauf**, 5 und 10 km, D-Benrath, Paulsmühle, Info: LT Düsseldorf Süd

Vierter Sa. im APR, seit 1989, **Düsseldorfer Deichlauf**, 10 km Volkslauf, Start: 16:30, Info: SV Grün-Weiss-Rot oder über die Homepage von b-r-d

So. Mitte Mai, seit 1980 (mit Unterbrechungen), **Düsseldorfer Brückenlauf**, Start und Ziel: Rheinuferpromenade am Burgplatz, 2 Runden = 10 km + Inline-Skating, Info: DJK AGON 08

Ende Juli 1999, seit 1998, **Sommerabendlauf** in D-Benrath, Paulsmühle, 1300 m, 5 und 10 km, letzter Start 19:40 Uhr, Info: LT Düsseldorf-Süd

Erster So. im SEP, seit 1988, Internationaler **Kö-Lauf**, Attraktiver Citylauf über die „Champs Elysees" von Düsseldorf, 10:00 bis 16:30 Uhr, Jugend-, Jedermann-, Altersklassen-, Frauenlauf, Inline-Skating und zum Abschluss Lauf der Asse, 5 Runden = 10 km rund um die Königsallee, Info: IG Kö-Lauf

So. Ende SEP, seit 1987, **Herbst-Volkslauf** im Volksgarten/Südpark, Start: Schnupperlauf (4 km) um 10:30 h, Start Hauptlauf (10 km) um 11:15 h, Info: TG 81

3. OKT, am Tag der Deutschen Einheit, seit 1989, **Aaper Waldlauf**, ab 9:30 Uhr am Rather Waldstadion, 11 km Hauptlauf, 6 km Jedermann, 1 oder 2 km Schüler, Rahmenprogramm Walking, Info: Ski-Klub-Düsseldorf

Sa. Ende OKT, seit 1972, **Ostpark-Lauf**, 5/10 km, Start: 14:30 Uhr, keine Steigungen, schneller Kurs, Info: Deutscher Sportklub Düsseldorf

So. Anfang NOV, seit 1978, **Martinslauf**, ab 9:30 Uhr im Hasseler Forst, HM, 10 km, Schüler- und Bambiniläufe, Spezialität: ofenfrische Weckmänner, Info: SFD '75

Sa. Mitte NOV, Seit 1976, **Garather 15-km-Lauf** und 5-km-Volkslauf, Start und Ziel: Garather Forst in der Nähe der Hauptschule Stettiner Str. 98, Beginn: 14 Uhr, Info: Garather SV

Literatur

Düsseldorf, Reisen mit Insider-Tips, Doris Mendlewitsch, Marco-Polo Reiseführer, Mairs Geografischer Verlag, Ostfildern 1997

Raus in die Stadt, Ein Stadtführer für Kinder durch Düsseldorf und seine Geschichte, Alexander Goeb, Elefanten Press, Berlin 1989

50 Rundwanderwege in und um Düsseldorf für Fuß- und Radwanderer, Birgit Houben, Hornung Verlag Düsseldorf 1996

MERIAN Düsseldorf; Das Monatsheft der Städte und Landschaften, Hamburg 1996

Düsseldorf, Ansichten und Einsichten, Himmelgeist Verlag, Neuss 1988

Radwanderbuch Düsseldorf Neuss, Trilsch Verlag, Düsseldorf 1986

Polyglott Reiseführer Düsseldorf, München 1990/91

Erlebnis Düsseldorf, Touren, Tips und Freizeitspaß für die ganze Familie, Heike Scheerer-Buchmeier, J. P. Bachem Verlag, Köln 1997